Reclams Städteführer Venedig

Reclams Städteführer · Architektur und Kunst

Venedig

Von Elisabeth Wünsche-Werdehausen

Reclam

Vorige Seite: Blick auf Dogana da Mar, S. Maria della Salute und die Giudecca mit der Kirche Il Redentore

RECLAMS UNIVERSAL-BIBLIOTHEK Nr. 14445
2016, 2023 Philipp Reclam jun. Verlag GmbH,
Siemensstraße 32, 71254 Ditzingen
info@reclam.de
Aktualisierte Ausgabe 2023
Umschlagabbildung: *Blick vom Dogenpalast auf S. Giorgio Maggiore* – © Shutterstock.com/Rolf_52
Hintere Umschlagklappe: *Il Redentore* (oben) – © Shutterstock.com/k_samurkas; *S. Marco, Gewölbemosaiken* (unten) – Wikimedia Commons / CC BY-SA 2.0 / Dennis Jarvis
Druck und Bindung: Esser printSolutions GmbH,
Untere Sonnenstraße 5, 84030 Ergolding
Printed in Germany 2025
RECLAM, UNIVERSAL-BIBLIOTHEK und
RECLAMS UNIVERSAL-BIBLIOTHEK sind eingetragene Marken der Philipp Reclam jun. GmbH & Co. KG, Stuttgart
ISBN 978-3-15-014445-9
reclam.de

Inhalt

Venedig – Weltwunder im Meer

Die Lagunenstadt Venedig ist nicht nur wegen ihrer geografischen Lage einzigartig. Goethe hat 1786 die Einmaligkeit der Stadt mit den ebenso einfachen wie treffenden Worten erfasst, Venedig könne nur mit sich selbst verglichen werden. Heute vor allem Touristenattraktion, war es einst die unermesslich reiche Hauptstadt eines mächtigen Handels- und Seereichs, das in seiner Glanzzeit weite Gebiete des östlichen Mittelmeerraums umfasste und eine wichtige Rolle im Kreis der europäischen Staaten spielte. Zum Ruhm Venedigs haben nicht nur der große wirtschaftliche Erfolg und die lange politische Stabilität, sondern auch die ungewöhnliche Lage der Stadt und die Pracht ihrer Kunstdenkmäler beigetragen. Zudem wurden die selbstbewussten Venezianer, die sich in hohem Maß mit ihrem Staat identifizierten, nicht müde, selbst etwas für die Verbreitung dieses Ruhmes zu tun und den ›Mythos Venedig‹ am Leben zu halten – bis heute.

Der Aufstieg von einem unbedeutenden kleinen Fischerdorf im Sumpf der Lagune zur europäischen Großmacht zog sich über Jahrhunderte hin. Venedigs Geschichte reicht im Gegensatz zu der vieler anderer italienischer Städte nicht bis in die Antike zurück. Erst der Untergang des Weströmischen Reichs und die anschließenden Einfälle germanischer Stämme in Italien veranlassten im 5. und 6. Jahrhundert viele Festlandbewohner, auf die einsamen, schwer zugänglichen Inseln in der Lagune zu flüchten. Die Lebensbedingungen in der zwischen dem Festland und dem offenen Meer gelegenen Sumpflandschaft gestalteten sich zwar schwierig, aber man war hier immerhin weitgehend sicher vor feindlichen Angriffen – ein einzigartiger Vorteil, der Venedig auch in der Folgezeit sehr nützte.

Der Legende nach wurde Venedig am 25. März 421 gegründet, in Wirklichkeit liegen seine Anfänge im Dunkeln. Sicher ist nur, dass in dieser Anfangszeit die Lagunensiedlungen Eraclea, Malamocco, Torcello, Murano und Grado politisch gesehen weit bedeutender waren. Sie standen unter der Oberhoheit des byzantinischen Kaisers, der seit 697 vor Ort von einem *dux* vertreten wurde: ein Amt, aus dem später das des Dogen hervorging. Die eigentliche Geburtsstunde Venedigs schlug erst 810, als Pippin, der Sohn Kaiser Karls d. Gr., das norditalienische Küstengebiet erobern wollte und der Doge seinen Amtssitz von Malamocco in das besser geschützte Innere der Lagune auf die Inselgruppe am *rivus altus*, dem späteren Rialto, verlegte. Durch die spezielle Bautechnik, Holzpfähle als Gebäudefundamente in den sumpfigen Grund zu rammen, sowie durch Landgewinnung und die Anlage von Kanälen und Brücken entwickelte sich im Laufe der Zeit aus dieser Keimzelle das charakteristische Stadtbild Venedigs, das vom Canal Grande geteilt wird.

Für die Zukunft des kleinen Orts spielten die Reliquien des Evangelisten Markus eine entscheidende Rolle. Nach der Legende konnten im Jahr 828 venezianische Kaufleute seine Gebeine im ägyptischen Alexandria vor den Muslimen retten und dank eines listigen Einfalls nach Venedig überführen: Sie versteckten sie unter Schweinefleisch. Den Reliquien zu Ehren errichtete man die erste Markuskirche, die zusammen mit dem benachbarten Palast des Dogen zum politisch-religiösen Zentrum des Staats wurde. Die Identifikation Venedigs mit seinem Heiligen ging so weit, dass man in ganz Europa von der *Repubblica di S. Marco* sprach. Nicht zuletzt dank dieses prestigeträchtigen Reliquienbesitzes trug Venedig im Kampf um die Vorherrschaft in der Lagune gegenüber den anderen Ansiedlungen schließlich den Sieg davon.

Schon im 9. Jahrhundert verfügte die Stadt über so große Macht, dass sie sich aus der Vorherrschaft des byzantinischen

Kaisers befreien konnte und fortan ihren Dogen selbst wählte. Aber wirtschaftlich blieb Konstantinopel der wichtigste Partner. Nicht nur der Verkauf von Salz und Fisch, sondern vor allem der Fernhandel mit Luxusgütern wie kostbaren Stoffen und Gewürzen, aber auch der Handel mit Sklaven begründeten Venedigs Aufstieg zur internationalen Handels- und Seemacht. Mit ihrer schlagkräftigen Flotte eroberten die Venezianer im Jahr 1000 eine Reihe von Küstenstädten in Istrien und Dalmatien und schufen damit die Grundlagen für ein Netzwerk von Handelsstützpunkten im östlichen Mittelmeer. Stets um die kompromisslose Durchsetzung ihrer Wirtschaftsinteressen bemüht, rangen sie 1082 selbstbewusst dem byzantinischen Kaiser das Privileg ab, zoll- und abgabenfrei Handel in seinem gesamten Reich treiben zu dürfen. Auch kulturell orientierte sich Venedig noch lange nach Konstantinopel: Nicht zuletzt die Architektur und die Mosaiken des Markusdoms zeugen davon.

Dass die Republik schon früh politischen Einfluss besaß, zeigte sich 1177, als der Doge Sebastiano Ziani die Auseinandersetzungen um Italien zwischen Papst Alexander III. und Kaiser Friedrich Barbarossa mit einem Friedensschluss beendete. Wenig später nutzte die Republik unter Führung des greisen und fast blinden, aber tatkräftigen Dogen Enrico Dandolo den Vierten Kreuzzug, um das Byzantinische Reich zu zerschlagen. Nach der Eroberung Konstantinopels 1204 plünderten die Kreuzfahrer die Stadt in einem Akt von beispiellosem Vandalismus. Damals kamen ganze Schiffsladungen von Kunstwerken, darunter viele Ikonen, antike Säulen und die berühmten Bronzepferde, nach Venedig, wo man sie wie Siegestrophäen in die neue Fassade von S. Marco integrierte. Neben den Besitzungen in Istrien und Dalmatien fielen nun auch Teile des byzantinischen Machtbereichs, wie Kreta, Korfu und Rhodos, an Venedig.

Der fatalen Eroberung Konstantinopels verdankte Venedig seinen Rang als europäische Großmacht, die für die folgenden 300 Jahre das ganze östliche Mittelmeer beherrschte und zur Drehscheibe des Fernhandels zwischen dem Abendland und dem Orient wurde. Da der Handel hauptsächlich auf dem Seeweg abgewickelt wurde, setzte die Regierung regelmäßig verkehrende Schiffskonvois mit Begleitschutz ein. Venezianische Kaufleute erzielten damals sagenhaften Reichtum. Einer der berühmtesten Handelsreisenden war Marco Polo, der 1271 in die Levante aufbrach und bis nach China kam.

Im 12. und 13. Jahrhundert bildete sich auch die spezifisch venezianische Staatsform der Adelsrepublik aus. Die Regierungsgewalt lag allein in den Händen der dünnen Schicht wohlhabender Kaufleute, der *nobili*, die im Großen Rat, dem Parlament, vertreten waren und den Dogen, die Minister und andere Amtsträger wählten. 1297 wurde in einem Goldenen Buch festgeschrieben, welche Adelsfamilien zum Großen Rat zugelassen waren. Der Kleine Rat mit je einem Vertreter aus den sechs venezianischen Stadtteilen bildete das beratende Kabinett des Dogen, während der Senat für die Handels- und Außenpolitik und der Rat der Vierzig für die Rechtsprechung zuständig waren. Im Laufe der Zeit kamen weitere Gremien und Ämter wie der Rat der Zehn für die innere Sicherheit hinzu, so dass sich die Zuständigkeiten immer weiter aufsplitterten. Ein Grundprinzip der venezianischen Verfassung war, jeder Form von Machtkonzentration vorzubeugen. Daher waren alle Ämter bis auf das des Dogen nur für kurze Zeit vergeben. Aber auch der Doge unterlag zahlreichen Beschränkungen und Kontrollen, um Machtmissbrauch zu verhindern. Nicht einmal seine Post durfte er alleine öffnen. So meinte der italienische Dichter Petrarca (1304–1374), die Dogen seien »keine Herren, sondern [...] lediglich mit Ehren ausgestattete Sklaven der Republik«.

Neben den regierenden Familien der *nobili*, die nur drei (!) Prozent der Bevölkerung ausmachten, gab es die ebenso kleine Gruppe der *cittadini*, einer Handel treibenden bürgerlichen Elite, die aber von politischen Ämtern ausgeschlossen war. Als Kompensation für die politische Machtlosigkeit organisierte sich das Bürgertum in *scuole*. Diese spezifisch venezianischen Einrichtungen waren religiös orientierte Vereinigungen zu wohltätigen Zwecken, die in unmittelbarer Nachbarschaft zu einer Kirche lagen. Die meisten dieser Bruderschaften waren wie Handwerksgilden berufsständisch organisiert, in anderen fanden sich Landsleute wie die ortsansässigen Griechen, Deutschen oder Dalmatiner zusammen. Es gab aber auch Scuole, die sich primär religiöse oder soziale Ziele setzten wie die Aussteuer von armen Mädchen oder die Verehrung bestimmter Heiliger. Die größte Rolle im sozialen und politischen Leben der Stadt spielten die ursprünglich vier und später fünf Scuole Grandi, die aus der großen Masse der über 300 Scuole Piccole herausragten und bis zu 600 Mitglieder hatten. Im Laufe der Zeit traten Frömmigkeit und soziales Engagement aber zugunsten ostentativer Zurschaustellung von Status und Reichtum zurück. Schnell entbrannte ein heftiger Konkurrenzkampf zwischen den Scuole, der sich vor allem auf dem Gebiet von Architektur und Kunst zeigte. Denn dank der Beiträge und Stiftungen verfügten die Bruderschaften über erhebliche finanzielle Mittel. Böse Zungen behaupteten schon damals, die Scuole seien dazu da, die Bürger von ihren Machtansprüchen abzulenken.

Im Unterschied zu anderen italienischen Stadtstaaten konnte sich die Adelsrepublik dauerhaft halten, was dazu führte, dass man das venezianische Staatssystem in ganz Europa für seine Ausgewogenheit und Stabilität bewunderte. Zugleich galt Venedig als Ort großer Toleranz gegenüber fremden Religionen und Kulturen, denn für die seefahrenden Kaufleute standen wirtschaftliche Interessen stets im Vordergrund. Lediglich auf die Herrschaftsansprüche der katholischen Kirche, allen voran des Papstes in Rom, reagierte die Republik allergisch. Der Bischof von Venedig, der hier den Titel Patriarch trug, spielte nur eine untergeordnete Rolle.

Dennoch hatte die Republik manche innen- und außenpolitische Bewährungsprobe zu bestehen, etwa die große Pestkatastrophe 1348, den Umsturzversuch und die anschließende Hinrichtung des Dogen Marino Falier 1355 sowie den Krieg gegen die konkurrierende Seemacht Genua 1378–81, der mit dem Sieg der Venezianer bei Chioggia endete. Obwohl als Seemacht mächtiger denn je, wandte sich Venedig im 15. Jahrhundert wegen des Vormarschs der Osmanen im östlichen Mittelmeer vom Fernhandel als ausschließlicher Einnahmequelle ab. Das Interesse richtete sich nun auch auf das norditalienische Festland, die *terraferma*. Der Doge Francesco Foscari, der 37 Jahre und damit länger als jeder andere Doge regierte, eroberte mit Hilfe von bezahlten Söldnerführern wie Bartolomeo Colleoni ganz Venetien mit Padua, Vicenza, Brescia, Verona, Bergamo und Friaul. Die *Serenissima*, »die Hochwürdigste«, wie die Republik sich jetzt nannte, stand auf dem Höhepunkt ihrer Macht.

Inzwischen hatte sich die Stadt unter staatlicher Aufsicht stetig vergrößert. Aber Grund und Boden waren rar und teuer, so dass sich ein dichtes, verschachteltes Netz aus mehrstöckigen Mietshäusern mit Durchgängen unter den Häusern (*sottoporteghi*), aus großen und kleinen Plätzen (*campi*), engen Gassen und aus sorgsam gepflegten Kanälen und Brücken ausbildete. Das Stadtbild wurde aber auch von den Pfarr- und Ordenskirchen sowie den Patrizierpalästen geprägt, die nun stilistisch nicht mehr byzantinisch beeinflusst waren, sondern in einer spezifisch venezianischen Gotik erbaut wurden. Es gehört zum Charakter Venedigs, dass weder die Stadt als Ganzes noch die Paläste durch Mauern befestigt sind. Da die *muri salati*, das Salzwasser der Lagune, vor Feinden schützten, war es möglich, die Bauten nach außen in Arkaden zu öffnen.

In der bildenden Kunst blieb man bis ins 14. Jahrhundert den byzantinischen Medien Ikone und Mosaik verhaftet, aber mit der politischen und wirtschaftlichen Orientierung auf das Festland ließ der kulturelle Einfluss Konstantinopels merklich nach. In der zweiten Hälfte des 15. Jahrhunderts öffnete sich Venedig den Neuerungen der in Florenz entstandenen Renaissancekunst, die sich die Antike zum Vorbild nahm und die perspektivische Malerei entwickelte. Die Architekten und Bildhauer Mauro Codussi, Antonio Rizzo, Pietro, Antonio und Tullio Lombardo sowie die Maler Gentile und Giovanni Bellini und Vittore Carpaccio waren die Hauptvertreter der neuen Kunst in Venedig. Die Stadt entfaltete sich auch zu einem führenden Zentrum der Buchdruckerkunst. Um 1498–1500 entstand die spektakuläre Stadtansicht, der große sogenannte *Barbari-Plan*, der Venedig erstaunlich detailliert aus der Vogelperspektive zeigt.

Anfang des 16. Jahrhunderts wurde Venedigs Machtposition jedoch nachhaltig erschüttert. Der Verlust vieler Gebiete in der Ägäis, die Verschiebung der Handelswege nach der Entdeckung Amerikas und des Seewegs nach Indien sowie der Krieg gegen die Liga von Cambrai 1508, einer Allianz aus Kaiser, Papst, Frankreich und Spanien, versetzten der Republik einen Schlag, von dem sie sich nie mehr erholen sollte. Ein politischer und vor allem wirtschaftlicher Niedergang setzte ein; die Erschließung neuer Produktionszweige – Weberei, Papierherstellung und Glasbläserei – konnte dies nicht verhindern. Auch beim Schiffsbau, ehemals eine Domäne der Venezianer, verlor man den Anschluss an die neuen Entwicklungen. Gleichwohl erlebte die Stadt, als sie ihren Zenit schon überschritten hatte, ihre höchste kulturelle Blüte. Die Bauten am Markusplatz und die Patrizierpaläste im Stil der römischen Hochrenaissance sowie später die Kirchen Palladios verliehen ihr ein neues Gesicht. Vor allem auf dem Gebiet der Malerei erlangte Venedig damals Weltruhm. Giorgione, Tizian, Tintoretto und Veronese schlugen mit der Farbe als Hauptgestaltungsmittel ein neues Kapitel in der Geschichte der Malerei auf, das bis ins 20. Jahrhundert nachwirkte. Auch in der Musik nahm die Republik dank der Komponisten Giovanni Gabrieli, Claudio Monteverdi und später Antonio Vivaldi bis ins 18. Jahrhundert eine Führungsrolle ein. Neben der Instrumentalmusik erfreute sich die Oper so großer Beliebtheit, dass zeitweilig bis zu sieben Opernhäuser gleichzeitig bespielt wurden. Im 17. und 18. Jahrhundert konnte Venedig jedoch in Architektur und bildender Kunst nicht mehr mit den blühenden Kunstzentren Rom und Paris mithalten, von Malergrößen wie Giambattista Tiepolo einmal abgesehen.

Unterdessen sanken das politische Prestige und die Wirtschaftskraft unaufhaltsam. In Allianz mit dem Papst und mit dem spanischen König versetzte die Republik zwar 1571 in der berühmten Seeschlacht von Lepanto im Golf von Patras den Osmanen eine vernichtende Niederlage, die das christliche Abendland als Triumph über die ›Ungläubigen‹ propagierte, aber in der Folgezeit gingen dennoch alle Besitzungen in der Ägäis verloren. Venedigs Seehandel im Mittelmeerraum kollabierte, die zermürbenden Kriege mit den Osmanen hatten die Staatskassen geleert, und die adelige Führungsschicht dezimiert. Daher beschloss 1646 der Große Rat, dass wohlhabende Familien sich für 100 000 Dukaten in den Adelsstand einkaufen durften. Die alten, angesehenen, aber zusehends verarmten Adelsfamilien betrachteten diese Emporkömmlinge mit Argwohn. Soziale Spannungen öffneten der Korruption Tür und Tor.

In diesen Zeiten wachsender politischer und wirtschaftlicher Probleme erfreute sich Venedig aber als Stadt der Vergnügungen mit einem monatelangen Karneval, den Komödien von Carlo Goldoni, zahllosen Bordellen und Spielcasinos wachsender Beliebtheit. Schon vor dem Untergang der Republik begann die Stadt zu einem Denkmal ihrer selbst und zu einer Touristenattraktion zu werden. Die Maler Antonio Canal, genannt Canaletto, und Francesco Guardi bedienten mit ihren Stadtansichten Venedigs einen neuen Markt: das Souvenirgeschäft.

1797 eroberte Napoleon die Republik, ohne dass der letzte Doge und die Bevölkerung großen Widerstand geleistet hätten. Es folgten unruhige Zeiten, in denen abwechselnd die Franzosen und die Österreicher herrschten, bis Venedig 1866 schließlich dem Königreich Italien einverleibt wurde. Obwohl die untergegangene Republik an den künstlerischen Entwicklungen des 19. Jahrhunderts nicht mehr maßgeblich beteiligt war, hat das Stadtbild durch Industrie- und Hafenanlagen, die Zuschüttung von Kanälen (*Rio Terrà*), durch neue, breite Straßenzüge und die Brückenverbindung mit dem Festland noch manche Veränderungen erfahren. Viele utopische Projekte, die Venedig zu einer ›modernen‹, verkehrsgerechten Stadt wie jede andere mit Straßen anstatt Kanälen gemacht hätten, konnten verhindert werden. Denn das 19. Jahrhundert war zugleich auch die Epoche der Restaurierungen und Rekonstruktionen der historischen, verfallenen Bausubstanz sowie der Neubauten im alten venezianischen Stil. Erst diese Maßnahmen verliehen Venedig das einheitliche Stadtbild, das, wenngleich begleitet von einem morbiden Charme und einer gewissen Untergangsstimmung, Touristen bis heute lieben. Schon seit dem 19. Jahrhundert war die Tourismusbranche, die durch die Gründung der Kunstbiennale 1895 noch einen zusätzlichen Impuls erhielt, zum grundlegenden Wirtschaftsfaktor der Lagunenstadt geworden: Bereits 1907 wurden 3,5 Millionen Touristen gezählt, heute sind es 30 Millionen pro Jahr.

Mit den im 20. Jahrhundert errichteten Industrieanlagen Marghera und Mestre auf dem Festland eröffnete man den Venezianern neue Erwerbsmöglichkeiten – allerdings mit ungeahnten Folgen. Sowohl diese Industriebetriebe als auch der moderne Massentourismus haben massive Umweltprobleme hervorgerufen. Die nicht regulierte Grundwasserentnahme, der steigende Meeresspiegel, der wachsende motorisierte Schiffsverkehr, der immer tiefere Fahrrinnen benötigt und große Wellen erzeugt, führten zur Verschmutzung der Lagune, zum Absinken der Stadt sowie zu Schäden an den historischen Bauten. Sichtbares Zeichen der existentiellen Bedrohung Venedigs sind die immer häufiger auftretenden und stärkeren Hochwasser. Zum Schutz der historischen Altstadt vor Hochwasser wurde 2003–21 in der Lagune das bewegliche Sturmflutsperrwerk MO. S. E. errichtet – ein umstrittenes und von Korruptionsskandalen begleitetes Projekt. In der einheimischen Bevölkerung, die inzwischen auf 50 000 Einwohner gesunken ist, regt sich zusehends Widerstand gegen den Übertourismus, denn die Zukunft Venedigs als lebendiger städtischer Organismus ist bedroht. Wenigstens ist es 2021 gelungen, den großen Kreuzfahrtschiffen die Durchfahrt durch die Altstadt zu verbieten. Zudem hat sich eine Vielzahl internationaler Institutionen, allen voran Save Venice Inc. mit einem Budget von einer Million Dollar jährlich, der Rettung dieser einzigartigen Stadt im Wasser, die seit 1987 zum Weltkulturerbe zählt, verschrieben.

Auf kulturellem Gebiet sucht Venedig immer wieder die Auseinandersetzung mit der zeitgenössischen Kunst, vor allem während der Biennale sowie in neuen Museen wie der Pinault Collection oder der Installation von Anselm Kiefer im Dogenpalast 2022/23: Hier zeigt sich Venedig als vitale Stadt, die nicht nur eine romantische Kulisse für Touristen sein will.

Stadtgeschichte in Daten

25. März 421	legendäres Gründungsdatum Venedigs
697	Ernennung des ersten Dogen
810	Verlegung des Dogensitzes von Malamocco nach Venedig und Bau des ersten Dogenpalastes
828	Überführung der Reliquien des hl. Markus von Alexandria nach Venedig und Bau der ersten Markuskirche
9. Jh.	allmähliche Befreiung aus der byzantinischen Vorherrschaft und selbständige Dogenwahl; Beginn von Venedigs Aufstieg zur internationalen Handels- und Seemacht
1000	Eroberungen in Dalmatien
1063–94	sogenannter Contarini-Bau der Markuskirche
1082	Venedig erhält vom byzantinischen Kaiser in Konstantinopel das Privileg zu zollfreiem Handel
1104	Grundsteinlegung zum Arsenal, Venedigs berühmter Schiffswerft
1160	Beginn der Mosaikausstattung der Markuskirche
1172	erste Einberufung des Großen Rats
1177	Frieden von Venedig zwischen Kaiser und Papst
1204	Eroberung und Plünderung von Konstantinopel durch die Venezianer; Ausbau der Fassade von S. Marco mit den geraubten Spolien; Venedig ist bedeutendste Handelsmacht im Mittelmeer mit Herrschaft über Korfu, Kreta, Rhodos und andere Mittelmeerinseln
1271–95	Reisen von Marco Polo, u. a. nach China
1297	Entscheidung, welche Familien im Großen Rat zugelassen und damit an der Regierungsgewalt beteiligt sind
bis 14. Jh.	künstlerische Orientierung nach Byzanz

um 1340 Beginn des Baus des heutigen Dogenpalastes, der Frarikirche und von SS. Giovanni e Paolo
1355 Hinrichtung des Dogen Marino Falier nach einem gescheiterten Umsturzversuch
1378–81 Krieg gegen Genua, Sieg Venedigs bei Chioggia
14.–15. Jh. venezianische Gotik
1. Hälfte 15. Jh. Eroberung des Festlands (*terraferma*); Venedig auf dem Höhepunkt seiner Macht
1453 Eroberung von Konstantinopel durch die Osmanen
2. Hälfte 15. Jh. Beginn der venezianischen Renaissance
1492 Entdeckung Amerikas; Dogengrabmal für Andrea Vendramin in SS. Giovanni e Paolo
1498 Entdeckung des Seewegs nach Indien
1498–1500 Stadtplan Venedigs (Barbari-Plan)
1508/09 Krieg gegen die Liga von Cambrai (Schlacht bei Agnadello); Venedigs politische und wirtschaftliche Macht beginnt zu sinken
um 1510 Giorgiones *Gewitter*
1518 Tizians *Assunta*
Ab 1536 Neugestaltung des Markusplatzes durch Jacopo Sansovino
Ab 1560 Bauten von Andrea Palladio
1564–88 Ausmalung der Scuola di S. Rocco durch Tintoretto
1571 Seeschlacht von Lepanto
1576 Pestepidemie
1577 Brand des Dogenpalastes und Beginn der Neuausstattung
1588–91 Bau der Rialtobrücke
16. Jh. Blütezeit der venezianischen Malerei (Tizian, Tintoretto, Veronese); Verlust vieler venezianischer Besitzungen im östlichen Mittelmeer an die Osmanen (Rhodos, Zypern u. a.)
1613–43 Claudio Monteverdi Kapellmeister der Markuskirche

1630 letzte große Pestepidemie, Bau von S. Maria della Salute

1646 Möglichkeit, sich in den Adelsstand zu kaufen, um die leeren Staatskassen zu füllen

1669/87 Verlust von Kreta und der Peloponnes an die Osmanen

1716 Antonio Vivaldi Leiter der Musikschule für Mädchen in S. Maria della Pietà

1718 Frieden von Passarowitz: Verlust der letzten Gebiete in Dalmatien und Griechenland; Venedig politisch und wirtschaftlich fast machtlos

18. Jh. Blütezeit der venezianischen Barockmalerei und der Vedutenmalerei; Komödien Carlo Goldonis

vor 1750 Giambattista Tiepolo: Fresken im Palazzo Labia

1786 Goethe in Venedig

1797 Eroberung Venedigs durch Napoleon, Abdankung des letzten Dogen und Auflösung der Republik

1. Hälfte 19. Jh. Venedig unter französischer und österreichischer Herrschaft

1846 Bau des Eisenbahndamms zum Festland

1851 John Ruskin, *The Stones of Venice* (*Die Steine von Venedig*)

1853 Uraufführung von Giuseppe Verdis Oper *La Traviata* im Teatro La Fenice

1866 Venedig wird Teil des Königreichs Italien

1883 Tod Richard Wagners im Palazzo Vendramin Calergi

1895 Gründung der Kunstbiennale

1902 Einsturz des Campanile der Markuskirche

1911 Thomas Mann, *Tod in Venedig*

1915 österreichischer Bombenangriff auf Venedig, Zerstörung des Deckenfreskos Giambattista Tiepolos in S. Maria degli Scalzi

1930 Gründung des Festivals für zeitgenössische Musik

im Rahmen der Biennale (Festival Internazionale di Musica Contemporanea)

1932 Gründung der Filmbiennale

1931–33 Bau der Autobrücke zum Festland

1934 Bau des größten europäischen Parkhauses (Autorimessa)

Gründung des Festivals für zeitgenössisches Theater im Rahmen der Biennale (Festival Internazionale del Teatro)

2. Hälfte 20. Jh. infolge der Industrieanlagen in Marghera und Mestre und des Massentourismus massive Umweltprobleme; Abwanderung der einheimischen Bevölkerung

1966 Schwere Hochwasserkatastrophe; in der Folge: Gründung internationaler Initiativen zur Rettung Venedigs wie *Save Venice Inc.* (New York)

1980 erste Architekturbiennale; Wiedereinführung des Karnevals nach zweihundertjähriger Pause

1987 Venedig und die Lagune werden zum Weltkulturerbe ernannt

1996 Brand des Teatro La Fenice, Wiederaufbau bis 2003

2006/09 Eröffnung der Pinault Collection

2008 Eröffnung des Museo di Palazzo Grimani

2016 Eröffnung eines Kaufhauses im Fondaco dei Tedeschi

2021 Das Sturmflutsperrwerk MO. S. E. zum Schutz Venedigs vor Hochwasser wird in Betrieb genommen; die Durchfahrt von Kreuzfahrtschiffen durch die Altstadt wird verboten

Kulturkalender

Januar/Februar

6. Januar (Heilige Drei Könige): Regata delle Befane – ein Bootsrennen der Gondelfahrer, die als Hexen verkleidet sind, auf dem Canal Grande von S. Tomà bis Rialtobrücke

Etwa 14 Tage vor Aschermittwoch bis Karnevalsdienstag: Karneval mit Prozessionen in historischen Kostümen in der Stadt, mit Maskenbällen, Theateraufführungen, Akrobatik und Tanz in Palästen und Theatern

Aschermittwoch: Ende des Karnevals mit Verbrennung des Pantalone und Maskenzug auf der Riva degli Schiavoni

März/April

An einem **Sonntag im März (oder April): Su e Zo per i Ponti** – ein Volkslauf über die Brücken
Gründonnerstag: Benedizione del Fuoco – »Segnung des Feuers« in der von Kerzen beleuchteten Markuskirche
25. April: Festa di S. Marco, Namenstag des hl. Markus: Hochamt in der Markuskirche, Gondelregatta auf dem Canal Grande und Volksfest auf der Piazza di S. Marco

Mai/Juni

Sonntag nach Christi Himmelfahrt: Festa della Sensa – »Vermählung der Stadt mit dem Meer« mit historischem Umzug und Flottenfahrt von S. Marco zum Lido
Sonntag Ende Mai: Vogalonga – eine volkstümliche Ruderregatta von S. Marco nach Burano und Murano und zurück
Mitte Juni bis November: in den geraden Jahren **internationale Kunstausstellung La Biennale** zur zeitgenössischen Kunst, außerdem Musik-, Theater-, Tanz- und Filmfestival; in den ungeraden Jahren **internationale Architektur-Biennale** u. a. in den Giardini Pubblici und im Arsenal

Juli – September

Drittes Wochenende im Juli: Festa del Redentore – Fest des Erlösers zur Erinnerung an die Befreiung von der Pest 1576, mit Prozession zur Kirche Il Redentore, Feuerwerk und Regatten
Letztes Wochenende im Juli: Venezia suona – ein Festival mit Livemusik auf vielen Plätzen und Gassen

August/September: in den Jahren der Biennale **Filmbiennale**

Erster Sonntag im September: Regatta Storica – historische Regatta auf dem Canal Grande mit festlich geschmückten Booten und Besatzungen in historischen Kostümen

Erste Hälfte September: Internationale **Filmfestspiele** auf dem Lido (im Rahmen der Biennale)

September – Dezember

September/Oktober: in den Jahren der Biennale **Festival Internazionale di Musica Contemporanea** – ein Festival für zeitgenössische Musik

Oktober: in den Jahren der Biennale **Festival Internazionale del Teatro**

Ende Oktober: Marathonlauf

21. November: Festa della Madonna della Salute – Fest zur Erinnerung an die Befreiung von der Pest 1630 mit Prozession über eine Pontonbrücke über den Canal Grande

1. November – 31. Dezember: Weihnachtsmarkt auf dem Campo S. Stefano

31. Dezember (Silvester): Feuerwerk an der Riva degli Schiavoni

Rundgänge

S. Karte S. 28/29

Rundgang A: **Markusplatz** (S. 31), **S. Marco** (S. 43 ff.), **Dogenpalast** (S. 66); **Canal Grande** mit Palastfassaden (S. 96), Rialto (S. 103), S. Salvador (S. 93)

Die Sala del Collegio im Dogenpalast (s. S. 79 f.)

Rundgang B: Campo S. Polo (S. 139), **S. Maria Gloriosa dei Frari** (S. 121), **Scuola Grande di S. Rocco** (S. 130)

Rundgang C: S. Giovanni Crisostomo (S. 182), **S. Maria dei Miracoli** (S. 184), Palazzo Soranzo van Axel (S. 186), Palazzo Pisani (S. 186), **SS. Giovanni e Paolo** (S. 150), Scuola Grande di S. Marco (S. 165), **Reiterdenkmal für Bartolomeo Colleoni** (S. 164), Campo und Kirche S. Maria Formosa (S. 169), Palazzo Grimani (S. 170)

Rundgang D: **Markusplatz** (S. 31), S. Moisè (S. 89), S. Maria del Giglio (S. 90), Campo S. Stefano (S. 91), Palazzo Pisani (S. 91), S. Stefano (S. 91), Palazzo Contarini del Bovolo (S. 92), Palazzo Pesaro Fortuny (S. 92)

Campo S. Stefano (s. S. 91)

Rundgang E: Dogana da Mar (Teil der Pinault Collection; S. 120), **S. Maria della Salute** (S. 117), Collezione Peggy Guggenheim (S. 116), **Gallerie dell'Accademia** (S. 213), S. Trovaso (S. 146)

Rio Marin
R.d.S.G. dell'Orio
R. d. S. Baldo
Rio d. S. Boldo
Rio d. due Torri
Rio di S. Cassiano
Campo S. Cassiano
C. dei Botteri
R. d. Beccarie
Campo d. S. Agostin
Rio d. S. Agostino
Rio d. S. Polo
Scuola Grande di S. Giovanni Evangelista
Corte Vitalba
C. d. Magazzen
Campo S. Stin
S. Polo
Palazzo Donà
C. llo Albrizzi
Palazzo Soranzo
Rio d. S. Stin
Archivio di Stato
Palazzo Corner Mocenigo
Campo S. Polo
B
Rio della Madonnetta
Rio d. Meloni
C. d. Mezzo
Campo S. Silvestro
S. Rocco
S. Maria Gloriosa dei Frari
Campo dei Frari
Rio d. Frari
C. Sec. d. Saoneri
Rio di San Polo
Palazzo Maffetti Tiepolo
Ca' Barzizza
Campo S. Rocco
C. d. Saoneri
Palazzo Donà
Scuola Grande di S. Rocco
Palazzo Centani (Ca' Goldoni)
Canal Grande
Palazzo Grimani
Campo S. Tomà
Palazzo Barbarigo della Terrazza
Rio della Frescada
Palazzo Pisani Moretta
S. Angelo
Palazzo Lando (Corner Spinelli)
Palazzo Pesaro Fortuny
C. L. Foscari
S. Tomà
Palazzo Balbi
C. d. Avvocati
Rio d. Ca' Foscari
Ca' Foscari
C.d.la Mandola
C. llo dei Squellini
Palazzo Giustinian
Sal. S. Samuele
C. d. Pestrin
Rio d. S. Angelo
C. d. Frati
Campo S. Angelo
Rio d. Verona
Ca' Rezzonico (Museo del Settecento Veneziano)
Palazzo Grassi
S. Samuele
Campo S. Samuele
S. Stefano
Rio d. S. Barnaba
Campo S. Stefano / Campo S. Vidal
Ca' Rezzonico
Rio del Duca
Palazzo Loredan
S. Maria del Giglio
Palazzo Morosini
Campo S. Maurizio
Rio d. Santissimo
Rio d. S. Maurizio
C. d. Cerchieri
Ca' del Duca
Rio d. Toletta
C.llo S. Vidal
Palazzo Pisani
Campo S. M. Zobenigo
Fond. Bollani
C. Corfù
Accademia
Ponte dell' Accademia
Palazzo Corner (Ca' Grande)
Palazzo Gritti (Hotel Gritti Palace)
Campo d. Carità
S. Maria d. Giglio
Rio di S. Trovaso
Fond. Priuli
S. Maria della Carità (Gallerie dell'Accademia)
Palazzo Contarini dal Zaffo
Galleria Palazzo Cini
S. Trovaso
R. Terrà A. Foscarini
Pisc. d.Forner
Campo S. Vio
Palazzo Venier dei Leoni (Collezione Guggenheim)
Ca' Dario
Palazzo Salviati

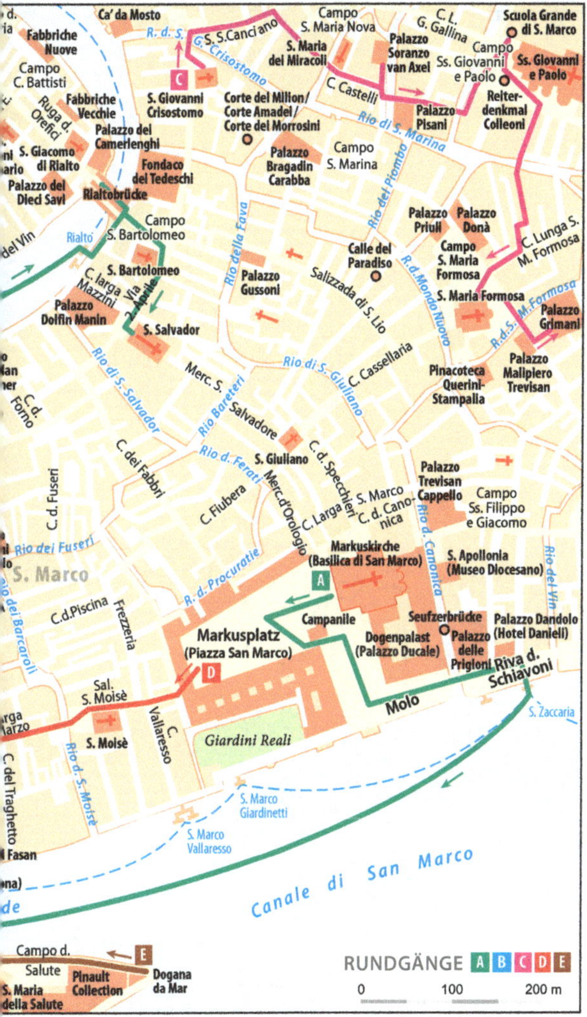

Ca' da Mosto
Fabbriche Nuove
Campo C. Battisti
Ruga d. Orefici
Fabbriche Vecchie
Palazzo dei Camerlenghi
S. Giacomo di Rialto
Palazzo dei Dieci Savi
Fondaco dei Tedeschi
Rialtobrücke
Rialto
Campo S. Bartolomeo
S. Bartolomeo
C. larga Mazzini
Via 2. Aprile
Palazzo Dolfin Manin
S. Salvador
S. Giovanni Crisostomo
R. d. S. G. Crisostomo
S. Canciano
Corte del Milion/ Corte Amadei/ Corte del Morrosini
Campo S. Maria Nova
S. Maria dei Miracoli
C. Castelli
C. L. G. Gallina
Palazzo Soranzo van Axel
Palazzo Pisani
Rio di S. Marina
Campo Ss. Giovanni e Paolo
Scuola Grande di S. Marco
Ss. Giovanni e Paolo
Reiter-denkmal Colleoni
Palazzo Bragadin Carabba
Campo S. Marina
Rio del Piombo
Rio della Fava
Palazzo Gussoni
Salizzada di S. Lio
Calle del Paradiso
Palazzo Priuli
Palazzo Donà
Campo S. Maria Formosa
C. Lunga S. M. Formosa
S. Maria Formosa
R. d. S. M. Formosa
Palazzo Grimani
R. d. Mondo Nuovo
Rio di S. Giuliano
C. Cassellaria
Pinacoteca Querini-Stampalia
Palazzo Malipiero Trevisan
Rio di S. Salvador
Merc. S. Salvadore
Rio Bareteri
C. d. Forno
C. dei Fabbri
Rio d. Ferati
S. Giuliano
C. d. Specchieri
Merc. d'Orologio
C. Larga S. Marco
C. d. Canonica
Rio d. Canonica
Palazzo Trevisan Cappello
Campo Ss. Filippo e Giacomo
C. d. Fuseri
C. Fiubera
Rio dei Fuseri
S. Marco
R. d. Procuratie
Markuskirche (Basilica di San Marco)
S. Apollonia (Museo Diocesano)
Rio del Vin
Rio dei Barcaroli
C. d. Piscina
Frezzeria
Campanile
Markusplatz (Piazza San Marco)
Seufzerbrücke
Palazzo Dandolo (Hotel Danieli)
Dogenpalast (Palazzo Ducale)
Palazzo delle Prigioni
Riva d. Schiavoni
Sal. S. Moisè
S. Moisè
C. Vallaresso
Molo
S. Zaccaria
Giardini Reali
Rio d. S. Moisè
C. del Traghetto
S. Marco Giardinetti
S. Marco Vallaresso
Canale di San Marco
Campo d. Salute
S. Maria della Salute
Pinault Collection
Dogana da Mar
RUNDGÄNGE A B C D E
0 100 200 m

Die Sestieri

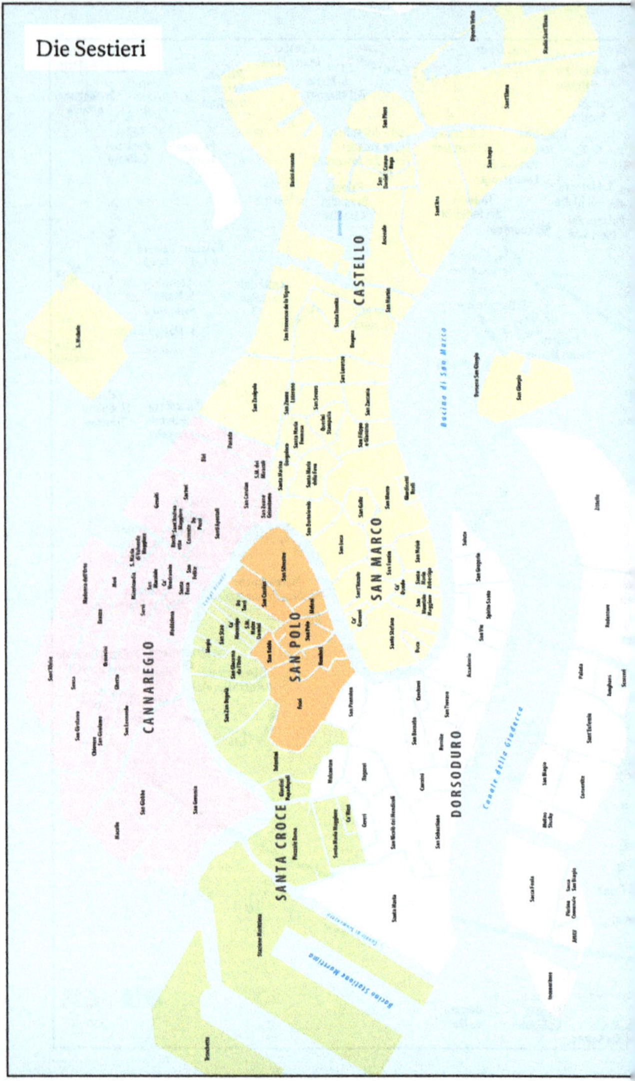

Sestiere S. Marco

Piazza S. Marco und Dogenpalast

Der **Markusplatz** (**Piazza S. Marco**; I G6) ist nicht nur der bedeutendste Platz Venedigs, sondern auch einer der berühmtesten Plätze überhaupt. Bis 1797 bildete er mit den umliegenden Regierungsgebäuden und der Staatskirche S. Marco das politisch-religiöse Zentrum der Republik. Da die Einfahrt nach Venedig ursprünglich vom Meer erfolgte, war der direkt an der Lagune gelegene Platz der ›Haupteingang‹ zur Stadt. Als Ort der großen Dogenprozessionen und Staatsempfänge, religiöser und weltlicher Feste wie dem Namenstag des hl. Markus oder dem Karneval bis hin zu dort einst durchgeführten Hinrichtungen besaß der Platz in hohem Maß eine symbolisch-repräsentative Funktion. Denn all diese Ereignisse dienten auch der Selbstdarstellung der venezianischen Republik gegenüber den eigenen Bewohnern und anderen Staaten. Daher wurde an der Piazza S. Marco zu allen Zeiten mit Bauten und Bildwerken ein besonderer Aufwand getrieben. Die herausragende Stellung zeigt sich auch in der Bezeichnung »Piazza«, die diesem Ort vorbehalten ist, während alle anderen Plätze in Venedig »Campi« heißen.

Die für venezianische Verhältnisse ungewöhnlich weiträumige, L-förmige Platzanlage besteht aus zwei trapezförmigen Bereichen, der eigentlichen Piazza vor der Markuskirche und der Piazzetta vor dem Dogenpalast. Während sich die Piazza durch die angrenzenden Bauten gegen die Stadt abschließt, öffnet sich die Piazzetta zum Bacino di S. Marco, dem großen Wasserbecken, und gibt den Blick frei auf die einzigartige Silhouette der Kirchen von S. Giorgio Maggiore, Redentore und S. Maria della Salute. Da die Platzfläche unter dem Meeresspiegel liegt, wird sie häufig vom Hochwasser überflutet. In seiner heutigen Gestalt ist der Markusplatz ein historisch gewachsenes Ensemble, das im langen Zeitraum vom 12. bis zum 19. Jh. entstand. Trotz der unterschiedlichen Zeitstile der einzelnen Bauten schafft das gemeinsame Motiv der Arkaden ein verbindendes Element. Neben der Architektur unterstreicht eine Reihe von Bildwerken, die die Regierung hier als Zeichen des Sieges über andere Länder aufgestellt hat, die politische Bedeutung des Platzes.

Schon seit der Gründung der Markuskirche und des Dogenpalastes im 9. Jh. gab es an dieser Stelle einen Platz, aber er war noch wesentlich kleiner als heute, von Gebäuden verstellt und von Kanälen durchzogen. Das Wasser der Lagune überspülte den gesamten Bereich der Piazzetta. Den ersten entscheidenden Schritt in Richtung der heutigen monumentalen, zweiteiligen Platzanlage unternahm Ende des 12. Jh.s der Doge Sebas-

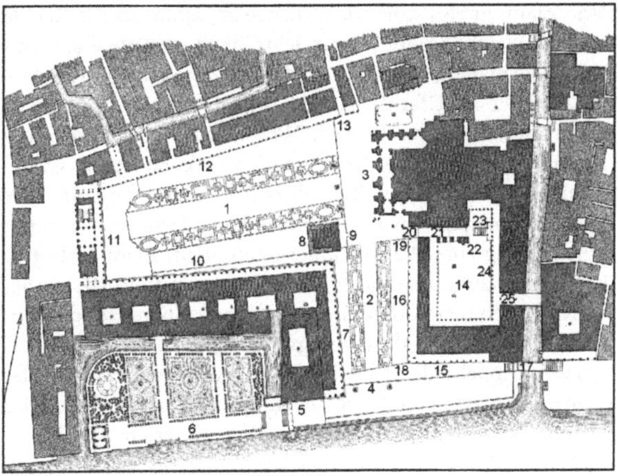

Piazza S. Marco, Karte

1 Piazza
2 Piazzetta
3 S. Marco
4 Säulenmonumente
5 Zecca
6 Giardini Reali
7 Libreria Marciana (Markusbibliothek)
8 Campanile
9 Loggetta
10 Procuratie Nuove (Neue Prokuratien) / Museo Archeologico / Museo del Risorgimento
11 Ala Napoleonica (Napoleonischer Flügel) / Museo Correr
12 Procuratie Vecchie (Alte Prokuratien)
13 Torre dell' Orologio (Uhrturm)
14 Dogenpalast
15 Dogenpalast, Südflügel
16 Dogenpalast, Westflügel, *Venetia*-Tondo
17 *Trunkenheit Noahs*
18 *Sündenfall Adams und Evas*
19 *Urteil Salomos*
20 Porta della Carta
21 Portico Foscari
22 Arco Foscari
23 Scala dei Giganti (Gigantentreppe)
24 Ostflügel
25 Ponte dei Sospiri (Seufzerbrücke)

tiano Ziani. Er riss störende Gebäude ab, schüttete die Kanäle und das Hafenbecken zu und legte im Zusammenhang mit dem Neubau des Dogenpalastes die Piazzetta und die Mole, eine Kaimauer am Ufer des Bacino, an. Die Piazza vor der Markuskirche verlängerte er nach Westen auf die heutige Ausdehnung und ließ an der Nordseite den Prokuratorenpalast (12) erbauen. Mit diesen städtebaulichen Maßnahmen sollte der Aufstieg Venedigs zu einer politischen Macht von europäischem Rang zum Ausdruck kommen, denn Ziani hatte 1177 den Frieden zwischen Kaiser und Papst vermittelt. Die nächsten wichtigen Baumaßnahmen betrafen die angrenzenden Gebäude: Mit der im 13. Jh. angefügten Eingangsfront und den erhöhten Kuppeln der Markuskirche sowie dem Anfang des 14. Jh.s erneuerten Trakt des Dogenpalastes an der Piazzetta (16) erhielt die Ostflanke des Platzes eine repräsentative Fassadenarchitektur. Es folgten Ende des 15. Jh.s der Uhrturm (13) und Anfang des 16. Jh.s die Erneuerung des Prokuratorenpalastes an der langen Nordseite der Piazza (12). Die seit dem 12. Jh. bedeutendste Umgestaltung des gesamten Markusplatzes, die bis heute sein Gesicht bestimmt, setzte 1536 unter Leitung des Architekten und Bildhauers Jacopo Sansovino ein. Er veränderte den Grundriss des Platzes und gab ihm durch eine neue Randbebauung eine Regelmäßigkeit und Monumentalität, die an die Foren römisch-antiker Kaiser erinnerten. Dieses ambitiöse Erneuerungsprogramm ging auf die Initiative des Dogen Andrea Gritti zurück, der Venedig politisch und architektonisch im Geist des antiken und zeitgenössischen Rom modernisieren wollte. Damals entstanden nach Sansovinos Entwurf die Zecca (Münze; 5), die Libreria Marciana (Markusbibliothek; 7), die Loggetta am Fuß des Campanile (9) sowie die Kirche S. Geminiano gegenüber der Markuskirche (11; zerstört). Sansovino setzte auch die Flucht des neuen Prokuratorenpalastes auf der Südseite der Piazza leicht schräg und um einige Meter zurück, so dass sich eine trapezförmige Platzfläche ergab, deren perspektivische Wirkung verstärkt ist. Dadurch kam der Campanile (8) frei zu stehen und wurde zum Angelpunkt zwischen Piazzetta und Piazza, die nun in eine engere räumliche Beziehung traten. Im 18. Jh. erneuerte man die Pflasterung des Platzes in rotem Ziegel und legte sie vierzig Zentimeter höher. Die letzte einschneidende Veränderung war der Bau der Ala Napoleonica (Napoleonischer Flügel; 11) anstelle der abgerissenen Kirche S. Geminiano an der Westseite der Piazza.

Die beiden riesigen, angeblich aus dem Orient importierten **Säulenmonumente** (4) ließ der Doge Sebastiano Ziani im Zusammenhang mit der Anlage der Piazzetta und der Kaimauern im 12. Jh. errichten. Sie waren Herrschafts- und Gerichtssymbol und markieren den offiziellen Eingang zur Stadt von der Wasserseite. Hier wurden nicht nur ankommende Schiffe festgemacht, sondern auch Hochverräter mit dem Schwert hingerichtet. Die Säulen bekrönen die Figuren der beiden Stadtpatrone, der *Hl. Todaro* (Theodor) und der geflügelte *Löwe*, das Symbol des hl. Markus. Beide Figuren sind Spolien, die erst durch Hinzufügung der Attribute zu den venezianischen Heiligen umgedeutet wurden: Todaro mit Schild und Lanze steht auf dem Drachen, den er getötet haben soll. Der Markuslöwe ist eine orientalische Chimäre, die Flügel und ein Buch angesetzt bekam. Vergleichbare Säulenmonumente stellte die Republik als Machtsymbole in Städten auf dem Festland auf, die sie erobert hatte, z. B. in Verona, Vicenza und Padua.

Die 1536–45 erbaute **Zecca** (5) war der erste Bau, den Jacopo Sansovino am Markusplatz realisierte. In der seit dem 13. Jh. bestehenden staatlichen Münze wurden die berühmten venezianischen *zecchini* (Zechinen), jene Golddukaten geprägt, die als besonders harte Währung galten und daher als Zahlungsmittel bis in den Orient begehrt waren. Das alte Münzgebäude war unbrauchbar geworden, als infolge einer wirtschaftlichen Blüte mehr Geld geprägt werden musste. Sansovino stand vor der widersprüchlichen Aufgabe, dem Bau einerseits ein festungsartiges, uneinnehmbares Aussehen zu geben, da sich hier auch der Staatsschatz befand. Andererseits benötigte die Münzprägeanstalt aber auch große Fensteröffnungen, damit die Hitze der Schmelzöfen entweichen konnte. Schließlich mussten auch noch die einträglichen Käse- und Salamigeschäfte integriert werden. Der Architekt meisterte das Problem, indem er den Bau zwar durch Arkaden im Erdgeschoss und durch Fenster im Obergeschoss öffnete, ihm durch eine starke Rustikaverkleidung aber ein wuchtiges, martialisches Aussehen verlieh. Nicht nur die Arkaden, wo die Läden untergebracht waren, sondern auch die Säulenschäfte darüber bekamen Rustikabänder. Dieses Motiv kannte Sansovino aus der Baukunst der Antike und der Renaissance (Giulio Romano, Palazzo del Te in Mantua). Die Fenster wirken wie eingezwängt zwischen den mächtigen Säulen. Da die Hitze der Öfen im Zwischengeschoss unerträglich war, erweiterte man den Bau alsbald um ein zweites Obergeschoss, das aber weniger kraftvoll wirkt. Der Innenhof ist heute überdacht, da sich hier der Lesesaal der Libreria Marciana befindet. Links von der Zecca liegt an der Stelle des ehemaligen Getreidespeichers ein vom französischen Vizekönig 1807 für seine Residenz angelegter Park, die **Giardini Reali** (6).

Die **Libreria** (oder **Biblioteca**) **Marciana** (**Markusbibliothek**; 7), ein Hauptwerk der venezianischen Renaissancearchitektur des 16. Jh.s, wurde 1537 nach Plänen von Jacopo Sansovino erbaut. Als 1545 während der Bauarbeiten das Gewölbe des Lesesaals einstürzte, machte man den Architekten für das Unglück verantwortlich und verhängte eine Gefängnisstrafe über ihn. Aber dank der Intervention seiner prominenten Freunde, des Malers Tizian und des Dichters Pietro Aretino, kam Sansovino wieder frei. Nach dem Tod des Architekten 1570 wurde der vom Campanile sukzessive Richtung Wasser hochgezogene Bau von dem Palladio-Schüler Vincenzo Scamozzi bis zur Mole verlängert. Wir wissen nicht genau, wie Sansovino die Verbindung von der Libreria zur Zecca geplant hatte, aber das heute abrupte Aufeinandertreffen der beiden Bauten entspricht sicher nicht seinen Vorstellungen.

Obwohl der Name es suggeriert, handelt es sich nicht um ein reines Bibliotheksgebäude, sondern um den offiziellen Amtssitz der Prokuratoren von S. Marco, in den gleichwohl die kostbaren griechischen und lateinischen Schriften integriert wurden, die Kardinal Giovanni Bessarione 1472 der Markuskirche vermacht hatte. Die Prokuratoren, von Amts wegen für diese Bibliothek zuständig, waren die ranghöchsten Beamten nach dem Dogen. Ursprünglich nur für die Verwaltung der Markuskirche und ihres Besitzes verantwortlich, dehnten sie allmählich ihre Zuständigkeiten auf viele Bereiche des staatlichen Finanz- und Bauwesens aus und erlangten schließlich die Senatorenwürde. Sie verfügten sogar über einen eigenen Architekten, den Proto von S. Marco. Der Neubau Sansovinos sollte nicht nur das Gewimmel der Wirtshäuser, Läden und Latrinen beseitigen, sondern auch ein Gegengewicht zum Dogenpalast schaffen und dem Platz eine monumentale Schauwand verschaffen. Die Prokuratoren wollten ihre erstarkte Machtposition durch eine neuartige Architektur und eine ungewohnt reiche Skulpturendekoration zum Ausdruck bringen. Die zweigeschossigen Arkaden orientieren sich zwar an der älteren Platzbebauung, aber die architektonischen Mittel setzen sich radikal von der Tradition ab. Sansovino entlehnte das Motiv der Rundbögen auf Pfeilern, denen eine Halbsäulenordnung vorgelegt wird, antiken Amphitheatern wie der Arena in Verona oder dem Kolosseum in Rom. Im Kreis der römischen Renaissancearchitekten Bramante, Raffael und Antonio da Sangallo hatte er gelernt, wie man dieses Motiv auf zeitgenössische Bauaufgaben überträgt. Im Obergeschoss schafft Sansovino eine Variation, indem die Arkaden von frei neben die Pfeiler gestellten kleinen Säulen getragen werden. Aus Rom stammt auch die Idee, eine dorische Säulenordnung mit Triglyphen- und Metopenfries und eine ionische Ordnung geschossweise übereinander zu stellen. Insgesamt wirkt die Fassade nicht mehr wie eine Wandfläche mit Öffnungen, sondern wie ein plastisch modelliertes Relief mit starken Hell-Dunkel-Kontrasten. Dieser Eindruck entfaltet sich vor allem in Schrägansicht. Neu waren in Venedig auch die verschwenderisch eingesetzten skulpturalen Dekorationen, darunter Markuslöwen, antike Götterfiguren, Gestalten der römisch-antiken Geschichte, Trophäen und Girlanden haltende Putten (im Fries des Abschlussgebälks). Sie wurden, wie bei umfangreichen Ausstattungsprogrammen üblich, von einer ganzen Gruppe von Bildhauern bewältigt, darunter Danese Cattaneo, Bartolomeo Ammanati und Alessandro Vittoria (Obelisken und einen Teil der Figuren auf der abschließenden Balustrade). Ein von Karyatiden flankiertes Portal unter den Portiken führt ins Innere, das teilweise beim Rundgang durch die Musei di Piazza S. Marco besichtigt werden kann (s. S. 229). Mit der prachtvollen, tonnengewölbten Treppenanlage schuf Sansovino das erste venezianische Beispiel eines großen, bequemen und mit Stuck, Malerei und Vergoldung reich dekorierten Aufgangs, der zum Vorbild für die Scala d'Oro im Dogenpalast wurde.

Campanile (8): Der im 12. Jh. auf älteren Fundamenten erbaute mächtige Glockenturm von S. Marco war schon immer das Wahrzeichen Venedigs schlechthin und wurde daher bereits früh in anderen Städten des venezianischen Herrschaftsgebiets nachgeahmt (z. B. in Rovinj in Istrien). Der mit fast 100 Metern höchste Turm der Republik bildet einen weithin sichtbaren vertikalen Akzent in der überwiegend horizontalen Stadtsilhouette. Auf die geschlossene, mit langen Lisenen gegliederte Grundform in Ziegelmauerwerk sind ein in Arkaden geöffnetes Glockenhaus aus weißem Stein und ein pyramidenförmiges Dach aufgesetzt, die aus dem frühen 16. Jh. stammen. Da die Turmglocken überall zu hören waren, läutete man sie nicht nur zum Gottesdienst, sondern kündigte damit auch für das städtische Leben der Bürger wichtige Anlässe an. Je nachdem, welche Glocke erklang, wusste man, was los war: von der Einberufung der Sitzung des Senats und des Großen Rats bis hin zu Hinrichtungen. Der *padron della casa*, der »Herr des Hauses«, wie die Venezianer den Campanile nennen, wies Anfang des 20. Jh.s so starke Schäden auf, dass man seine Statik gefährdet sah. Tatsächlich stürzte der Turm am 14. Juli 1902 ein. Er wurde sofort in identischer Form an derselben Stelle wieder aufgebaut: ein frühes Beispiel historischer Rekonstruktionen, wie sie nach dem Zweiten Weltkrieg im zerstörten Deutschland in Angriff genommen wurden und damals wie heute den Protest zeitgenössischer Architekten provozieren. Im rekonstruierten Campanile kann man mit dem Aufzug nach oben fahren und von der Plattform die atemberaubende Aussicht genießen, wie schon Napoleon, der damals aber natürlich noch den stufenlosen Aufgang nach oben geritten ist.

Die **Loggetta** (9) wurde als Ersatz für eine frühere Loggia gleichzeitig mit der Libreria 1538–47 von Jacopo Sansovino erbaut. Sie war als unmittelbares Gegenüber der Porta della Carta und der Scala dei Giganti des Dogenpalastes konzipiert und sollte bei Dogenprozessionen wie eine repräsentative Kulisse wirken. Im Alltagsleben der Stadt diente sie den adeligen Bürgern als Treffpunkt, bevor sie zu den Sitzungen des Großen Rats gingen. Ab 1569 wurde sie zum Standort der Palastwachen während der Sitzungen des Rats. Schließlich erfüllt die Loggetta auch einen baukünstlerischen Zweck, denn durch verwandte Formen bindet sie den freigestellten Campanile in die Platzarchitektur der Libreria (7) und der Procuratie Nuove (10) ein. All diese Funktionen lassen sich seit dem Vorbau der Terrasse mit der schweren Balustrade 1663 und der Einfügung des Gitters 1735 nicht mehr unmittelbar nachvollziehen. In ihrer heutigen Form geht die Loggetta auf die Rekonstruktion mit Originalteilen nach dem Einsturz des Campanile 1902 zurück. Die Architektur ist von den antiken Triumphbögen Roms inspiriert, wo ein breiter Bogen von schmalen, säulengegliederten Jochen mit Nischen flankiert wird. Aber dieses Grundmotiv ist hier zu einer fortlaufenden Reihe von drei Bögen erweitert. Die Proportionierung war durch die antiken Säulenschäfte aus seltenem orientalischem Marmor vorgegeben, die hier als Spolien eingesetzt wurden. Der reiche Schmuck aus Bronzestatuen und Marmorreliefs stammt von Sansovino, der ursprünglich Bildhauer war, bzw. von seinen Schülern (Attikareliefs). Stilistisch orientierte sich Sansovino stark an der Skulptur seiner Heimatstadt Florenz. Die Nischenfiguren *Minerva*, *Apoll*, *Merkur* und *Pax* verkörpern die Tugenden der Republik Weisheit, Harmonie, Handel und Frieden – zentrale Themen der venezianischen Staatsideologie. Die seitlichen Attikareliefs mit *Jupiter* und *Venus* stehen für die zu Venedig gehörenden Inseln Kreta und Zypern, während das mittlere Bild ein Thema des Palazzo Ducale aufgreift: die Verkörperung Venedigs als Gerechtigkeit. Offensichtlich war es beabsichtigt, sich bei der inhaltlichen Bedeutung des Bildprogramms mit Anspielungen zu begnügen und einen gewissen Interpretationsspielraum zu lassen.

Die **Procuratie Nuove**, die **Neuen Prokuratien** (10), an der Südseite der Piazza hatte schon Sansovino im Rahmen seiner Platzneugestaltung geplant, da die Wohnungen in den gegenüberliegenden Alten Prokuratien (12) für den zusehends aufgeblähten Beamtenapparat der Prokuratoren nicht mehr ausreichten und die unschöne Bebauung an dieser Platzseite endlich einer repräsentativen Architektur weichen sollte. Aber der langgestreckte Trakt wurde erst 1582 von Vincenzo Scamozzi verwirklicht und 1640 schließlich von Baldassare Longhena vollendet. Scamozzi folgte im Wesentlichen dem ursprünglichen, eng an der Libreria orientierten Entwurf Sansovinos, stockte das Gebäude aber um eine Etage auf. Unter den Arkaden befindet sich seit 1720 das **Café Florian**, das berühmteste Kaffeehaus Venedigs. Die Einrichtung schuf 1858 Ludovico Cadori. Nach der Eroberung Venedigs durch Napoleons Truppen ließ der französische Vizekönig in Italien 1807 die Prokuratien zu seiner Residenz umbauen und auf ihrer Rückseite die **Giardini Reali** (6) anlegen. Dafür wurde der mittelalterliche Kornspeicher an der Lagune, der auf alten Ansichten zu sehen ist, abgerissen. Im Zusammenhang mit dem Residenzausbau wurde 1807 die von Sansovino errichtete Kirche S. Geminiano an der südlichen Schmalseite gegenüber von S. Marco zerstört und hier ein neuer Trakt angelegt, die **Ala Napoleonica** (11), die ein repräsentatives Treppenhaus und einen Ballsaal aufnahm. Ihre nur zweigeschossige, durch eine Attika erhöhte Fassade, die sich an den Procuratie Nuove orientiert, sollte dem Platz eine völlig einheitliche Gestalt geben, aber das Ergebnis wirkt eintönig.

Die **Procuratie Vecchie** (12), die **Alten Prokuratien**, wurden 1513–26 in enger Anlehnung an den durch Brand beschädigten veneto-byzantinischen Vorgängerbau errichtet. Der Architekt, vielleicht Bartolomeo Bon, übernahm von den früheren Prokuratien des 12. Jh.s das Grundsystem der Fassadengliederung: den ebenerdigen großen Rundbogenarkaden entsprechen in den Obergeschossen nur halb so breite, kleine Arkaden. Aber er erhöhte den Bau wegen des gestiegenen Raumbedarfs um ein Geschoss und verwendete konsequent Stilformen der Renaissance, etwa kannelierte Säulen mit korinthischen Kapitellen. Daraus ergab sich die typisch venezianische Kombination aus traditionellen und modernen Architekturformen an einem Bau. Die endlose Reihung von 50 bzw. 100 (in den Obergeschossen) Arkaden ist für einen Renaissancebau ungewöhnlich. Hier lässt sich bereits die Monotonie späterer Zweckbauten erahnen. Während im Erdgeschoss von Anfang an Ladenlokale vermietet wurden, beherbergten die oberen Etagen die Amtsstuben und Dienstwohnungen der Prokuratoren, die verpflichtet waren, am Markusplatz zu residieren. Da ihnen ein eigener Privatpalast versagt war, konnten sie sich nur als Gruppe in einem solchen Gemeinschaftsgebäude nach außen präsentieren. Von den Ladenlokalen unter den Portiken sind heute ein Geschäft und zwei alte Caféhäuser bemerkenswert: der ehemalige **Olivetti-Showroom** (Nr. 101), den der bedeutende Architekt der italienischen Moderne Carlo Scarpa 1957/58 einrichtete; ferner das 1775 gegründete **Café Quadri** (Nr. 120), dessen heutige Ausstattung auf 1858 zurückgeht, und das 1750 eröffnete **Café Lavena** (Nr. 123) mit einer Einrichtung aus dem frühen 19. Jh. Beide Kaffeehäuser zählten Berühmtheiten wie Richard Wagner, Lord Byron, Marcel Proust, Honoré de Balzac und Franz Liszt zu ihren Gästen.

Die **Torre dell'Orologio** (**Uhrturm**) (13) von 1496–1506 war die erste bauliche Maßnahme am Markusplatz im Stil der Renaissance und zugleich ein technisches Bravourstück. Zu diesem Schritt entschloss sich die Republik, um in einem Moment, in dem sie fast vor dem Bankrott stand, wirtschaftlich stabile Verhältnisse vorzutäuschen. Der Uhrturm mit den Seitenflügeln bietet von der Piazzetta einen Blickfang und markiert zugleich den Eingang zur Merceria, der nach Rialto führenden, wichtigsten Geschäftsstraße Venedigs. Ein monumentaler Uhrturm im städtischen Umfeld einer Platzanlage war damals eine Neuerung, die auf Empfehlungen des bedeutenden Architekturtheoretikers der italienischen Renaissance, Leon Battista Alberti, zurückgeht. Zuvor hatte es nur Kirchtürme und Wachtürme von Burgen gegeben. Der Architekt des

Uhrturms ist unbekannt, es könnte Mauro Codussi gewesen sein, damals neben Pietro Lombardo der Star unter der venezianischen Architekten. Die 1493–95 konstruierte Uhr, die sich oberhalb des Torbogens zur Merceria befindet, ist eine technische Meisterleistung der damals berühmten Uhrmacher Zuan Paolo und Zuan Carlo Ranieri. Sie zeigt 24 römische Ziffern für jede Stunde, goldene Tierkreiszeichen als Symbole der Monate und die Mondphasen. Weitere technische Schaustücke sind: Aus den Türen zu beiden Seiten der Nischenfigur *Maria mit Kind* traten am Tag von Mariae Himmelfahrt, einem der wichtigsten Festtage Venedigs, die *Hll. Drei Könige*, um sich vor Maria zu verneigen. Die *Mohren* auf dem Dach läuten jede volle Stunde. Aber bei einem öffentlichen Uhrturm durfte auch das Hauptsymbol Venedigs, der *Markuslöwe* nicht fehlen. Ursprünglich kniete der Doge Agostino Barbarigo davor, der den Turm eingeweiht hatte – bis Napoleon ihn entfernen ließ. Es war neben den Bildnissen an der Porta della Carta des Dogenpalastes und in den kleinen Medaillons an den Fahnenmasten vor S. Marco das einzige öffentliche Dogenporträt am Markusplatz. Die drei **Fahnenmasten** erhielten 1501–05 antiken Vorbildern nachempfundene Bronzebasen von Alessandro Leopardi. Ihre figürlichen Reliefs zeigen erstmals in der Geschichte des Platzes rein profane Themen zur Verherrlichung der Republik: antike Götter, aus den venezianischen Kolonien importierte Waren und eben das Porträt des Dogen Leonardo Loredan. Die Masten trugen die Flaggen der drei von Venedig eroberten Gebiete Peloponnes, Kreta und Zypern.

S. Marco: Die Markuskirche (I G6) zählt zu den bedeutendsten Kunstdenkmälern der Welt. Der Bau und seine Ausstattung mit einem ungewöhnlich großen Mosaikzyklus (ca. 4500 Quadratmeter) veranschaulichen auf einzigartige Weise die Verbundenheit Venedigs mit Byzanz. Sowohl die Lage neben dem Dogenpalast als auch die verschiedenen Funktionen ◆

Gentile Bellini, *Prozession auf der Piazza S. Marco*

von S. Marco machen die enge Verflechtung von Staat und Kirche in der Republik deutlich. Der Bau wurde als Grabeskirche für die Gebeine des Evangelisten und Apostels Markus errichtet, nachdem zwei Kaufleute sie 828 – so die Legende – auf abenteuerliche Weise aus dem ägyptischen Alexandria nach Venedig überführt hatten. Dank dieses kostbaren Reliquienbesitzes gewann Venedig enorm an Prestige, vor allem gegenüber der mächtigen Stadt Aquileia, die sich rühmte, vom hl. Markus seinerzeit missioniert worden zu sein. Außerdem boten die neuen Reliquien den Venezianern die Chance, endlich den aus Byzanz übernommenen hl. Theodor durch einen eigenen Patron zu ersetzen. Da der Doge die Markusreliquien für sich beanspruchte, anstatt sie dem geistlichen Oberhaupt, dem Bischof in S. Pietro di Castello zu überlassen, unterstand die Markuskirche immer seiner Herrschaft. Als Hofkapelle des Dogen und Zentrum eines politisch instrumentalisierten Markuskults, der alle Zweifel an der Echtheit der Reliquien vertreiben sollte, wurde S. Marco zur venezianischen Staatskirche. Hier fanden die feierlichen Messen und großen Prozessionen unter Beteiligung des Dogen und der Regierung sowie wichtige Zeremonien wie die Investitur des neugewählten Dogen oder politisch entscheidende Begegnungen wie die zwischen Papst Alexander III. und Kaiser Friedrich Barbarossa 1177 statt. Erst nach dem Ende der Republik erhielt S. Marco 1807 den Status einer Bischofskirche und löste in dieser Funktion S. Pietro in Castello ab.

Geschichte: Der heutigen Markuskirche gingen zwei Vorgängerbauten voraus. Die erste Kirche stiftete der Doge Giustiniano Partecipazio unmittelbar nach der Ankunft der Reliquien des hl. Markus 828 in Venedig. Dieser Bau ging beim Volksaufstand gegen den Dogen Pietro Candiano IV. 976 in Flammen auf. Der Nachfolger des ermordeten Dogen, Orseolo I., veranlasste seine sofortige Wiederherstellung. Da die Republik Geld übrig hatte (!), riss man diese Kirche schon wenige Jahrzehnte später wieder ab und erbaute 1063–94 die dritte Markuskirche, die nach ihrem Stifter, dem Dogen Domenico Contarini auch »Contarini-Bau« genannt wird.

Die seit dem Brand von 976 verschollenen, aber 1094 auf wundersame Weise wieder aufgefundenen Reliquien des hl. Markus wurden damals in der Krypta beigesetzt. Die Contarini-Kirche, die wie die beiden Vorgängerbauten des 9. und 10. Jh.s über einem griechischen Kreuz angelegt wurde, hat sich im Kern in der heutigen Kirche erhalten, war aber innen und außen noch wesentlich schmuckloser. Der Großteil der heutigen Innenausstattung mit Marmorfußböden und -wandverkleidungen sowie Mosaiken kam erst im 12., 13. und 14. Jh. hinzu. Entscheidende Voraussetzungen für die aufwendige Gestaltung des Außenbaus waren zum einen die Erweiterung des Markusplatzes im 12. Jh., zum anderen die Eroberung und anschließende Plünderung Konstantinopels 1204 durch die venezianischen Kreuzfahrer. Dieser Erfolg steigerte nicht nur das Selbstbewusstsein Venedigs als führende Handels- und Seemacht, sondern ermöglichte es den Eroberern auch, ganze Schiffsladungen von geraubten Kunstgütern in die Lagunenstadt zu schaffen. Daraufhin verkleidete man den gesamten Außenbau mit Marmorplatten, Marmorsäulen und Reliefs. Aus diesem Beutegut stammen auch die berühmten *Bronzepferde von S. Marco*, die Mitte des 13. Jh.s an der Fassade aufgestellt wurden. Der Import zahlreicher Ikonen, die innen und außen angebracht wurden, sollte S. Marco einer byzantinischen Pilgerkirche angleichen. Da die flachen Kuppeln des Contarini-Baus außen kaum zu sehen waren, setzte man ihnen

---

1 Hauptportal, darüber: *Pferde von S. Marco*
2 Reliefplatte: *Herkules kämpft gegen den Eber*
3 Reliefplatte: *Herkules mit Hirschkuh und Drachen*
4 Porta S. Alipio
5 Pfeiler aus Byzanz
6 Pietra del bando
7 Tesoro (Schatzkammer)
8 Tetrarchen
9 Mosaik: *Maria mit Kind, Aposteln und Evangelisten*
10 Mosaik: *Schöpfungsgeschichte*
11 Mosaik: *Kain und Abel*
12 Mosaik: *Sintflut und Arche Noah*
13 Mosaik: *Turmbau zu Babel*
14 Mosaik: *Leben Abrahams*
15–17 Mosaik: *Leben Josefs*
18 Mosaik: *Leben Moses'*
19–23 Grabmäler
24 Apsismosaik: *Petrus Pantokrator*, darunter: *Petrus, Markus, Nikolaus, Hermagoras*
25 Mosaik: *Christus Emmanuel, Propheten, Maria*
26 Mosaik: *Himmelfahrt Christi*
27 Mosaik: *Leben Jesu*
28 Mosaik: *Ausgießung des Heiligen Geistes*
29 Mosaik: *Christus' Gebet am Ölberg*
30 Mosaik: *Wiederauffindung der Markusreliquien*
31 Mosaik: *Leben des hl. Johannes*
32 Mosaik: *Vier Heilige*
33 Ikonostasis (Chorschranke)
34 Kanzeln
35 Cappella di S. Clemente
36 Cappella di S. Pietro
37 Baldachin mit Reliefsäulen
38 Pala d'Oro
39 Sakristeitür
40 Tür des Sakramentsaltars
41 Sängerkanzeln
42 Ikone: *Maria Nikopeia*
43 Cappella di S. Isidoro
44 Cappella dei Mascoli
45 Baptisterium
46 Grablege für Andrea Dandolo
47 Cappella Zen

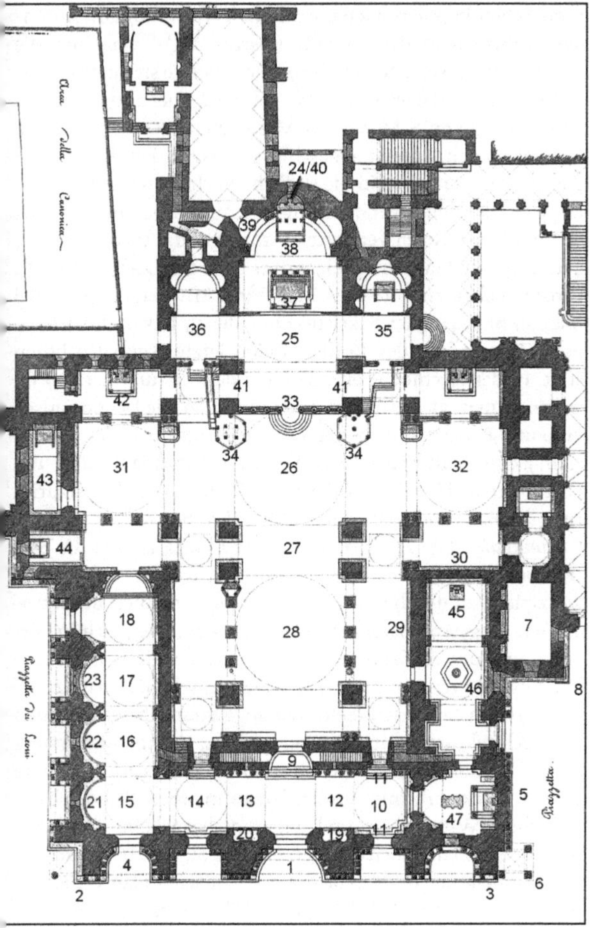

S. Marco, Grundriss

hohe Scheinkuppeln aus Holz mit Bleiverkleidung auf. Außerdem führte man die Vorhalle (Narthex) U-förmig um die Nord- und Südseite der Kirche herum, wölbte sie ein und stattete sie mit Mosaiken aus. Damit war nach über 200 Jahren die Ausstattung von S. Marco mit Mosaiken, abgesehen von den Nebenkapellen, vorerst abgeschlossen. Nach dem Einbau des Baptisteriums 1312–28 in die südliche Vorhalle setzte Ende des 14. Jh.s erneut eine Veränderung des Außenbaus im Sinn der Spätgotik ein: Reich verzierte Wimperge und turmartige Tabernakel mit Statuen bereicherten nun die Dachlandschaft, Fenster bekamen gotisches Maßwerk. Mit der Cappella dei Mascoli um 1430, der Sakristei Ende des 15. Jh.s und der Cappella Zen Anfang des 16. Jh.s fanden letzte Baumaßnahmen statt. In der Nachfolgezeit zwischen dem 16. und dem 19. Jh. waren immer wieder namhafte Architekten wie Jacopo Sansovino und Baldassare Longhena sowie berühmte Maler wie Tizian, Jacopo Tintoretto, Paolo Veronese, Sebastiano Ricci und Giambattista Tiepolo mit der Instandhaltung und Restaurierung des Baus und vor allem der Mosaiken beschäftigt.

Rundgang: Die **Hauptfassade zur Piazza** ist wie die Seitenfronten als repräsentative, reich dekorierte Schauwand konzipiert, an der die in Konstantinopel geraubten Beutestücke wie Siegestrophäen präsentiert werden. Die prächtige Erscheinung des Außenbaus sollte die neuen Machtansprüche Venedigs auf das unterworfene byzantinische Kaiserreich demonstrieren. So entstand eine der ungewöhnlichsten Fassaden der Architekturgeschichte. Über großen, tief ins Mauerwerk eingeschnittenen Portalnischen erhebt sich das zurückgesetzte zweite Stockwerk mit typisch byzantinischen Rundgiebeln, gotischen Wimpergen und Figurentabernakeln. Den Abschluss bilden die hochaufragenden, die Skyline beherrschenden Kuppeln, die der Kirche ein orientalisches Flair verleihen. Anstelle von inhaltlich komplexen Skulpturenprogrammen, wie wir sie von vielen europäischen Kirchenfassaden des Mittelalters kennen, schmücken diese Fassade hauptsächlich Säulen und Mosaiken. Die dichtgedrängt in zwei Reihen stehenden Säulen der Nischen sind sogenannte Spolien von antiken und byzantinischen Gebäuden Konstantinopels. Die Anordnung nach Farbe und Maserung folgt dem Prinzip der Symmetrie, berücksichtigt aber auch die inhaltliche Bedeutung von Steinsorten. Da z. B. roter Porphyr und grüner Marmor als besonders vornehme Materialien galten, zeichnen sie das Hauptportal aus. Der Formenreichtum der Kapitelle erklärt sich durch die unterschiedliche Herkunft und Entstehungszeit: Antike korinthische und komposite Kapitelle erscheinen neben mittelalterlichen Nachbildungen und Figurenkapitellen sowie byzantinischen Korbkapitellen. Das zwischen 1235 und 1245 datierte **Hauptportal** (1) in der Mitte wird durch die größere Portalnische und den Skulpturenschmuck der Rundbögen hervorgehoben, eine der wenigen Stellen, an denen sich der Einfluss der französischen und norditalienischen Kathedralplastik bemerkbar macht. Zu Recht berühmt sind die um 1240 geschaffenen Szenen auf der Unterseite des äußeren Bogens, die auf erstaunlich realistische Weise Handwerker bei ihren Tätigkeiten zeigen, z. B. Schiffsbauer im Arsenal oder Barbiere beim Haareschneiden und Zähneziehen. Bei den **Reliefplatten** in den Bogenzwickeln der Fassade wechseln sich erstaunlicherweise byzantinische Reliefikonen mit den zwei mythologischen Szenen *Herkules kämpft gegen den Eber* (2; einer Spolie des 5. oder 6. Jh.s) und *Herkules mit Hirschkuh und Drachen* (3; um 1250) ab. Die **Mosaiken im Portalbereich** thematisieren die Geschichte der Markusreliquien, während die Darstellungen in den oberen Rundgiebeln der Passion Christi gewidmet sind. Vom mittelalterlichen Mosaikschmuck des 13. Jh.s hat sich lediglich das Bild über der Porta di S. Alipio erhalten, alle anderen gehen auf Neuentwürfe des 17. und 18. Jh.s mit denselben Themen zurück. Das zwischen 1270 und 1275 entstandene **Mosaik** über der **Porta di S. Alipio** (4) zeigt, wie der Leichnam des hl. Markus in feierlicher Prozession im Beisein des Dogen in die Kirche überführt wird. Hauptblickfang ist aber die Fassade von S. Marco, die mit bemerkenswerter Genauigkeit wiedergegeben ist. Man erkennt sogar die **Bronzepferde von S. Marco** (1), Venedigs berühmteste Beutestücke aus Konstantinopel, die auf der Terrasse der Fassade triumphal zur Schau gestellt wurden. Dieses einzige erhaltene antike Viergespann aus vergoldeter Bronze, dessen Datierung und ursprünglicher Ort nicht geklärt sind, hatte seit dem 5. Jh. n. Chr. im Hipprodrom (Pferde- und Wagenrennbahn) von Konstantinopel gestanden. Dass diese Siegestrophäe für Venedig hohe politische Symbolkraft besaß, wusste noch Napoleon, als er sie 1797 nach Paris brachte. Aber schon 1815 kehrten die Bronzepferde zurück. Zum Schutz vor Umweltschäden sind die Originale heute ins Museo di S. Marco gebracht und an der Fassade durch Kopien ersetzt. Insgesamt mischen sich in der Architektur und der Dekoration des Außenbaus byzantinische und westliche Elemente aus verschiedenen Epochen.

Die **Südseite** richtet sich auf die Piazzetta und die Lagune aus. Davor stehen zwei mit ornamentalen Reliefs überzogene **Pfeiler** (5), die wie die Bronzepferde und die vielen Säulen in Byzanz erbeutet und hier als Siegeszeichen aufgestellt wurden. Von der sogenannten *Pietra del bando* an der Südwestecke der Fassade (6) verkündeten Regierungsvertreter Erlasse, aber auf diesem antiken Säulenstumpf wurden auch die Köpfe der wegen Landesverrats Hingerichteten drei Tage lang ausgestellt. Zwischen der Markuskirche und dem Dogenpalast liegt ein quaderförmiger, mit verschiedenfarbigen Marmorplatten verkleideter Baukörper, der seit dem 13. Jh. als **Tesoro** (7), Schatzkammer, von S. Marco dient. An seiner Südwestecke ist, von der Mole kommend gut sichtbar, eine Figurengruppe aus ägyp-

Porta di S. Alipio: Mosaik mit Fassade von S. Marco

tischem Porphyr, die sogenannten **Tetrarchen** (8), eingemauert. Das fast vollplastische, in der Mitte durchgeschnittene und über Eck aufgestellte Relief zeigt jeweils zwei Figuren in Rüstung und Mantel, die sich etwas förmlich umarmen und ein Schwert in der Hand halten. Sowohl um die Herkunft des Werks als auch um die Identität der Dargestellten haben sich schon früh viele Legenden gerankt. Heute weiß man, dass die Figuren aus Konstantinopel stammen und ins 4. Jh. n. Chr. zu datieren sind. Zweifel bestehen lediglich, ob es sich um die ersten, ab 293 n. Chr. regierenden Tetrarchen handelt, d. h. Kaiser Diokletian und seine Mitregenten, oder um die zweiten Tetrarchen, d. h. Kaiser Konstantin und seine drei Söhne, die ab 335 das römische Kaiserreich beherrschten.

Die abwechselnd mit Kuppeln und Tonnengewölben gedeckte **Vorhalle** (9–18) an der West- und Nordseite verbindet den Außenbau mit dem Innenraum. Daher wird hier das Fassadenmotiv der Spoliensäulen mit Merkmalen des Innenraums wie dem Mosaikfußboden und den Gewölbemosaiken kombiniert. Die **Mosaiken** zählen wie die des Innenraums zu den bedeutendsten Werken dieser Technik in der westlichen Welt. In der Nische über dem Haupteingang befindet sich eines von den beiden erhaltenen Mosaiken aus der ersten, noch zum Contarini-Bau gehörenden Ausstattungsphase des späten 11. / frühen 12. Jh.s. Die Figuren der *Maria mit Kind, acht Aposteln und vier Evangelisten* (9) erinnern, eingezwängt in Blendarkaden und streng frontal aufgereiht, an byzantinische Bilder. Die Mosaiken in der Gewölbezone wurden 1220–1280 in Angriff genommen, nachdem die Mosaikausstattung im Kircheninneren im Wesentlichen vollendet war. In einem umfangreichen Zyklus werden Ereignisse aus dem Alten Testament erzählt: die *Schöpfungsgeschichte* (10), die Geschichte von *Kain und Abel* (11), die *Sintflut und Arche Noah*, der *Turmbau zu Babel* (12, 13), das *Leben Abrahams* (14) und, besonders ausführlich in drei Kuppeln, das *Leben Josefs* (15–17) sowie das *Leben Moses'* (18). Bei allen durch die längere Entstehungszeit des Zyklus bedingten stilistischen Unterschieden weisen alle Gewölbemosaiken ein gemeinsames Charakteristikum auf: Im Vergleich zu den älteren Mosaiken über dem Haupteingang und im Inneren hat der erzählende Charakter der Darstellungen dank der größeren Lebendigkeit der miteinander kommunizierenden Figuren, der Wiedergabe des szenischen Hintergrunds in Form von Natur oder Architektur sowie dank der Freude an Details und Farben stark zugenommen. Die *Schöpfungsgeschichte* (10) z. B., die in drei konzentrisch angeordneten Registern mit 22 Szenen aufgerollt wird, ist als echte Handlung erzählt, in der die Personen durch ihre Gestik in Beziehung zueinander treten. Zu diesen stilistischen Neuerungen ließen sich die Mosaizisten durch Illustrationen spätantiker und zeitgenössischer byzantinischer Handschriften inspirieren. Man kann sogar ein ganz konkretes Vorbild ausmachen: die Genesis-Szenen in der griechischen »Cotton-Bibel« aus dem 5. Jh. (London, British Library). Die Szenen zeigen im Einzelnen beginnend im inneren Kreis (gegen den Uhrzeigersinn) mit den ersten drei Schöpfungstagen: über dem Wasser schwebende *Taube als Symbol des Heiligen Geists, Trennung von Licht und Finsternis, Schaffung des Himmelsgewölbes, Trennung von Wasser und Erde, Erschaffung der Pflanzen*; mittleres Register (vierter bis sechster Tag): *Erschaffung der Gestirne, der Fische und Vögel, der Säugetiere* sowie *Erschaffung Adams*; äußeres Register: *Namengebung der Tiere* sowie *Geschichte von Adam und Eva* bis zur *Vertreibung aus dem Paradies*. Die zwischen 1071 und 1118 erfolgte Aufstellung von **Dogengrabmälern** in der Vorhalle folgt dem Beispiel der byzantinischen Kaiser in der Apostelkirche in Konstantinopel. Die erhaltenen Gräber von Dogen bzw. einer Dogaressa und eines Erzpriesters von S. Marco (19–23), sind ziemlich schlicht und beschränken sich auf einen wiederverwendeten antiken oder frühchristlichen Sarkophag, der durch eine Inschrift aktualisiert wurde. Später wurden die Denkmäler immer reicher, waren aber auch nicht mehr in S. Marco, sondern in SS. Giovanni e Paolo und in der Frarikirche aufgestellt.

Innenraum: Entgegen der im 11. Jh. in Europa vorherrschenden Tradition ist S. Marco nicht als längsgerichtete Basilika, sondern als byzantinische Kreuzkuppelkirche errichtet: ein Zentralbau über dem Grundriss eines griechischen Kreuzes mit einer Kuppel über der Vierung sowie je einer weiteren Kuppel über allen vier Kreuzarmen. Zwischen den Kuppeln sind Tonnengewölbe eingefügt, die zweigeschossige Pfeiler tragen, die ihrerseits durch kleine Kuppelräume ausgehöhlt werden. Die großen Kuppelräume von Langhaus und Querhaus sind durch Säulenarkaden gegen die seitenschiffartigen Nebenräume abgegrenzt. Die darüberliegenden Emporen des Contarini-Baus wurden im Zuge der Mosaikausstattung zwecks besserer Belichtung nachträglich abgebaut. Geblieben sind nur noch schmale Laufgänge auf den Arkaden, die sogenannten »Katzenstege«. Laut einer Quelle aus dem 12. Jh. diente als direktes Vorbild für S. Marco die Apostelkirche des Kaisers Justinian in Konstantinopel (536–550 erbaut, 1453 von den Osmanen zerstört), eine deutliche Hommage an den byzantinischen Herrscher, der die Macht des Dogen seinerzeit legitimiert hatte und damals der wichtigste Bündnispartner Venedigs war. Außerdem galt diese Grundrissform als Charakteristikum von Kirchen für Apostel, zu denen man auch den hl. Markus zählte. Aber man veränderte den byzantinischen Prototyp und passte ihn westlichen Bautraditionen an, indem man dem Zentralbau eine leichte Längstendenz gab. Man dehnte die Kuppel des Langhauses zu einem leichten Oval (erkennbar an den drei Arkaden anstelle von zweien im Querhaus), machte das Querhaus kürzer und fügte im Osten eine Choranlage mit drei Apsiden an. Auf westlichen Einfluss geht auch die Krypta zurück. Der Raumeindruck wird wie in der Hagia Sophia in Konstantinopel ganz wesentlich von der kostbaren **Ausstattung** mit Wandverkleidungen und schimmernden, goldgrundigen Mosaiken beherrscht, die eine feierliche, sakral anmutende Aura schaffen. Bis zu den »Katzenstegen« reichen die verschiedenfarbigen **Marmorplatten**, die so geschnitten und an den Wänden angebracht sind, dass ihre Maserungen geometrische Muster ergeben. Als eine Art Geländer der »Katzenstege« fungieren ornamentierte **Schrankenplatten**, Spolien unterschiedlicher Herkunft und Entstehungszeit, viele davon aus der frühchristlichen Epoche. Darüber setzen die alle Gewölbe überziehenden **Mosaiken** an, die dank des einheitlichen Goldgrundes eine Kontinuität zwischen den einzelnen Raumabschnitten schaffen (s. hintere Buchklappe unten).

Während in anderen Städten Italiens ab dem 13. Jh. die Freskomalerei das Mosaik ablöste, hielt man in Venedig an dieser traditionellen, antik-byzantinischen Form der Wanddekoration bis ins 19. Jh. fest, u. a. wegen des feuchten Klimas, in dem sich die Wandmalerei auf nassem Putz nicht gut hält. Die ersten Mosaizisten kamen im 11. Jh. aus Konstantinopel, aber im Laufe des 12. Jh.s wurden sie zunehmend von einheimischen Künstlern abgelöst, die neben byzantinischen Vorbildern zunehmend westliche Einflüsse verarbeiteten. Insgesamt verbinden sich in den Mosaiken wie schon in der Architektur östliche mit westlichen Elementen auf immer neue Weise, so dass sich ein auffälliges Nebeneinander unterschiedlicher Stile ergibt. Die Mosaikausstattung beschränkte sich Ende des 11. Jh.s zunächst auf die Apsis, wurde aber in einer zweiten Kampagne ab dem 12. Jh. auf die gesamte Gewölbezone ausgedehnt. Im 13. Jh. kamen einige bedeutende Szenen an den Wänden des südlichen Seitenschiffs und Querhauses dazu. Viele Mosaiken mussten im 16. und 17. Jh. unter Beibehaltung der alten Themen erneuert werden, u. a. nach Entwürfen Jacopo Tintorettos. Sie lassen sich leicht von den mittelalterlichen Szenen unterscheiden, da ihr bewegt-realistischer Stil an Leinwandbilder erinnert.

Die wichtigsten Themen konzentrieren sich auf die Mosaiken in der Apsis und der Kuppel- und Gewölbezone im Langhaus, wo *Christus als Weltenherrscher* und die *Gottesmutter Maria* sowie ein sogenannter *Festtagszyklus*, d. h. bestimmte Szenen aus dem Leben Jesu wie Passion, Himmelfahrt und Pfingsten dargestellt sind. Im unteren Bereich der Wände und Pfeiler finden sich nur Heilige. Sowohl die Bildthemen, die überall durch Inschriften erläutert werden, als auch die flächendeckende Ausbreitung der Mosaiken über die Gewölbezone orientieren sich an byzantinischen Dekorationssystemen (z. B. Hosios Lukas bei Delphi in Griechenland, um 1025). Von dort ist auch der hierarchische Aufbau des Programms von den Heiligen im unteren Bereich über das Leben Jesu in den Gewölben bis zu den bedeutenden Szenen mit göttlichen Erscheinungen in den Kuppeln übernommen, aber die Darstellungen sind anders im Kirchenraum verteilt und durch weitere Themen ergänzt. Der *Pantokrator*, also Christus als Weltenherrscher, erscheint nicht wie in Byzanz üblich in der Vierungskuppel, sondern in der **Apsis** (1506 erneuert) über den venezianischen Schutzpatronen *Petrus, Markus, Nikolaus und Hermagoras*, dem ältesten, um 1200 geschaffenen Mosaik im Inneren von S. Marco (24). In der **Chorkuppel** befindet sich *Christus Emmanuel*, also der jugendliche Christus, begleitet von Propheten und der betenden Maria, die in Byzanz in der Apsis dargestellt ist (25). Auch die Themen *Himmelfahrt Christi* in der **Vierungskuppel** (26) und die *Ausgießung des Heiligen Geistes an Pfingsten* (28) in der **Langhauskuppel** stammen von östlichen Vorbildern, werden aber durch westlich beeinflusste Motive, z. B. Tugenddarstellungen ergänzt. Das Mosaik mit der *Himmelfahrt* (26) ist ein Werk von besonders hohem künstlerischem Rang und zeichnet sich durch das expressive Agieren der kreisförmig angeordneten Figuren und deren stark bewegte Gewänder aus. Nur Maria ist in traditionell starrer Frontalhaltung gegeben. Die Darstellungen in den **Tonnengewölben** um die Vierungskuppel zeigen, ebenfalls in byzantinischer Tradition, Szenen aus dem Leben Jesu (27), u. a. die berühmten Passionsszenen mit *Judaskuss* und *Gefangennahme, Kreuzigung, Drei Frauen am leeren Grab Christi* und *Anastasis* (*Christus in der Vorhölle*), dem *Auferstandenen im Kreis der Jünger.* Zu diesem Themenkreis gehört auch die wohl von einem venezianischen Künstler 1215–20 im **rechten Seitenschiff** geschaffene Szene *Christus' Gebet am Ölberg* (29), eines der eindrucksvollsten Mosaiken in S. Marco, das sich stilistisch von allen älteren Mosaiken unterscheidet. Die

Landschaft im Hintergrund und die Figuren haben im Verhältnis zum Goldgrund an Größe zugenommen. Völlig neu sind zudem die detailreiche Gestaltung der Bergformationen sowie die differenzierten Körperhaltungen der meist im Profil gegebenen, eng zusammengedrängten Apostel. Unter den Heiligenbildern an Wänden und Pfeilern sind die *Geschichten des hl. Markus* besonders prominent. Im **rechten Querschiff** (oberhalb der Emporen) erzählen zwei Darstellungen von der *Wiederauffindung der Markusreliquien*, die 976 nach dem Brand der Kirche verschollen waren (30). Dank inbrünstiger Gebete des Dogen tat sich 1094, so die Legende, die Wand gegenüber dem Mosaik auf und gab den Sarkophag des Heiligen frei. In diesen Mosaiken erkennt man die für das 13. Jh. typische Tendenz, die Darstellung durch mehr Figuren und durch die Wiedergabe der Örtlichkeit der Szene, hier die Architektur von S. Marco, zu bereichern. Die gesamte Kirche ist mit einem **Marmorfußboden** aus über 60 verschiedenen, bunten Steinsorten ausgelegt. Große Marmorplatten (Vierung!) werden mit Einlegearbeiten in geometrischen Mustern aus kleinen Glas- und Marmorsteinen kombiniert. Die Technik lässt auf byzantinische Meister schließen.

Eine **Ikonostasis** (Chorschranke; 33) trennt an der Stelle, wo die Stirnmauern der Krypta in die Kirche hineinragen, die Vierung vom Chor. Acht kleine Marmorsäulen auf hohen Piedestalen tragen eine Brüstung, auf der das Triumphkreuz Christi aus versilberter Bronze und die Marmorfiguren von Maria und Johannes sowie der 12 Apostel stehen, Meisterwerke der venezianischen Skulptur der Gotik. Sie wurden 1394–97 von den als Familienbetrieb arbeitenden Gebrüdern Jacobello und Pierpaolo dalle Massegne geschaffen, damals in ganz Oberitalien erfolgreiche Bildhauer, die sich in der prominenten Inschrift in der Brüstung selbstbewusst verewigt haben (und auch das Balkonfenster an der Südfassade des Dogenpalastes gestalteten). Die an solchen Ikonostasen üblichen Gemälde (etwa in Torcello) sind hier durch Skulpturen ersetzt. Links und rechts von der Ikonostasis stehen an den Vierungspfeilern zwei **Kanzeln** (34), die aus älteren Spolien zusammengesetzt sind. Während die zweigeschossige linke Kanzel für Lesungen während der Messe diente, war die rechte Kanzel dem Dogen vorbehalten, der von hier aus – als säße er wie der byzantinische Kaiser auf einem Thron – der Messe beiwohnte. Außerdem wurde von dieser Kanzel aus der neugewählte Doge dem Volk präsentiert mit den Worten: »Das ist der Doge, wenn er Euch gefällt.« Diese Redewendung hatte allerdings rein rhetorischen Charakter, denn die Zustimmung war obligatorisch.

Der Zugang zum Chor erfolgt über die **Cappella di S. Clemente** (35), die wie ihr Gegenstück auf der anderen Seite, die **Cappella di S. Pietro** (36) über ausführliche Mosaikzyklen zum hl. Markus, ergänzt durch Szenen zu den jeweiligen Titelheiligen, verfügt (12. Jh.). In der Clemenskapelle sieht man, wie der Leichnam aus dem Sarkophag in Alexandria gestohlen und dann von den beiden venezianischen Kaufleuten unter Schweinefleisch versteckt davongetragen wird, um schließlich mit dem Schiff nach Venedig überführt zu werden, wo ihn der Doge mit dem Klerus und dem Volk empfängt. Diese Mosaiken gelten als erster Bildzyklus, in dem die politische Vereinnahmung der Markusreliquien durch den venezianischen Staat deutlich zum Ausdruck kommt, etwa durch Anspielungen auf aktuelle kirchenpolitische Ereignisse. Die Clemenskapelle, die durch eine Tür und ein Fenster direkte Verbindung zum Dogenpalast besaß, war nämlich ausschließlich dem Dogen, der Regierung und bedeutenden Gästen vorbehalten.

Die Originalausstattung des **Chors** (Presbyterium) wurde bei der Umgestaltung zur Bischofskirche 1834–36 und noch einmal 1955 verändert bzw. entfernt. Ursprünglich war der Chorbereich zwischen der Ikonostasis und dem Altarbaldachin

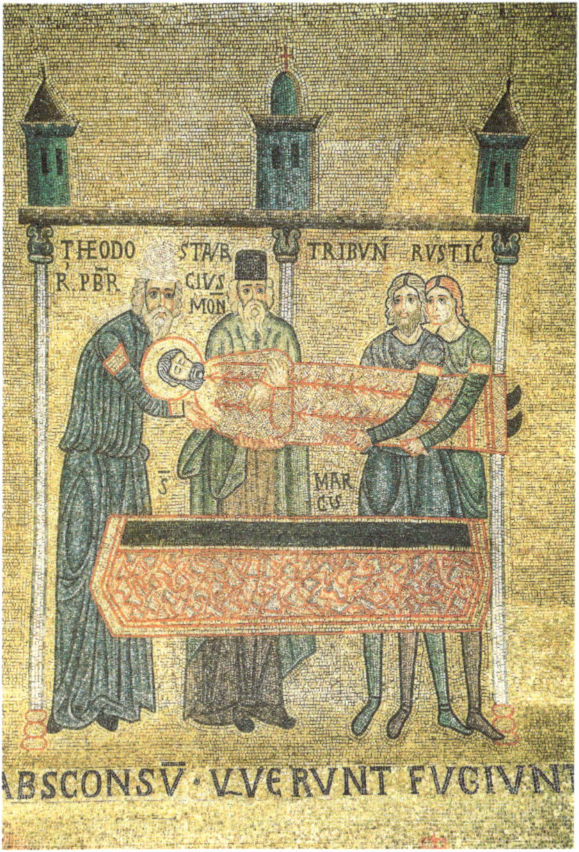

S. Marco, Mosaik in der Cappella di S. Clemente:
Raub der Markusreliquien

bei den feierlichen Messen an hohen Festtagen dem Dogen und seiner Familie sowie den Prokuratoren von S. Marco, den wichtigsten Regierungsmitgliedern und den Botschaftern vorbehalten. Der Doge nahm auf dem Thron auf der rechten Seite (entfernt) Platz, alle anderen Teilnehmer in den Chorgestühlen (modern erneuert). Auch manche offiziellen staatlichen Zeremonien fanden im Chor statt, allen voran die Investitur, die rituelle Amtseinführung des Dogen im Namen des hl. Markus. Das Zentrum des Chors über dem Hochaltar zeichnet seit dem Anfang des 13. Jh.s der **Baldachin** (37) mit vier Reliefsäulen aus Alabaster und einem Gewölbe aus grünem Marmor aus. Auf den Säulen, 1204 in Konstantinopel erbeutete Spolien, werden in neun, durch Ringe unterteilten Zonen Szenen aus dem Neuen Testament aufgereiht: auf der Säule hinten links das *Leben Mariens*, auf der Säule vorne links die *Jugend Jesu*, auf der Säule hinten links die *Lehr- und Wundertätigkeit Jesu*, auf der Säule vorne rechts die *Passion Christi*. Der Typus der Reliefsäule stammt ursprünglich aus der Antike (z. B. Trajanssäule, Rom), aber anstelle der dort fortlaufenden Reliefs werden hier die Einzelfiguren oder Figurengruppen durch Arkaden getrennt. Eine ikonographische Besonderheit der *Kreuzigungsszene* (Säule vorne rechts), der Ersatz des Leibes Christi durch das Symbol des Lamms, liefert einen wichtigen Anhaltspunkt für die umstrittene, bislang zwischen dem 5. und 13. Jh. schwankende Datierung der Säulen. Da diese Art der Kreuzigungsdarstellung in einem Konzil von 692 verboten wurde, müssen die Reliefs vor diesem Datum entstanden sein. Tatsächlich lässt sich der Stil der Figuren und ihre Isolierung durch Arkaden gut mit byzantinischen Elfenbeinen des 6. Jh.s vergleichen. Seit der Frühdatierung gelten die vier Säulen als hochbedeutendes Werk früher byzantinischer Skulptur. Der heutige Altartisch geht auf das frühe 19. Jh. zurück und birgt seitdem die ehemals in der Krypta aufbewahrten Reliquien des hl. Markus. Ursprünglich überspannte der Baldachin hingegen den Altar mit der **Pala d'Oro** (38). Dieser monumentale 3,45 × 1,40 Meter messende, ehemalige Altaraufsatz über dem Grab des hl. Markus, ist eine weltberühmte Goldschmiede- und Emailarbeit. Sie ist heute wie ein Museumsstück mit der Schauseite zur Apsis aufgestellt. Im Laufe der langen Entstehungsgeschichte, die bis ins 10. Jh. zurückreicht, wurde die Pala mehrfach umgearbeitet und erweitert. Die heutige Gestalt geht auf den Auftrag des Dogen Andrea Dandolo im Jahr 1345 zurück. Damals montierte der inschriftlich belegte Goldschmied Giovanni Paolo Boninsegna die alten, zwischen dem 10. und dem 12. Jh. in Konstantinopel und Venedig geschaffenen Emailplatten in die prächtige Rahmenarchitektur und fügte vielleicht auch ein paar neue Emailplatten hinzu. Im Zentrum befindet sich der *Thronende Christus*, umgeben von den vier Evangelisten in den Medaillons, darüber der leere Thron Gottes, begleitet von Engeln. Darunter die *Muttergottes mit der byzantinischen Kaiserin Eirene Komnenos und der Doge Ordelaffo Falier* (der den ehemals hier befindlichen Kaiser ersetzt), flankiert von zwei Inschriften zur Geschichte der Pala. Zu beiden Seiten reihen sich (von unten nach oben) Propheten, Apostel und Erzengel auf. Außen herum läuft ein Rahmen mit quadratischen, 1105 in Venedig geschaffenen Szenen aus dem Leben Jesu und des hl. Markus. Es handelt sich um den ersten Bildzyklus mit Geschichten des venezianischen Patrons. Die sechs halbrunden Emailplatten mit Bildern zur Passion Christi, die den *Erzengel Michael* im Zentrum flankieren, erbeuteten die Venezianer 1204 bei der Plünderung Konstantinopels in der dortigen Pantokratorkirche. Die Pala zeichnet sich durch kostbare Materialien wie Gold und Hunderte von Perlen, Granaten, Smaragden, Saphiren usw. und durch die hohe Qualität der Emailarbeiten im aufwendigen Zellschmelzverfahren aus (d. h. die Einritzungen in die Metallplatte werden so vorgenommen, dass kleine Stege stehen bleiben und daher die Farben der einzelnen Felder nicht ineinander laufen können). Sie ist außerdem als Altar über dem Grab des hl. Markus ein Stück venezianischer Staatskunst. Ursprünglich war die Pala nur an hohen Festtagen sichtbar und wurde an allen anderen Tagen von der sogenannten *Pala feriale* (Wochentagsaltarbild) verdeckt. Die **Sakristeitür** (39) war wie die Tür des Sakramentsaltars (40) und die Sängerkanzeln (41) Teil einer 1537 einsetzenden Kampagne zur Modernisierung des Chorbereichs durch den Bildhauer Jacopo Sansovino, der seit 1529 Proto, d. h. Architekt der Markuskirche war. Das außerordentlich teure Material Bronze aller Werke demonstrierte nicht nur den Rang des Auftrags von Seiten der mächtigen Prokuratoren, sondern bot dem vielbeschäftigten Künstler auch den Vorteil, nach der Anfertigung des Entwurfs die Ausführung in Bronzeguss anderen überlassen zu können. In allen diesen Werken zeigt sich die Florentiner Herkunft Sansovinos. Die Sakristeitür (39; 1546–69), ein Meisterstück venezianischen Bronzegusses, orientiert sich an der über 100 Jahre älteren berühmten Paradiestür von Lorenzo Ghiberti am Florentiner Baptisterium, eine der wenigen Bronzetüren der Renaissance. Sowohl die Türrahmung aus Marmor als auch die Tür selbst passen sich der Apsisrundung an. Im unteren Bildfeld ist die *Grablegung Christi*, im oberen seine *Auferstehung* dargestellt. Aus den ganz flachen, fast wie ein Gemälde wirkenden Reliefs heben sich nur einzelne Figuren vollplastisch heraus, um das Geschehen zu verdeutlichen. In den reichverzierten Rahmen fügte Sansovino wie schon Ghiberti sechs sehr individuell gestaltete kleine Porträtbüsten ein, die u. a. seine Freunde, den Maler Tizian und den Dichter Aretino, sowie ihn selbst zeigen. Für die Grundidee, die **Kanzeln** (41) für den Sängerchor von S. Marco mit Reliefs auszustatten, berief sich Sansovino auf die berühmten Vorläufer von Luca della Robbia und Donatello in

Florenz. Schon die Zeitgenossen rühmten an Sansovinos Reliefs mit dramatischen Szenen aus dem Leben des hl. Markus die Darstellung bewegter, zusammengeballter Menschenmassen in fast vollplastischem Relief. Unter dem Chorbereich liegt die dreischiffige **Hallenkrypta** aus dem 9.–11. Jh., die bis 1811 die Gebeine des hl. Markus barg. Sie wurden damals in einem Sarkophag in der durch Schrankenplatten und Säulenfragmente abgegrenzten Kammer wiederentdeckt, nachdem die Krypta Jahrhunderte lang wegen ständiger Hochwassergefahr geschlossen war. Anschließend überführte man die Reliquien auf den Hochaltar der Kirche.

Im **linken Querschiff** befindet sich unter dem Baldachin der Altar mit der **Ikone der Maria Nicopeia** aus dem 11. Jh. (42). Dieses berühmte Kultbild des byzantinischen Kaiserhofs 1204 bei der Eroberung der Stadt in ihre Gewalt gebracht zu haben besaß für die Venezianer hohen Symbolwert. Denn die Kaiser hatten die Ikone als *Siegbringende Maria* (»Nikopeia«) verehrt und sie daher bei Schlachten zur Abwehr des Feindes vor dem Heer getragen. In dem Glauben, auch ihr Sieg in Konstantinopel verdanke sich den Kräften dieses Marienbildes, brachten die Venezianer die Nicopeia nach Venedig und erhoben sie zu einer Art Staatspatronin. Sie galt als authentisches, vom hl. Lukas eigenhändig gemaltes Porträt Mariens, vor dem man um Hilfe und Schutz flehen und Gelübde ablegen konnte (etwa das der Erbauung von S. Maria della Salute zur Abwehr der Pest). Nach der Ankunft in Venedig stellten die Venezianer die Ikone zunächst nur an hohen Festtagen auf dem Hochaltar von S. Marco aus und führten sie bei Dogenprozessionen mit. Erst 1617 wurde sie dauerhaft auf dem heutigen Nebenaltar unter dem Säulenbaldachin platziert. Das Antlitz Mariens unterscheidet sich durch die intensiven Augen von anderen byzantinischen Mariendarstellungen der Zeit. Die **Cappella di S. Isidoro** (43) ließ der Doge Andrea Dandolo (1343–54), der

Auftraggeber der Pala d'Oro und des Umbaus des Baptisteriums, für die Grablege des hl. Isidor anlegen, dessen schon 1125 von der Insel Chios nach Venedig gekommenen Reliquien er angeblich wiederentdeckte. Der Sarkophag mit der Liegefigur des Heiligen (um 1345) befindet sich an der Wand auf dem Altar, darüber das Mosaik mit *Christus, hl. Markus und hl. Isidor* sowie eine Inschrift, die von der Überführung der Reliquien nach Venedig und dem Bau der Kapelle berichtet. Die Mosaiken im Gewölbe mit Szenen aus dem Leben des Titelheiligen und seiner Reliquien gehören zu den ganz wenigen Beispielen dieser Gattung, die sich ohne Restaurierung im Originalzustand erhalten haben. Sie zeigen, dass der im 13. Jh. an den Mosaiken der Vorhalle einsetzende erzählerische Charakter im 14. Jh. nochmals gesteigert wurde. Die Maria geweihte **Cappella dei Mascoli** (44) stiftete 1430 der Doge Francesco Foscari zum Dank für ein überlebtes Attentat. Den heute üblichen Namen erhielt die Kapelle erst nach der Benutzung durch die Bruderschaft der unverheirateten Männer im 17. Jh. Die Kapelle besitzt wichtige Mosaiken und Skulpturen: Der Marmoraltar von einem unbekannten Künstler ist ein Schlüsselwerk der venezianischen Skulptur am Übergang von der Gotik zur Renaissance. Für die 1430–50 geschaffenen Gewölbemosaiken, deren Steinchen nur noch 3 Millimeter klein sind, ist erstmals die Benutzung von Kartons zur Übertragung der Entwurfszeichnung auf das Gewölbe überliefert. Die beherrschenden Bildarchitekturen und die Figuren, die zentralperspektivisch auf den Betrachter ausgerichtet sind, verraten vor allem bei den Szenen auf der rechten Gewölbehälfte die Kenntnis der Florentiner Renaissancemalerei. Thema ist das Marienleben.

Der Umbau der südlichen Vorhalle zum **Baptisterium** (45) geht auf die Dogen Giovanni Soranzo (1312–31) und Andrea Dandolo (1443–54) zurück. Die architektonische Struktur der Vorhalle mit Kuppeln, die auf vor die Wände gestellten Säulen lasten, wurde beibehalten. Den für eine Taufkapelle ungewöhnlich reichen (im 19. Jh. leider stark restaurierten) **Mosaikschmuck** stiftete Andrea Dandolo in Anlehnung an das Florentiner Baptisterium. Die Themen dieses bedeutenden Bilderzyklus des 14. Jh.s berücksichtigen die Funktion des Raumes als Taufkapelle: Die Wandflächen füllen Szenen aus dem Leben Johannes' des Täufers (man beachte die *Taufe Christi* und den *Tanz der Salome* mit dem abgeschlagenen Haupt des Johannes in der Hand) und aus dem Leben Christi. In der *Kreuzigung* über dem Altar an der östlichen Schmalwand kniet der Stifter zu Füßen des Kreuzes. Die erste Kuppel zeigt die *Aussendung der Apostel zur Taufe*, hier in die Regionen, zu denen Venedig Handelskontakte hatte; die zweite Kuppel zeigt *Christus in der Glorie zwischen den Neun Engelschören*, einer dreistufigen Hierarchie der Engel; in den Kuppelzwickeln die *Griechischen und lateinischen Kirchenväter*. Das **Taufbecken** mit einem gewölbten Bronzedeckel mit Reliefs und der Figur *Johannes der Täufer* stammt erst aus dem 16. Jh. Völlig neu war, dass weltliche Herrscher anstelle wie bisher kirchliche Würdenträger, z. B. Bischöfe, ein Baptisterium als Grabkapelle benutzten. Nach dem Dogen Giovanni Soranzo fand hier auch Andrea Dandolo seine Grablege (46), da die Prokuratoren von S. Marco seinem anmaßenden Wunsch nach einer Begräbnisstätte im Kirchenraum selbst nicht entsprachen. Das Baptisterium wurde zu einer Art Privatkapelle Dandolos. Das dem Bildhauer Andriolo de Santi zugeschriebene Grabdenkmal wartet mit einer Reihe für die Geschichte des Dogengrabs zukunftsweisenden Neuerungen auf: einem umfangreichen Skulpturenprogramm, der auf dem Sarkophag aufgebahrten Figur des Toten, die erstmals deutlich erkennbar individuelle Gesichtszüge hat und in vollem Dogenornat erscheint, sowie den Engeln, die die Vorhänge der Grabnische zur Seite ziehen. Eine lange Inschrift erinnert an die Taten des Toten aus dem

Geschlecht der Dandolo. Nach ihm wurde kein Doge mehr in S. Marco begraben. Die **Cappella Zen** (47) für das Grab des Kardinals Giambattista Zen konnte 1503/04–21 in die Vorhalle des Südportals, der sogenannten Porta da Mar, eingebaut werden, da der Verstorbene, ein Neffe des aus Venedig stammenden Papstes Paul II., der Republik eine großzügige Stiftung mit der Auflage hinterlassen hatte, ihn in S. Marco zu bestatten. Beim Einbau der Kapelle blieb der alte Mosaikschmuck der ehemaligen Vorhalle aus dem 12. und 13. Jh. erhalten, der neben *Christus Pantokrator* und Propheten einen weiteren Markuszyklus zeigt. Dieser ist hier durch den sogenannten *Traum des hl. Markus*, der *praedestinatio*, erweitert, in dem dem Evangelisten Venedig als letzte Ruhestätte prophezeit wird. An den Bronzefiguren des Zen-Grabmonuments und des Altars mit Säulenbaldachin war eine ganze Gruppe von Bildhauern beteiligt, aber die führende Rolle spielten Antonio aus der berühmten Familie Lombardo und sein Bronzegießer Alessandro Leopardi und danach der weniger bekannte Paolo Savin. Die von den Heiligen *Petrus* und *Johannes dem Täufer* flankierte *Madonna mit Kind* (*Madonna della Scarpa*) ist ein bedeutendes Werk der venezianischen Renaissanceskulptur, die der Forderung des Auftraggebers nach Antikennähe gerecht zu werden versucht. Das Grabmal des Kardinals, der in vollem Ornat auf einem Paradebett liegt, ist nicht wie in Venedig sonst üblich als Wandgrab angelegt, sondern als mitten im Raum stehendes Freigrab. Zum **Tesoro di S. Marco** (Zugang vom rechten Seitenschiff) s. S. 230; zum **Museo di S. Marco** (Zugang über eine Treppe rechts vom Hauptportal) s. S. 229.

♦ Der **Dogenpalast** (**Palazzo Ducale**; I G6), heute zusammen mit dem Glockenturm von S. Marco weltweit eines der Wahrzeichen Venedigs, war fast tausend Jahre bis zum Ende der Republik 1797 das politische Zentrum, in dem sich sowohl die Residenz des amtierenden Dogen als auch sämtliche Regierungs- und Verwaltungsinstitutionen, die Waffenkammer, Gefängnisse sowie Diensträume und Wohnungen für die Angestellten befanden. An der Stelle des heutigen Palastes ist schon im 9. Jh. der erste Dogenpalast errichtet worden. Er wurde unter dem steinreichen Dogen Sebastiano Ziani (1172–78) im Zusammenhang mit der Anlage des Markusplatzes erneuert. Das Aussehen dieser beiden Vorgängerbauten ist nicht genau bekannt. Sicher ist nur, dass der Palast Zianis wie der spätere Neubau keine befestigte Burg mehr war. Die heutige Anlage ist ein historisch gewachsener Baukomplex, der zwischen 1340 und dem frühen 17. Jh. ohne einen einheitlichen Masterplan errichtet und ausgestattet wurde. Anstoß zu diesem Neubau war der Beschluss, einen ausreichend großen Sitzungssaal für die Anfang des 14. Jh.s stark angewachsene Zahl der Mitglieder des Großen Rats (Maggior Consiglio) zu schaffen. Die wichtigsten Phasen dieses Neubaus sind (s. Grundriss S. 33): 1342–1410 Südflügel zur Mole mit der Sala del Maggior Consiglio unter Einbeziehung von Teilen des älteren Ziani-Palastes (15); 1424–38 unter dem Dogen Francesco Foscari Westflügel zur Piazzetta (16) sowie 1438–42 die Porta della Carta (20) zwischen Palast und S. Marco; 1438–71 Zugang zum Palastinneren über Portico und Arco Foscari (21, 22); nach Brandkatastrophe 1483 – Mitte 16. Jh. Ostflügel (24) und Scala dei Giganti (1501 vollendet; 23); nach erneuten schweren Bränden von 1574 und 1577 fast vollständige Erneuerung der Innenausstattung; Anfang des 17. Jh.s Erdgeschossportiken der Süd- und Westseite des Innenhofs; Restaurierungen Ende des 19. Jh.s und um 2000. Im 20. Jh. ist der Dogenpalast zum Museum seiner selbst geworden.

Rundgang: Die Gesamtanlage umfasst drei Flügel um einen Innenhof, dessen vierte Seite der Markusdom einnimmt. Den Außenbau prägen die beiden berühmten gotischen **Süd- und Westfassaden** (15, 16) zur Wasserseite und zum Markusplatz, die auf den Entwurf des Architekten Filippo Calendario von 1342 zurückgehen. Charakteristisch ist der Gegensatz zwischen den offenen Arkaden in den unteren Geschossen und der hohen geschlossenen Wand mit wenigen Fensteröffnungen im oberen Bereich, hinter denen die großen Versammlungssäle liegen. Den weiten Arkaden im Erdgeschoss (deren Säulen heute gedrungener als ursprünglich sind, da das Bodenniveau um 40 Zentimeter gehoben wurde) entspricht im ersten Obergeschoss eine Loggia mit der doppelten Anzahl von Säulen und Bögen. Das Maßwerk mit den Vierpässen über den Kielbögen dieser Loggia wurde zum Vorbild für die späteren gotischen Paläste Venedigs. Das Rautenmuster der dreifarbigen Ziegelinkrustation der Wandfläche im Obergeschoss verrät den in Venedig häufig anzutreffenden orientalischen Einfluss. Nur an den beiden rechten Fenstern der Südseite hat sich das ursprüngliche Maßwerk erhalten. Calendarios Fassadenentwurf war bei Baubeginn an der Südseite avantgardistisch, galt aber 1424 bei der Fortführung der Fassade zur Piazzetta in denselben Formen schon als konservativ. Man hatte sich für eine stilistische Einheitlichkeit entschieden. Das Ergebnis war ein Erscheinungsbild, das auf einzigartige Weise das Selbstverständnis des venezianischen Staats zum Ausdruck bringt. Im Unterschied zu den festungsartigen Regierungspalästen anderer italienischer Städte (z. B. Florenz oder Padua) findet man hier offene Loggien, die sich demonstrativ nach außen öffnen und von jedermann betreten werden können. Die Transparenz der Architektur ist besonders an der Gebäudeecke augenfällig, wo sich die Konstruktion auf eine einzige Säule stützt – auch eine technische Meisterleistung. Starke Mauern waren nicht notwendig, da Venedig durch die *muri salati* (die »Mauern des Salzes«), also durch das Meer, vor äußeren Feinden geschützt war und dank der ausgewogenen Verfassung keine Unruhen im Inneren fürchten musste. Diese Botschaft übermittelte der

Palast durch seine spezifische Architektur unmissverständlich jedem Besucher, der mit dem Schiff am Markusplatz landete. Beide Fassaden haben nachträglich einen Mittelakzent durch die Ausgestaltung des zentralen Fensters mit Balkon und figurenreicher Rahmenarchitektur erhalten (Südseite 1400–04 vom Steinmetz Pierpaolo dalle Massegne, nach dem Brand von 1577 teilweise erneuert; Westseite um 1536 in Anlehnung an das ältere Fenster in neogotischen Formen).

Ungewöhnlich für einen italienischen Palast des Mittelalters ist die reiche **Bauskulptur** von verschiedenen Bildhauern, darunter auch Filippo Calendario. In die Blattkapitelle der Erdgeschossarkaden sind Köpfe, Einzelfiguren und Szenen eingefügt, die Männer verschiedener Herkunft, Lebensalter, Tugenden, Laster, Tierkreiszeichen, Götter, Tiere, Berufe (z. B. Steinmetz) und sogar eine tragisch endende Liebesgeschichte (achtes Kapitell der Westseite) darstellen (seit dem 19. Jh. durch Kopien ersetzt, Originale im **Museo dell'Opera**). Man vermutet, dass die Anfertigung eines solchen Figurenkapitells etwa sieben Monate dauerte. Die Fähigkeit der Bildhauer zur Wiedergabe menschlicher Gefühlsregungen durch sprechende Gebärden und deutliche Körpersprache zeigen besonders gut die berühmten Skulpturengruppen mit fast lebensgroßen Figuren an den Gebäudeecken: an der Südostecke zum Rio di Palazzo *Trunkenheit Noahs* (17), an der Südwestecke zur Piazzetta *Sündenfall Adam und Evas* (18), an der Nordwestecke bei der Porta della Carta *Urteil Salomons* (19) vermutlich von Bartolomeo Bon: Der alttestamentliche König steht für das gerechte Handeln der venezianischen Regierung. Der *Venetia*-Tondo in der oberen Loggia der Westseite (16) stellt das erste Beispiel einer Figur dar, die Venedig verkörpert, hier in Gestalt einer thronenden *Justitia* mit Schwert. Eine zusammenfassende Deutung des gesamten Skulpturenprogramms ist bislang noch nicht gelungen.

Dogenpalast, Porta della Carta

Die **Porta della Carta** (20) war ehemals der offizielle Haupteingang, der zugleich eine Verbindung zwischen dem Dogenpalast und S. Marco schafft. Für dieses wichtige, 1438 begonnene Werk der venezianischen Spätgotik zeichnete der Bildhauer Bartolomeo Bon verantwortlich (Signatur über dem Türsturz), auch wenn er nicht jedes Detail und jede Skulptur eigenhändig ausführte. Auftraggeber dieses ungewöhnlich prunkvollen, ursprünglich vergoldeten Portals war derselbe Doge, der bereits die angrenzende Westfront des Palastes erbaut hatte: Francesco Foscari, der sich in einem Investiturbild über dem Eingang verewigte. Der Doge kniet vor dem Markuslöwen, dem Symbol für den venezianischen Staat, mit dem Banner in der Hand, das jedem Dogen bei der Investitur, der Machteinsetzung, überreicht wurde (Kopie von 1885, das Original wurde 1797 zerstört, nur der eindrucksvolle Porträtkopf des Dogen hat sich im **Museo dell'Opera** erhalten). Die Skulpturengruppe zählt zu den wenigen Beispielen der Selbstdarstellung eines Dogen am Außenbau des Regierungssitzes der Republik. Auch die den Eingang flankierenden Tugenddarstellungen in den Pfeilernischen *Fortitudo* (Tapferkeit, Stärke) und *Temperantia* (Mäßigkeit) sowie darüber *Prudentia* (Klugheit) und *Caritas* (Liebe) nehmen ebenso wie die bekrönende *Justitia* über dem Giebel auf seine Persönlichkeit Bezug. Die Porta della Carta bildet den Auftakt zu dem repräsentativ angelegten, offiziellen Zugang in das Palastinnere, der durch einen korridorartigen, kreuzrippengewölbten Gang, den **Portico Foscari** (21), und den **Arco Foscari** (22) an den Fuß der Scala dei Giganti im Innenhof führt. Umgekehrt verließ der Doge mit seinem Gefolge, wie auch der heutige Besucher, den Palast auf diesem Weg, wenn er sich auf einen der vielen rituellen Umzüge in der Stadt begab. Heute betritt man das Innere von der Südseite durch die **Porta del Frumento** und kann dann zum Arco Foscari vorgehen, um die ursprüngliche Eingangssituation nachzuvollziehen. Sie wurde noch unter dem Dogen Francesco Foscari 1438 begonnen, erhielt aber erst unter den späteren Nachfolgern Cristoforo Moro (1462–71) und Giovanni Mocenigo (1478–85) ihre endgültige architektonische Form als triumphales, repräsentatives Eingangstor mit Skulpturen. Die Seitenfassade zum Hof hin wurde Anfang des 17. Jh.s (unterer Teil) verändert. Obwohl wie die Porta della Carta von der Künstlerwerkstatt der Bon geschaffen, vertritt der Bogen einen anderen Stil. Die Hauptfront, die sich auf die Scala dei Giganti ausrichtet, erinnert mit den doppelgeschossigen Säulenstellungen zu Seiten des Torbogens sowohl an Triumphbögen römisch-antiker Kaiser als auch an den Außenbau von S. Marco. In den seitlichen Pfeilernischen stehen Kopien von Antonio Rizzos bedeutenden Figuren *Adam* und *Eva* (Originale im Inneren des Dogenpalastes, s. S. 83). Das Investiturbild des Dogen Moro, das sich ursprünglich in der Nische über dem Bogen befand, ist verloren. Ab 1485 diente der Arco Foscari auch als eine Art architektonische Kulisse für die öffentliche Krönung des neu gewählten Dogen, die seitdem als letzter Akt der Investitur zusammen mit dem Eid auf die Verfassung auf dem oberen Treppenabsatz der Gigantentreppe, der **Scala dei Giganti** (23), stattfand. Die Treppe, die nach 1484–1501 von Antonio Rizzo anstelle eines älteren Aufgangs erbaut wurde, diente wie in Herrschersitzen üblich auch als Ort des zeremoniellen Empfangs hochrangiger Gäste, die anschließend in den Palast geführt wurden. Den Namen trägt sie von den beiden Kolossalstatuen *Mars* und *Neptun*, Symbole für die Macht Venedigs zu Wasser und zu Land. Der Entwurf stammt vom Bildhauer und Architekten Jacopo Sansovino, der die Figuren aber nicht eigenhändig meißelte, sondern für die Ausführung 1554–67 nicht weniger als sieben Mitarbeiter beschäftigte, was nicht unbedingt der Qualität zugute kam. In dem für venezianische Verhältnisse ungewöhnlich weiträumigen **Innenhof** herrschte im Alltag abseits offizieller zeremonieller Funktionen ein derart reges Kommen und Gehen, dass Wärter für Ordnung und Sauberkeit sorgen mussten. Nachts wurde der Hof geschlossen. Von den schlichten gotischen Fassaden auf der Süd- und Westseite hebt sich die **Ostfassade** durch die ornamentalen Relieffelder in istrischem Marmor ab, die in der für Venedig typisch dekorativen Weise die gesamte Front überziehen. Der linke Abschnitt, hinter dem sich die Dogenwohnung befand, war ehemals vergoldet. Die Fassade entstand wie auch die Außenfassade zum Rio di Palazzo (24) zusammen mit der Gigantentreppe, als der Ostflügel nach dem Brand von 1483 erneuert werden musste. Der leitende Architekt Antonio Rizzo wurde 1498 von Pietro Lombardo und später von Giorgio Spavento und Antonio Abbondi, genannt Lo Scarpagnino, abgelöst, nachdem er wegen nicht korrekter Baurechnungen der Stadt verwiesen wurde.

Vom Hof gelangt man heute über die **Scala dei Censori** (Grundriss S. 74/75; 12) ins **Innere**. Von den **Loggien** im ersten Obergeschoss hat man einen spektakulären Ausblick auf die Piazzetta und das Wasserbecken von S. Marco. Über die Scala d'Oro (1) erreicht man das zweite und dritte Obergeschoss, wo alle Hauptträumlichkeiten für den Dogen und die Regierungs- und Verwaltungsgremien liegen: die Wohngemächer des Dogen, Räume für die Justiz und die beiden riesigen Säle für den Großen Rat und die Stimmenauszählung im zweiten Stock; die Räume für die höchsten Regierungsinstitutionen Senat, Staatsrat (Collegio) und Verfassungsschutzbehörde (Consiglio dei Dieci) sowie das Waffendepot im dritten Obergeschoss. Die Innenräume sind für ihren überaus reichen Bilderschmuck berühmt, der zum größten Teil auf die große Kampagne der Neuausstattung nach den Bränden von 1574 und 1577 unter der Leitung von Antonio da Ponte, dem Erbauer der Rialtobrücke, zurückgeht. Fast alle Räume haben die für Venedig typischen

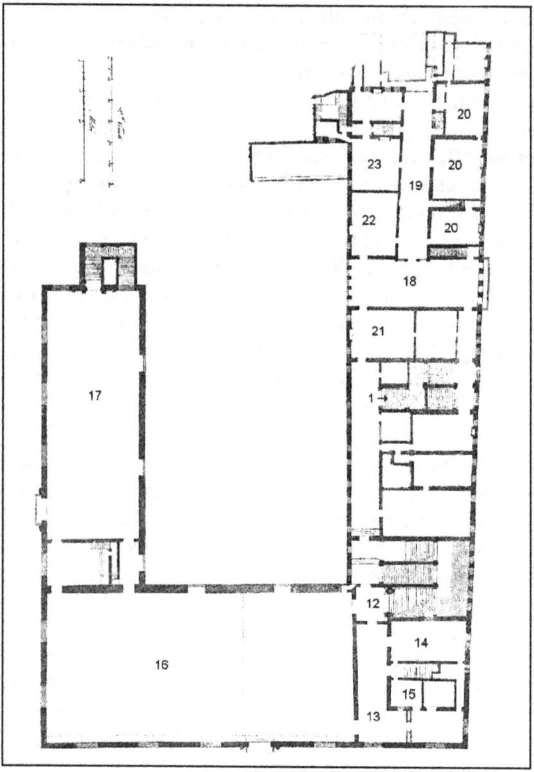

Dogenpalast, Grundriss des 2. (links; hier beginnt der Rundgang) und 3. Obergeschosses (rechts)

1 Scala d'Oro

---

12 Scala dei Censori
13 Liagò
14 Sala della Quarantia Civil Vecchia
15 Sala del Guariento
16 Sala del Maggior Consiglio
17 Sala dello Scrutinio
18–23 Dogenwohnung

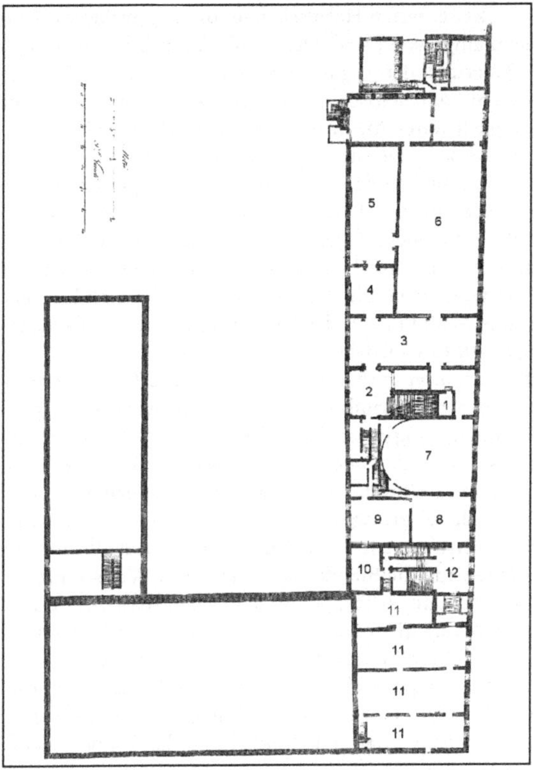

2	Atrio Quadrato	7	Sala del Consiglio dei Dieci
3	Sala delle Quattro Porte	8	Sala della Bussola
4	Sala dell'Anticollegio	9	Sala dei Tre Capi
5	Sala del Collegio	10	Sala degli Inquisitori
6	Sala del Senato	11	Ameria

flachen, kassettierten Holzdecken, in die Ölgemälde auf Leinwänden eingelassen sind. Denn auf dem unsicheren, sumpfigen Baugrund der Lagune waren gemauerte Gewölbe aus schwerem Stein statisch riskant. Und wegen der hohen Luftfeuchtigkeit waren die in anderen italienischen Städten so beliebten Fresken eher ungeeignet. Für die Gemälde in den Deckenfeldern und an den Wänden wurden die prominentesten Maler Venedigs engagiert, allen voran Tizian, Jacopo Tintoretto und Paolo Veronese. Übergreifendes Thema ist die Verherrlichung des venezianischen Staates. Von der älteren Ausmalung mit Werken so berühmter Renaissancemaler wie Pisanello, Giovanni Bellini und Tizian hat fast nichts die Brandkatastrophen des 16. Jh.s überlebt.

Die nach ihrer reichen Vergoldung **Scala d'Oro** (Grundriss S. 74; 1) benannte Prunktreppe im Ostflügel war der zeremonielle Hauptaufgang in die oberen Stockwerke. Wohl schon beim Bau des Ostflügels Ende des 15. Jh.s geplant, kam die Anlage erst nach langen Kontroversen, an denen sich auch Andrea Palladio beteiligte, ab 1554 nach einem Entwurf des Teams Michele Sanmicheli und Andrea Sansovino zur Ausführung und überlebte dann die Brände von 1574/77. Der Wunsch nach einer repräsentativen Treppe für den Dogenpalast war vermutlich durch Vorläufer in den Scuole di S. Marco und S. Giovanni Evangelista bzw. in der Libreria Marciana laut geworden. Am Eingang der Treppe stehen die Figuren aus der antiken Mythologie: *Herkules, der die Hydra erschlägt*, und *Atlas, der das Himmelsgewölbe trägt*. Die Stuckaturen der Tonnengewölbe stammen vom prominenten venezianischen Bildhauer Alessandro Vittoria, der eine Dekoration aus unterschiedlich geformten, mit Stuckreliefs bzw. Fresken ausgefüllten Kassetten schuf. Thematisch spielen die Dekorationen wahrscheinlich auf Venedigs Territorialbesitz im östlichen Mittelmeer an (Zypern, Kreta). Die Treppe führt in das **Dogenappartement**

(18–23) im zweiten Obergeschoss. Nach seiner Wahl musste der Doge mit seiner Gemahlin den eigenen Familienpalast verlassen und hier seinen Wohnsitz nehmen. Das vergleichsweise bescheidene Appartement spiegelt die Auffassung vom Amt des Dogen als oberstem Staatsbeamten und nicht als Fürst wider. Von diesem Appartement führte ein direkter Zugang nach S. Marco. Die Anordnung der Räume zu beiden Seiten eines breiten, hier T-förmigen Gangs (18, 19) orientiert sich an venezianischen Privatpalästen. Einige Räume zum Kanal (20) waren seine Privatgemächer, während die prunkvolleren Säle zum Hof (21, 18, 22, 23) für offizielle Empfänge dienten. Jeder neu gewählte Doge war verpflichtet, in der Sala dello Scudo (18) sein Wappen anzubringen; nach seinem Tod wurde es wieder entfernt und durch das des Nachfolgers ersetzt. Die Kamine und die bemalten, kassettierten Holzdecken aus dem späten 15. Jh. sind die einzigen wandfesten Ausstattungsstücke der Frühzeit, die die großen Brände 1574 und 1577 überlebt haben. Die Dogenwohnung wird für Wechselausstellungen genutzt.

Die Abfolge der Regierungsräume im dritten Obergeschoss beginnt mit dem **Atrio Quadrato** (2). Von der ursprünglichen Ausstattung hat sich die vergoldete Kassettendecke aus der Regierungszeit des Dogen Girolamo Priuli (1559–67) erhalten. Das achteckige Mittelfeld von Jacopo Tintoretto zeigt den Auftraggeber, der sich in Begleitung seines Namenspatrons Hieronymus und dem Markuslöwen den Personifikationen Justitia (Gerechtigkeit) und Venetia zuwendet. An den Wänden hingen anstelle der heutigen Wandbilder ursprünglich vier Darstellungen Tintorettos aus der antiken Mythologie, die sich jetzt in der Sala dell'Anticollegio befinden. Die folgende **Sala delle Quattro Porte** (3), der große dielenartige Vorraum, ist nach den vier großen Marmortüren von Andrea Palladio benannt, die zu den Hauptgremien Collegio, Senat und

Rat der Zehn sowie zum Archiv führen. Nicht nur die Wölbung, sondern auch die weiße, mit vielen Figuren bereicherte Stuckierung unterscheidet sich von den meisten anderen Decken des Dogenpalastes. Die leider beschädigten Deckenbilder aus der Werkstatt Tintorettos sind dem Mythos von der *Gründung Venedigs* als göttlicher Auftrag durch Jupiter (Mittelfeld) sowie der *Freiheit und Aristokratie* als Ideal bzw. Stützen der Regierung (seitliche Rundfelder) gewidmet. An den Wänden befinden sich Darstellungen von diplomatischen Anlässen wie der *Besuch des französischen Königs Heinrich III. 1574* oder *Empfang der persischen Gesandtschaft von 1603* sowie zwei Votivbilder. Das von Tizian begonnene und nach seinem Tod 1576 von Orazio Vecellio fertiggestellte Votivbild des Dogen Antonio Grimani (1521–23) stellt ein ungewöhnliches Beispiel dieses Bildtyps dar, der seit dem 15. Jh. zur Ausstattung der verschiedenen Amtsräume des Dogenpalastes zählte. Es gehörte zu den Pflichten des neugewählten Dogen, neben einem Antependium, einer Verkleidung aus Stoff für den Hochaltar von S. Marco, und einem Wappenschild für die Sala dello Scudo auch ein Bild zu stiften, dass ihn in Begleitung von Heiligen vor der Madonna kniend zeigt. Eine lückenlose Abfolge von Votivbildern sollte Kontinuität und Tradition des Amtes veranschaulichen. Tizian sprengte die Konventionen des etablierten Votivbilds, um auf das Leben Grimanis anzuspielen. Der Doge kniet nicht mehr mit gefalteten Händen vor Maria, sondern mit ausgebreiteten Armen vor der in einer Lichtgloriole getauchten Personifikation des Glaubens mit einem überdimensionalen Kreuz. Grimani wird somit als Kämpfer für den christlichen Glauben gezeigt, um seinen miltärischen Misserfolg im Kampf gegen die Osmanen im Nachhinein zu verklären. Die **Sala dell'Anticollegio** (4) war ein weiteres Vorzimmer auf dem Weg in die Sala del Collegio. Hier warteten vor allem Botschafter, bevor sie zur Audienz beim Dogen in der Sala del Collegio empfangen wurden. Der Raumeindruck wird von den üppigen Stuckaturen und Figuren am Kamin, im Fries über der Tür und an der gewölbten Decke bestimmt. Die Wandflächen bedecken u.a. vier bedeutende Gemälde von Jacopo Tintoretto, die der Maler 1578 aber nicht für diesen Raum, sondern für das Atrio Quadrato geschaffen hatte. Dass die Gemälde 1713 hierher versetzt wurden, zeigt, wie flexibel die Themen der antiken Mythologie in unterschiedlichen Kontexten eingesetzt werden konnten, da sie ein gewisses Deutungsspektrum gestatteten. Dargestellt sind: *Vermählung von Bacchus und Ariadne durch Venus*, *Drei Grazien und Merkur*, *Schmiede des Vulkan*, *Minerva trennt Krieg und Frieden*. Tintoretto interessierte sich in diesen Spätwerken vor allem für die kunstvolle Präsentation nackter menschlicher Körper in unterschiedlichen Bewegungen. Er erweist sich darin als Vertreter des Manierismus.

Die **Sala del Collegio** (5) war einer der Haupträume des Dogenpalastes, denn hier tagte der Staatsrat, auch Collegio oder Signoria genannt, bestehend aus dem vorsitzenden Dogen, sechs Ministern, den »weisen« Ratgebern, dem höchsten Richter und dem Leiter der Staatskanzlei. Das Gremium fällte wichtige politische Entscheidungen und empfing Vertreter anderer Staaten und Bischöfe in offizieller Audienz, repräsentierte also die Republik gegenüber dem Ausland. Alle Deckenbilder und das Wandbild über der Sitzbank des Collegio stammen von Paolo Veronese, die meisten anderen Wandbilder malte Jacopo Tintoretto. Die reich vergoldete Decke besitzt die typisch venezianische Form der Kassettierung. Statt der rasterartigen, rechteckigen Kassetten, die wir von Bauten der Antike und der Renaissance kennen, finden sich hier runde, ovale oder vieleckige Felder unterschiedlicher Größe, die eingefasst von stark plastischen, prunkvollen Rahmen Gemälde aufnehmen. Entsprechend der hochrangigen Funktion des

Raumes stehen die Bildthemen ganz im Zeichen der Propagierung von Venedigs Herrschaftsanspruch. Die Adressaten der Gemälde waren u.a. die hier empfangenen Gäste. Aber vermutlich benötigten sie wie der heutige Besucher Erläuterungen, um das Dargestellte zu entschlüsseln. In den drei Hauptfeldern der Decke finden sich *Mars und Neptun* als Verkörperung von Venedigs Macht zu Wasser und zu Land, *Fides*, die Personifikationen des christlichen Glaubens, als Grundlage des Staats, *Justitia und Pax vor Venetia*, die Personifikationen von Gerechtigkeit und Frieden als Sinnbild für Venedigs gerechte und friedvolle Herrschaft. Die Randfelder zeigen acht Darstellungen von Tugenden sowie sechs antike Tugendhelden, gleichsam als Vorbilder der venezianischen Regierung. Die Wandgemälde präsentieren neue Variationen des traditionellen Votivbildes, das sich zu einer bewegten Szene mit vielen Figuren entwickelt hat. Ein sprechendes Beispiel, wie man mit der Veränderung eines Themas politische Aussagen verbinden kann, stellt Paolo Veroneses *Votivbild des Dogen Sebastiano Venier* (um 1578) über der Sitzbank für das Collegio dar. Nicht nur die ungewöhnliche kleine Schlachtendarstellung im Hintergrund unten links, sondern auch die prominent anstelle der Venetia in die Mitte gesetzte hl. Giustina (Justine), die Personifikation des Glaubens mit dem Kelch, die im Profil gegebene Figur Antonio Barbarigos hinter dem Dogen und Christus als Weltenherrscher spielen auf die Seeschlacht von Lepanto 1571 an. Am Namenstag der hl. Giustina hatte Venier als Generalkapitän der christlichen Flotte über die Osmanen gesiegt, Barbarigo war hingegen tödlich verwundet worden. So wird das traditionelle Votivbild genutzt, um Venier als Verteidiger des Glaubens zu verherrlichen.

Die benachbarte **Sala del Senato** (6) ist sehr viel größer, da diesem Gremium 60 Mitglieder angehörten, die über die vom Collegio eingereichten Gesetzesvorlagen sowie über die Außen- und Handelspolitik abstimmten und über militärische, kirchen- und bildungspolitische Fragen entschieden. Hier wurden auch die bis heute berühmten Berichte der venezianischen Botschafter über andere Staaten verlesen. In Purpur gekleidet saßen die Senatoren im Gestühl an den Längsseiten, während der Doge, das Collegio, die »weisen« Ratgeber und die obersten Richter auf der erhöhten Tribüne Platz nahmen. Wie in der Sala del Collegio ist der Platz des Dogen durch eine besondere Wandverkleidung eigens ausgezeichnet. Die im Vergleich zur Sala del Collegio sehr viel bewegter und plastischer geschnitzten Rahmungen der Decke sowie die Herausbildung eines dominanten Mittelfeldes verraten das spätere Entstehungsdatum der 90er Jahre des 16. Jh.s. Das Mittelbild von Jacopo Tintoretto greift das beliebte Thema von *Venedigs Herrschaft über das Meer* auf. Venetia empfängt von einer Strahlenglorie umgeben im Kreis der antiken Götter die Gaben des Meeres. Die übrigen Deckenbilder bereichern die geläufige Thematik der Verherrlichung Venedigs um einige neue Aspekte wie die *Münzprägung* und der *Schutz der Schönen Künste*. Die ursprünglich geplante Verkleidung der Wände mit Landkarten venezianischer Territorien wurde 1582 zugunsten der heutigen Votivbilder von Tintoretto und Jacopo Palma d. J. aufgegeben, da man diese Darstellungen wohl für unverfänglicher hielt als eine in Bildern fixierte Dokumentation des venezianischen Herrschaftsgebiets, denn dessen Grenzen verschoben sich ja immer wieder. In der Ausstattung der Sala del Consiglio und des Senatssaals mit Votivbildern wird außerdem die zunehmende Bedeutung der religiösen Komponente für das Selbstverständnis der Republik anschaulich. Dies muss vor dem Hintergrund des Sieges über die Osmanen und der damaligen Konflikte mit dem Papst gesehen werden. Da die Votivbilder, die die Regierung als Ersatz für die alten 1574/77 verbrannten Vorgänger in Auftrag gab, verstorbene Dogen darstellen, war es möglich, zwei Dogen auf einem Gemälde zu vereinigen. Südlich der Sala delle Quattro Porte liegt eine Gruppe von Räumen für das Oberste Gericht. In der **Sala del Consiglio dei Dieci** (7) versammelte sich der Rat der Zehn, eine berüchtigte Verfassungsschutzbehörde, die für die innere Sicherheit zuständig war. Da die 1553 vollendete, hölzerne Decke von den Bränden von 1574/77 verschont blieb, hat sich hier die frühe Form der venezianischen Kassettierung mit einfachen Rechtecken und Ovalen erhalten. Die Gemälde stammen zum Teil vom jungen Veronese, darunter das ovale Mittelbild, das seinen Ruhm in Venedig begründete. Für die dicht gedrängten, stürzenden Körper ließ sich Veronese von Michelangelos *Jüngstem Gericht* in der Sixtinischen Kapelle im Vatikan inspirieren. Das Thema *Jupiter, der die Laster Häresie, Rebellion, Sodomie und Falschmünzerei verstößt* spielt auf das Selbstverständnis des Rats an. In der **Sala della Bussola** (8) warteten vor den Rat der Zehn oder vor die Staatsinquisition Geladene. Die hier befindliche *Bocca di Leone* (Löwenmaul) war eine Art Briefkasten, in den Bürger anonym ihre Anklagen einwerfen konnten. Die **Sala dei Tre Capi** (9) war der Amtsraum der monatlich gewählten Vorsteher des Rats der Zehn. In der **Sala degli Inquisitori** (10) tagte das Inquisitionsgericht, das sich mit Hochverratsdelikten und Spionagefällen beschäftigte. Von diesem Raum bestand eine direkte Verbindung zur darüberliegenden Folterkammer und zu den Gefängnissen. In der **Armeria** (11) ist seit 1532 die Sammlung von Waffen, Rüstungen und Trophäen untergebracht, die einmal der Stolz der Republik war, heute aber hier nur noch in Resten museal präsentiert wird, u. a. eine Rüstung, wie sie der berühmte Söldnerführer Gattamelata trug. Von hier kann man über die Seufzerbrücke in die Staatsgefängnisse hinübergehen.

Über die **Scala dei Censori** gelangt man wieder hinunter in das zweite Obergeschoss (Grundriss S. 74/75; 12). Der L-förmige Vorraum (**Liagò**, 13) bildete eine Art Lobby für die Mitglieder des Großen Rats. Hier werden die Originale von Antonio Rizzos Bronzefiguren *Adam* und *Eva* sowie der *Schildknappe* vom Arco Foscari gezeigt. Die schon zu ihrer Entstehungszeit u. a. von Dürer bewunderten Aktfiguren sind für die Geschichte der venezianischen Renaissanceplastik und -skulptur sehr wichtig, da hier erstmals die naturnahe Wiedergabe des nackten menschlichen Körpers anstelle des biblischen Themas im Mittelpunkt steht. Rizzo orientierte sich nicht an idealisierten antiken Figuren, sondern an lebenden Modellen. Seitlich geht die **Sala della Quarantia Civil Vecchia** (14) ab, wo die vierzig Mitglieder des Zivilgerichts tagten. Die angrenzende **Sala del Guariento** (15) ist nach dem heute hier aufbewahrten Fresko benannt: Der aus Padua stammende Maler Guariento d'Arpo hatte das Fresko mit der *Marienkrönung* und der *Verkündigung* 1365–68 auf die östliche Stirnwand der Sala del Maggior Consiglio gemalt, wo es nach den Beschädigungen durch den Brand von 1577 unter Jacopo Tintorettos Leinwandbild *Paradies* verschwand. Nach seiner Wiederentdeckung Anfang des 20. Jh.s wurde dieses einzige erhaltene Zeugnis der Ausmalung des 14. Jh.s von der Wand gelöst und hier museal präsentiert. Die starken Beschädigungen lassen zwar die Darstellung nur noch schwach erkennen, haben aber auch die Vorzeichnungen zutage gefördert, die der Maler in den feuchten Putz skizzierte (*sinopie*), bevor er die Szenen in Farbe ausführte.

Die **Sala del Maggior Consiglio** (16) im Südflügel ist mit gigantischen Ausmaßen von 54 × 25 Metern und fast 12 Metern Höhe der größte Raum des Dogenpalastes, denn hier mussten bis etwa 1600 Mitglieder des Großen Rats Platz finden. Diesem Parlament gehörten alle Männer über 25 Jahre an, deren Familien im berühmten Goldenen Buch von 1297 als ratsfähig aufgeführt wurden. Im Laufe der Jahrhunderte erweiterte sich der Kreis noch, da sich neue Familien in den Rat einkaufen durften. Zu seinen Aufgaben zählten die Ernennung der hohen

Antonio Rizzo: *Eva*, Dogenpalast, Liagò

Staatsbeamten, der Mitglieder des Senats und des Rats der Zehn sowie insbesondere die Wahl des Dogen. Die Ratsherren nahmen jeden Sonntag auf den Stühlen Platz, die an den Wänden und in neun Reihen in der Saalmitte aufgestellt waren. Die Sitze auf dem durch Stufen erhöhten Podest an der östlichen Schmalseite war den Mitgliedern der Signoria vorbehalten (heute moderne vereinfachte Rekonstruktion). Die heutige Bildausstattung von Jacopo Tintoretto, Paolo Veronese, Jacopo Palma d. J., Francesco Bassano und anderen weniger bekannten Künstlern ersetzte die seinerzeit berühmten Gemälde von Pisanello, Vittore Carpaccio, Giovanni Bellini und Tizian, die beim Brand 1577 untergingen. Mit diesen neuen Bildzyklen, für die 1578 ein schriftliches Programm der darzustellenden Themen verfasst wurde, erreichte die Selbstdarstellung Venedigs ein in anderen Staaten nicht gekanntes Ausmaß. Um die Staatspropaganda den Ratsherren zu vermitteln, kamen Historienbilder, Dogenporträts, Allegorien, d. h. die Darstellung von abstrakten Begriffen oder Ideen, und ein religiöses Thema zum Einsatz. Die Wandbilder feiern Höhepunkte der venezianischen Geschichte: an der Seite zum Innenhof zahlreiche Szenen zur angeblich entscheidenden Rolle Venedigs bei der Versöhnung zwischen Kaiser Friedrich Barbarossa und Papst Alexander III., dem Frieden von Venedig von 1177; an der gegenüberliegenden Wand zur Lagune die Geschichte des vierten Kreuzzugs nach Konstantinopel 1204, den die Venezianer für ihre Ziele instrumentalisierten. Die genaue Wiedergabe von Örtlichkeiten (z. B. S. Marco, Dogenpalast, Stadtmauer Konstantinopels), Kleidung, Schiffen und Waffen täuscht auf den ersten Blick historische Glaubwürdigkeit der Bilder vor. In Wirklichkeit handelt es sich um ›frisierte‹ Versionen der Ereignisse, die Macht und Ruhm Venedigs demonstrieren sollen. In den Deckenbildern wird die Verherrlichung Venedigs noch einmal ins Überzeitliche, Allgemeingültige gesteigert. Das ovale Hauptbild Veroneses *Pax Veneta* direkt über der Regierungsbank, das wohl berühmteste Deckenbild Venedigs, ist der Vergöttlichung der Republik als friedvoller Macht gewidmet: In einer grandiosen Architektur thront Venetia, der personifizierte Staat, von der Göttin des Sieges bekrönt und von Tugenden umgeben auf einem Wolkenband, das sie von der Menschenmenge der unter ihrer Herrschaft glücklich lebenden Völker darunter abhebt. Stilistisch ist Veroneses um 1580 in brillanten Farben gemalte Szene ein virtuoses, zukunftsweisendes Beispiel für die *sottinsù*-Malweise bei Deckenbildern. Der Maler berücksichtigt den Blickwinkel des Betrachters von unten auf das Bild an der Decke, indem er Figuren und die monumentale architektonische Kulisse durch perspektivische Verkürzungen in Untersicht zeigt. Die beiden anderen Hauptbilder der Decke thematisieren die Weltherrschaft Venedigs, d. h. seine Macht außerhalb der Lagune: Im mittleren Rechteckfeld *Die freiwillige Unterwerfung von Städten und Provinzen* (Tintoretto-Werkstatt); im Ovalfeld *Die Unterwerfung von Städten und Provinzen mit militärischen Mitteln* (Jacopo Palma d. J.). Die Szenen der kleinen Deckenfelder stellen erneut ruhmreiche Ereignisse der venezianischen Geschichte dar. Tintorettos großes Wandbild über der Regierungsbank mit dem Dogenthron sollte das Thema von Guarientos Vorgängerwerk *Versammlung der Heiligen und Seligen im Paradies* wiederholen, um die überirdische, religiöse Dimension der venezianischen Herrschaft erneut zu unterstreichen. Tintoretto wählte für dieses größte Leinwandbild der damaligen Zeit eine erstaunlich kleinteilige Komposition mit unermesslich vielen Figuren, die in mehreren Kreisen um das Zentrum mit dem thronenden Christus und Maria angeordnet sind, um dem Bild wenigstens eine gewisse Struktur zu geben.

In der **Sala dello Scrutinio** (17) war bis zum Bau der Libreria Marciana die Bibliothek des Kardinals Bessarion unterge-

Paolo Veronese: *Verherrlichung Venedigs* (*Pax Veneta*), Dogenpalast, Sala del Maggior Consiglio

bracht, danach fanden hier die Abstimmungen zu wichtigen Regierungsämtern statt. Die Gemälde an den Wänden und an der Decke illustrieren erneut große Schlachten, die Venedig zu Wasser und zu Land schlug, darunter besonders die eindrucksvolle Darstellung der *Seeschlacht von Lepanto* von Andrea Vicentino (1595–1605). Die Bilder in diesem Saal sowie in der Sala del Maggior Consiglio machen deutlich, dass für die Maler die riesengroßen Formate mit so vielen Figuren nicht leicht zu bewältigen waren: Meist endete es in einer ziemlich chaotischen Komposition.

Weitere Räume beherbergen seit 2023 die Gemäldesammlung des Dogenpalastes, mit Werken von Tizian, Artemisia Gentileschi, Tintoretto, Giambattista Tiepolo sowie der *Pietà* von Giovanni Bellini, einem typisch venezianischen Andachtsbild für das private Gebet zu Hause.

Seufzerbrücke

Nach Verlassen des Palastes kann man von der **Ponte della Paglia** (an der Riva degli Schiavoni), eine der ältesten Brücken der Stadt (um 1360, aber im 19. Jh. renoviert) die nur wenig beachtete **Ostfassade** (Karte S. 33; 24) zum Rio di Palazzo sehen. Hier gaben die Architekten Antonio Rizzo und Mauro Codussi, denen der Entwurf zugeschrieben wird, den gotischen Stil zugunsten von Renaissanceformen auf. Sie unterteilten die Fassade durch Gebälke klar in einzelne Geschosse, die ihrerseits durch Rahmungen, Gesimse, Tondi und Rundbögen mit klassischen Profilen sowie kleinen Pilastern gegliedert werden. Die etwas kleinteilig wirkende Struktur kaschiert gut die unregelmäßige Verteilung der Fensteröffnungen. Höchst selten trifft man in Venedig die Diamantquaderung des Sockels an. Die **Seufzerbrücke** (Karte S. 33; 25), ein geschlossener Gang über einem Bogen, wurde Anfang des 17. Jh.s als Verbindung zu den neuen Staatsgefängnissen errichtet. Dieser **Palazzo delle Prigioni** (I G6), den 1589 Antonio da Ponte, der Architekt der Rialtobrücke, begann, besitzt zum Wasserbecken von S. Marco eine mächtige rustizierte Front.

An **S. Moisè** (I F7) tritt wie an S. Maria del Giglio der spezifisch venezianische Fassadentyp auf, der als Erinnerungsmonument der Auftraggeberfamilie diente. Der Stifter Vincenzo Fini, ein reicher Aufsteiger, der sich ins Patriziat eingekauft hatte, scheute keine Kosten, um seine fehlende Tradition durch eine mit Dekoration überladene Marmorfassade (1668) zu kompensieren. Er verewigte sich, seinen Bruder und seinen Neffen in Büsten und Inschriften. Im Inneren ist vor allem der ungewöhnliche **Hochaltar** sehenswert, eine Kombination aus Malerei und Skulptur: Vor einem gemalten Engelshimmel erhebt sich eine plastische Felsformation, der Berg Sinai, mit *Moses, der von Gottvater die Gesetzestafeln empfängt.*

Teatro La Fenice (II E6/7): Das 1790 nach einem Brand »wie Phönix (ital.: *fenice*) aus der Asche« nach einem Entwurf von Gianantonio Selva, dem bedeutendsten Architekten des venezianischen Klassizismus, wiederaufgebaute Theater war eines der letzten großen Bauprojekte der Republik. Das Haus stieg schnell zu einem der prominentesten Opernhäuser Europas auf, in dem Werke wie *La Traviata*, *Rigoletto* und *Simon Boccanegra* von Giuseppe Verdi uraufgeführt wurden und 1883 die italienische Erstaufführung von *Der Ring des Nibelungen* des kurz zuvor in Venedig verstorbenen Richard Wagner stattfand. Im Laufe der Geschichte wurde das Gebäude mehrfach durch Feuersbrünste schwer beschädigt und anschließend wiederaufgebaut, zuletzt 1996–2004 unter der Leitung des bekannten Architekten Aldo Rossi, der den klassizistischen Außenbau und den Zuschauerraum im Stil des Neorokoko von 1790 weitgehend originalgetreu wiederherstellte.

Die auf das 10. Jh. zurückgehende Kirche **S. Maria del Giglio** (II E7) ist für die 1678–81 von Giuseppe Sardi entworfene opulente Fassade berühmt, ein besonders extravagantes Beispiel für die typisch venezianische Form der Kirchenfront mit einem Skulpturenprogramm zum Gedenken an den Auftraggeber und seine Familie. Antonio Barbaro, der letzte Spross eines traditionsreichen Patriziergeschlechts, bestimmte die Fassade zum Grabmonument für sich und seine vier Brüder, deren Statuen in den unteren Nischen erscheinen, während er selbst im Zentrum des Obergeschosses als *capitano da mar*, als Oberbefehlshaber der venezianischen Flotte, auftritt. Die ungewöhnlichen Relieffelder an den Piedestalen der Säulen zeigen: im Erdgeschoss Ansichten der wichtigsten Stationen von Barbaros Karriere (Korfù, Split, Zadar, Padua und Rom), im Obergeschoss seine Seeschlachten. Von der reichen Innenausstattung sind zu erwähnen: *Vier Evangelisten*, Frühwerke von Jacopo Tintoretto (um 1550), die ehemals den Orgelprospekt schmückten, ferner die *Madonna mit Kind und dem hl. Johannes dem Täufer* (bisweilen Peter Paul Rubens zugeschrieben).

Der große **Campo S. Stefano** (auch **Campo Morosini** genannt; II E6/7) bildet zusammen mit dem **Campo S. Vidal** ein langgestrecktes Platzensemble mit historisch gewachsener Bebauung aus unterschiedlichen Epochen. Neben der Kirche **S. Vidal** mit einer eng an Palladio orientierten Fassade (um 1700) erstreckt sich der **Palazzo Loredan** (16. Jh., Marmorfassade an der Schmalseite Anfang 17. Jh.). Die gegenüberliegenden **Paläste Morosini** und **Pisani** sind ein Beispiel dafür, dass die Stammsitze venezianischer Familien nicht unbedingt am Canal Grande erbaut wurden. Der barocke Palazzo Pisani (17.–18. Jh.) ist der größte Privatpalast der Stadt von fast schlossartigen Ausmaßen. Sehenswert sind die Eingangshalle und der Innenhof. Seit 1897 beherbergt der Palast das städtische Konservatorium.

S. Stefano (II E6): Die zwischen 1294 und dem frühen 15. Jh. für die Augustiner-Eremiten erbaute Kirche ist nach S. Maria Gloriosa dei Frari und SS. Giovanni e Paolo die dritte große Bettelordenskirche in Venedig. Als besonders sehenswert gilt die prunkvolle Holzdecke in Form eines Schiffsrumpfs. Mit dieser eigenartigen Decke wie mit der gesamten Architektur der Kirche überhaupt scheinen sich die Augustiner-Eremiten bewusst von den ungleich monumentaleren Bauten der Franziskaner und Dominikaner abgesetzt zu haben. Statt deren vollständig eingewölbte Kirchenräume mit mächtigen Rundpfeilern bevorzugten sie eine dreischiffige Basilika auf schlanken Marmorsäulen, mit offenem Dachstuhl, ohne Querhaus und mit einem Chor, der als einzige Partie eingewölbt ist. Der Innenraum lebt vor allem von der textilartigen Musterung der Wände und des Dachstuhls mit verschiedenfarbigen Ziegeln bzw. aufgemalten Kassetten. Die Sakristei beherbergt drei Bilder von Tintoretto aus S. Margherita, darunter eine Version seiner berühmten Abendmahlsdarstellungen. Der bemerkenswert schiefe **Campanile** ist seit 1902 durch verstärkte Fundamente vor dem Einsturz gerettet.

Palazzo Grassi: s. S. 112.

Palazzo Pesaro Fortuny (II E6): Der von der Familie Pesaro um 1470 am Campo S. Benedetto im gotischen Stil erbaute Palast zählte seinerzeit zu den größten Privatbauten Venedigs, mit zwei repräsentativen Fassaden und zwei Innenhöfen. 1892–1949 war der Palast Wohnsitz und Atelier des spanischen Künstlers Mariano Fortuny y Madrazo. Seit 1956 ist hier das **Museo Fortuny** untergebracht, mit der originalen Einrichtung des Künstlers und seinen Werken (u. a. Bühnenbilder, Stoffentwürfe, Mode, Gemälde).

Der **Palazzo Contarini del Bovolo** (II F6) trägt seinen Beinamen nach der Wendeltreppe (venezianisch *bovolo*), die Ende des 15. Jh.s zusammen mit der angrenzenden, mehrgeschossigen Loggia an einen schon bestehenden Palast angefügt wurde. Dieser Aufgang steht am Ende der langen venezianischen Tradition von Außentreppen in den Innenhöfen der Paläste, aber die spezifische Form des runden Treppenturms mit offenen Loggien ist einzigartig.

S. Giuliano (**S. Zulian**; I G6): Diese am Hauptweg zwischen Markusplatz und Rialto gelegene Kirche des Architekten Jacopo Sansovino besitzt eine kunsthistorisch bedeutende Fassade. Der vermögende Arzt und humanistische Gelehrte Tommaso Rangone stiftete sie 1552 mit der Auflage, hier sein Grabmal einfügen zu dürfen. So wurde die gesamte Kirchenfassade zum Ruhmesmonument des Stifters. Die Bronzefigur Rangones von Alessandro Vittoria sitzt auf dem Sarkophag, dahinter ist in flachem Relief sein Schreibtisch dargestellt. Rangones ursprünglicher Plan, sein Grab an der Fassade von S. Geminiano am Markusplatz (zerstört) anzubringen, schlug die Regierung mit dem Hinweis aus, Denkmäler seien dort traditionell verboten (s. Colleonis Reiterdenkmal, S. 164). Fassadengräber waren eine venezianische Erfindung und erfreuten sich im 17. Jh. großer Beliebtheit.

S. Salvador (I F5) verfügt über einen der originellsten Innenräume der venezianischen Renaissancearchitektur, in dem sich auch bedeutende Ausstattungsstücke der Zeit, u. a. von Tizian, befinden. Kirche und Kloster entstanden in den Jahren 1507–34 bzw. 1540–60 für die renanischen Kanoniker, einem Reformzweig der Augustinerchorherren. Die Fassade von Giuseppe Sardi kam erst 1660–66 hinzu. Da mit S. Salvador Legenden aus der Frühzeit Venedigs verknüpft waren, war der groß dimensionierte Renaissanceneubau des 16. Jh.s ein Unternehmen öffentlichen Interesses. Die angeblich vom ersten Bischof Venedigs gegründete Vorgängerkirche beherbergte die Reliquien des byzantinischen Märtyrers Theodor, der bis zur Überführung der Gebeine des hl. Markus im 9. Jh. Patron der Stadt war. Da der ehemalige Stadtheilige seit dem 15. Jh. wieder sehr verehrt wurde, sollte S. Salvador ein Pendant zu S. Marco werden. Daher übernahm der verantwortliche Architekt Giorgio Spavento den byzantinischen Typ von S. Marco, erweiterte den Zentralbau aber durch dreifache Wiederholung des Kreuzkuppelsystems zum Längsbau. Außerdem verknüpfte er den traditionellen Grundrisstyp mit den modernen stilistischen Errungenschaften der Renaissance: Die kompakten Mauermassen von S. Marco sind aufgegeben zugunsten räumlicher Weite sowie eines leichten, schlanken Gliedergerüstes, das erstmals in Venedig auf dem ganz konsequent angewendeten System der Säulenordnungen basiert. Eine große Pilasterordnung artikuliert die großen Raumabschnitte mit Tonnengewölbe und Kuppel, eine kleine Pilasterordnung definiert die niedrigeren Arkaden und die kleinen Eckkuppelräume. So entspricht der Hierarchie der Räume eine Hierarchie der Gliederungen. Ein alle Räume verbindendes Element ist die umlaufende Attika. Diese Innenraumgliederung, die vermutlich durch die antikenbegeisterten Förderer aus Regierungskreisen angeregt wurde, geht auf den Bildhauer und Architekten Tullio

Lombardo zurück, der Giorgio Spavento nach seinem Tod 1509 ablöste.

Die Bedeutung der neuen Kirche im Leben der Stadt zeigt sich auch in den Altären und Grabdenkmälern. Von Tizian stammt die *Verklärung Christi* (1660) auf dem Hochaltar. Ungewöhnlich ist, dass das Gemälde als Verkleidung eines Altaraufsatzes in Form einer Treibarbeit aus vergoldetem Silber des 15. Jh.s eingesetzt ist. Bedeutender ist jedoch Tizians Altarbild in der kleinen rechten Seitenkapelle vor dem Querhaus. Obwohl der Maler damals schon europaweiten Ruhm genoss und Bilder für den Papst, den spanischen König und den deutschen Kaiser gemalt hatte, gelang es dem reichen Kaufmann Antonio Cornovì della Vecchia 1559, *Mariä Verkündigung* für seine **Grabkapelle** bei Tizian in Auftrag zu geben. Typisch für die späte Schaffensphase des Malers ist, dass sich die Figuren und ihre Umgebung zusehends in flimmernde Farbflecken auflösen, die ihre Konturen verschwimmen lassen. Der überirdische Charakter des Geschehens wird durch die in grelles Licht getauchte, vom Himmel herabschwebende Taube des Heiligen Geistes noch betont. Die Asche des hl. Theodor wird in einer Urne in der Kapelle rechts des Chors aufbewahrt. Das 1555–61 von Jacopo Sansovino, dem damals prominentesten Bildhauer Venedigs, geschaffene **Grabmal des Dogen Francesco Venier** (1554–56) knüpft demonstrativ an die große Tradition venezianischer Dogengrabmäler des späten 15. Jh.s an (s. SS. Giovanni e Paolo, S. 154). Der damals etablierten Konvention entspricht die triumphbogenartige Architektur, in deren Zentrum die Liegefigur des Toten platziert ist, flankiert von Tugendfiguren. Aber es gibt gegenüber den älteren Gräbern auch wichtige Neuerungen: die Verwendung kostbarer, verschiedenfarbiger Marmorsorten für die Architektur, die jetzt die Oberhand über das reduzierte Figurenprogramm der Tugenden gewonnen hat. Genauere Hinweise auf die Person

Veniers und seine Taten fehlen jetzt. Das *Pietà*-Relief in der Lünette, das den Dogen zusammen mit seinem Namenspatron Franz von Assisi vor Maria mit dem Leichnam Christi zeigt, streicht nur seine Frömmigkeit heraus. Für die Figur der Pietà orientierte sich der verantwortliche Bildhauer Alessandro Vittoria an Michelangelos berühmter *Pietà* in St. Peter in Rom. Weitere wichtige bildhauerische Werke sind die Grabmäler der Familie Cornaro im rechten Querschiff, darunter der Königin von Zypern, das sich ursprünglich in SS. Apostoli befand, sowie die Grabmäler der Gebrüder Priuli (erste linke Seitenkapelle) und der Altar der Fleischerbruderschaft mit dem *Hl. Sebastian* von Alessandro Vittoria (dritte linke Seitenkapelle). Neben der Kirche liegt die weiträumige Klosteranlage mit zwei Kreuzgängen im schlichten Renaissancestil.

Canal Grande und Rialto

♦ Der **Canal Grande** (Karte V), ursprünglich ein Mündungsarm des Brenta-Flusses, ist bis auf den heutigen Tag die Hauptverkehrsader und repräsentative Prachtstraße der Stadt. Die vielen prunkvollen Privatpaläste und das Handelszentrum Rialto bilden ein weltweit einzigartiges Ensemble, das sich schon zu Zeiten der Republik großer Berühmtheit erfreute und Kulisse für die Auftritte der venezianischen Gesellschaft war. Dank des gekurvten Verlaufs des Kanals in Form eines umgekehrten »S« verbinden sich an manchen Stellen die Paläste optisch zu wirkungsvollen Baugruppen, die der Betrachter bei der Fahrt auf dem Wasser schon von weitem in Schrägansicht erfassen kann. In den Palästen kommen sowohl das Prestigedenken und Selbstdarstellungsbedürfnis der einzelnen, oft miteinander konkurrierenden Familien der Oberschicht als auch Macht und Reichtum des staatlichen Gemeinwesens zum Ausdruck. Zwischen die großen Paläste fügen sich wenige Kirchen und immer wieder auch bescheidene Wohnhäuser. Anhand der über 200 erhaltenen Beispiele lässt sich die Entwicklung des venezianischen Palastbaus vom Mittelalter bis zum Klassizismus des 19. Jh.s verfolgen. Obwohl jede Epoche eigene Merkmale ausprägte und kein Palast dem anderen gleicht, blieben bestimmte Grundeigenschaften zu allen Zeiten gültig. Charakteristisch für den venezianischen Palast ist, dass er mit seiner repräsentativen Fassade zur Wasserseite ausgerichtet und diese Front durch Loggien und Fenster so weit wie möglich geöffnet ist. Denn aufgrund der geschützten Lage in der Lagune bestand im Unterschied zu Städten auf dem Festland keine Notwendigkeit, die Paläste wie Burgen mit starken Mauern vor feindlichen Angriffen zu schützten. Außerdem war man wegen des sumpfigen Baugrunds bestrebt, durch Reduzierung der Mauermasse so viel Gewicht wie möglich zu sparen. Die typische Konzentration von Öffnungen in der Fassadenmitte, die von mehr geschlossenen Seitenteilen flankiert wird, prägte sich in der Gotik aus. Diese Dreiteilung der Fassade blieb während der Renaissance und des Barock weiter üblich, da sie durch die Raumaufteilung im Innern bedingt war. Wegen des teuren Baugrunds ist das venezianische Haus normalerweise nicht wie in anderen italienischen Städten um einen großen Innenhof mit Arkaden, sondern platzsparender auf einem schmalen, langen Grundstück um eine geschlossene Halle angeordnet. Die Lage dieser Andron bzw. Portego genannten Halle spiegelt sich in der Portalöffnung bzw. der Fenstergruppe in der Fassadenmitte wider. Der direkt vom Bootssteg über Treppen zu erreichende Andron ist der Eingangskorridor, der in die Geschäfts- und Lagerräume führt. Auf der Rückseite des Palastes öffnet sich ein kleiner Hof mit Zisterne und Außentreppe in das obere Wohngeschoss, das Piano nobile. Erst in der Renaissance setzte sich die Innentreppe durch, die vom Andron in den darüberliegenden Portego mit den links und rechts liegenden Wohnräumen führt. Der Portego wurde auch für Empfänge und Feste genutzt. Das Innere der meisten Paläste kann man nicht besichtigen, da sie heute in Privatbesitz sind oder von Banken und Behörden genutzt werden. Da die Bezeichnung »Palazzo« nach venezianischem Verständnis nur dem Regierungs- und Machtzentrum des Dogenpalastes zustand, nannte man private Familienpaläste unabhängig davon, wie groß und prächtig sie waren, schlicht »Casa« oder in der venezianischen Form kurz »Ca'«. Dennoch hat sich für manche Wohnhäuser der Begriff »Palazzo« eingebürgert.

Rundfahrt: Seit dem Bau des Eisenbahndamms, der 1846 die Lagune mit dem Festland verband, hat sich der Zugang zur Stadt von S. Marco an das andere Ende des Canal Grande verlagert, wo der Bahnhof und das Parkhaus liegen. Seitdem betreten die meisten Besucher Venedig gleichsam durch die ›Hintertür‹ und fahren daher von hier den Kanal hinauf. Der 1954 als moderner Flachbau errichtete **Bahnhof** (IV B4) ersetzte die alte Stazione di S. Lucia von 1860. Der Beiname rührt von der Kirche S. Lucia, die dem Bau des Bahnhofs zum Opfer fiel. Der 2007/08 angelegte **Ponte della Costituzione** (IV B4/5) des besonders für seine Brücken-Entwürfe berühmten spanischen Architekten Santiago Calatrava (daher auch **Ponte di Calatrava** genannt), eine schwungvolle Fußgängerbrücke aus Stahl und Glas, löste wie alle modernen Bauprojekte in Venedig heftige Proteste aus, wegen der exorbitanten Kosten, der problematischen Statik, der mangelnden Einfügung in das venezianische Stadtbild und der schlechten Benutzbarkeit. Da bei Nässe Rutschgefahr besteht, müssen die Glasstufen gegen Steinstufen aus Trachyt ersetzt werden – sehr zum Ärger des Architekten, da mit der Transparenz der Reiz der Brücke verloren geht.

An der Kirche **S. Maria di Nazareth** des Karmeliterordens (auch Barfüßer genannt, daher auch der Name **S. Maria degli Scalzi**; IV B/C3/4) waren die beiden bedeutendsten Architekten des venezianischen Barock beteiligt. Der Bau wurde 1654 nach einem Entwurf von Baldassare Longhena begonnen, 1672–80 fügte Giuseppe Sardi die Fassade hinzu, für die der frischernannte Adelige Gerolamo Cavazza die ungeheure Summe von 70 000 Dukaten stiftete. Der Typus der Fassade mit zweigeschossiger Säulenordnung, schmalerem Obergeschoss und bekrönendem Dreiecksgiebel stammt aus Rom. Aber im Unterschied zu römischen Kirchenfronten stellt Sardi plastische Vollsäulen frei vor die Wand und bereichert die Architektur durch üppigen Skulpturenschmuck. Auch der einschiffige Innenraum mit begleitenden Seitenkapellen zeichnet sich durch eine reiche, römisch inspirierte Ausstattung mit Skulpturen und farbigen Marmorverkleidungen aus. Den Chor beherrscht der imposante Altaraufbau des Karmeliterarchitekten Giuseppe Pozzo mit gedrehten Säulen nach dem Vorbild des Baldachins von Gian Lorenzo Bernini in St. Peter in Rom. Das einst berühmte Deckenfresko von Giambattista Tiepolo fiel einem österreichischen Bombenangriff im Ersten Weltkrieg auf den benachbarten Bahnhof zum Opfer und ist durch eine Rekonstruktion von 1934 ersetzt.

Die gegenüberliegende, 1718–38 erbaute Kirche **S. Simeon Piccolo** (IV C4) von Giovanni Scalfarotto ist ein frühes Beispiel klassizistischer Architektur in Venedig. Konkretes Vorbild für den runden überkuppelten Zentralbau mit Säulenportikus nach Art eines antiken Tempels war das Pantheon in Rom.

S. Marcuola (IV D3): Die Kirche ist für das Gemälde *Letztes Abendmahl* von Tintoretto bekannt, das aus der hier ansässigen Scuola del Sacramento stammt. In dieser ersten Fassung des Themas von 1547 stellt Tintoretto den Tisch noch parallel zum Bildrand, aber die Jünger um Jesus zeigen bereits die Lebendigkeit, die schon auf die späteren Varianten in S. Trovaso, S. Polo und S. Giorgio Maggiore vorausweist. Die heutige Kirche geht auf Giorgio Massari zurück (1728–36), die Fassade blieb unvollendet.

Der **Fondaco dei Turchi** (IV D3) ist der imposanteste venezianische Palast der byzantinischen Ära, auch wenn sein heutiges Erscheinungsbild auf einen Wiederaufbau des völlig verfallenen Gebäudes im 19. Jh. zurückgeht. Ursprünglich handelte es sich um einen Privatpalast, den sich Anfang des 13. Jh.s eine reiche Kaufmannsfamilie aus Pesaro erbaut hatte, die in den venezianischen Adel aufgenommen worden war und fortan unter dem Namen ihrer Heimatstadt Karriere in der Stadt machte. Erst ab 1621 saß hier die Handelsniederlassung der türkischen Kaufleute, die dem Palast den Namen gab. Die in Venedig gebräuchliche Bezeichnung *fondaco* (oder *fondego*) für ein Handels-, Wohn- und Lagerhaus ausländischer Kaufleute leitet sich aus dem arabischen Wort *funduq* für Handelssitze ab, einen der zahlreichen Hinweise auf die engen Beziehungen zum Orient. In der sogenannten byzantinischen Phase des 13. Jh.s verfügen die Paläste nur über zwei Geschosse und öffnen sich in einer breiten, offenen Säulenhalle zum Kanal. Das Obergeschoss wird in der ganzen Breite von schmaleren Arkaden durchbrochen, deren Bögen wie die unteren gestelzt sind. Die auffallenden Eckbauten gelten als typisch byzantinisch, gehen hier aber auf eine sehr freie Rekonstruktion des 19. Jh.s zurück. Im Palast befindet sich heute das naturkundliche Museum (**Museo di Storia Naturale**).

Der **Deposito del Megio** (IV D3), der ehemalige Kornspeicher der Stadt, ist ein schlichter Ziegelbau mit naturgemäß kleinen Fenstern und einem großen Relief des Markuslöwen als Zeichen seiner öffentlichen Funktion.

Der vermutlich von Mauro Codussi um 1500 entworfene ♦ **Palazzo Loredan** (heute **Vendramin Calergi**; IV E3/4) war zu seiner Zeit eine Sensation. Nie zuvor war die Front eines venezianischen Palastes gänzlich mit Marmor verkleidet, durch so große Fenster geöffnet und in allen Geschossen so konsequent mit Säulenordnungen gegliedert worden, die wirklich wie ein tragendes Gerüst und nicht nur wie eine applizierte Dekoration erscheinen. Die Anregung zu dieser Gliederung gab wahrscheinlich der Palazzo Rucellai in Florenz des bedeutenden Renaissancearchitekten und Architekturtheoretikers Leon Battista Alberti. Die konventionelle Dreiteilung der venezianischen Palastfassade ist nahezu überwunden und nur noch durch die rhythmische Anordnung von Doppel- und Einzelsäulen angedeutet. Der ursprüngliche Auftraggeber war Andrea Loredan, der Codussi bereits mit der Fassade von S. Michele in Isola betraut hatte. 1589 übernahm Vettore Calergi den Palast. Er stammte aus einer unermesslich reichen, ursprünglich aus Kreta stammenden Großgrundbesitzerfamilie.

Im frühen 19. Jh. feierte Marie-Caroline Herzogin von Berry hier rauschende, kostspielige Feste. Von 1882 bis zu seinem Tod 1883 wohnte hier Richard Wagner. Da der seit 1946 als Spielcasino genutzte Palast zugänglich ist, kann man sich einen guten Eindruck von der Innendisposition verschaffen. Codussi legte den Andron, der ursprünglich von Giorgione ausgemalt war, breiter an als in den älteren Palästen und beleuchtete ihn durch große Fenster. Die prächtige Innenausstattung stammt aber erst aus späteren Jahrhunderten.

S. Stae (venezianisch für S. Eustachio; IV E4): Die auf den Canal ausgerichtete, 1709 im Auftrag des Dogen Alvise II. Mocenigo erbaute Fassade von Domenico Rossi orientiert sich an Kirchenfronten Palladios, besitzt aber barocken Dekor. Im Chor ist eine Serie von kleinen, den Aposteln gewidmeten Bildern vereint, die zum Teil von den bedeutendsten venezianischen Malern des 18. Jh.s stammen: Giambattista Tiepolo, Giambattista Piazzetta, Sebastiano Ricci, Giambattista Pittoni.

Die **Ca' Pesaro** (IV E4) von Baldassare Longhena ist neben der Ca' Rezzonico der bedeutendste Barockpalast Venedigs. Über 300 Jahre nach dem Fondaco dei Turchi machte noch einmal die Familie Pesaro, die im 17. Jh. zu den wenigen alten Geschlechtern mit anhaltendem Reichtum gehörte, mit einem ehrgeizigen Palastbau am Canal Grande von sich reden. Der riesige Bau entstand 1629–82 in mehreren Phasen für den 1658 zum Dogen gewählten Giovanni Pesaro und seinen Sohn, den Prokurator Leonardo. Die immens hohen Kosten veranlassten die Bauherren, zunächst nur zwei benutzbare Geschosse auszuführen und das dritte Geschoss als Fassadenattrappe hochzuziehen, hinter der sich der Dachstuhl verbarg. Nach dem Tod Longhenas 1682 wurde der Palast Anfang des 18. Jh.s von Antonio Gaspari in teilweise abgewandelten Formen vollendet. Longhenas Fassadenentwurf mit einem rustizierten Sockel und säulengegliederten Obergeschossen orientiert sich an Sansovinos unkonventionellem Palazzo Corner. Aber Longhena steigert im Vergleich zum Renaissancevorbild durch Diamantquader, vor die Wand gestellte Freisäulen, tief in die Mauermasse eingeschnittene Arkaden und üppige Bauskulptur die Monumentalität, Plastizität und Lebendigkeit im Sinn des Barockstils. Es entstehen dramatische Hell-Dunkel-Kontraste zwischen den hell leuchtenden Säulen und Gebälken und den tief verschatteten Arkaden. Wie schon bei Sansovino ist die typisch venezianische Dreiteilung der Fassade fast vergessen. Die leicht geschwungene, dem Verlauf des Rio angepasste Seitenfassade bleibt schlichter. Der in den Hof mündende Andron ist von imposanter Größe, aber insgesamt ist das Innere (heute **Galleria Internazionale d'Arte Moderna** und **Museo d'Arte Orientale**; s. S. 225) traditioneller als die Fassade zum Canal.

♦ Die **Ca' d'Oro** (III F4), heute wohl der berühmteste Palast am Canal Grande, erregte schon zur Entstehungszeit (1420 begonnen) großes Aufsehen: Keine einzige Fassade eines venezianischen Privatpalastes war damals völlig mit Marmor verkleidet und so verschwenderisch mit echtem Blattgold (daher der Name »Goldenes Haus«), Maßwerkfenstern und Ornamentbändern dekoriert. Mit diesem Luxus wollte der Bauherr Marco Contarini aus einer der reichsten und angesehensten Familien der Stadt seinen Status zur Schau stellen. Außerdem ließ er zu Ehren seiner verstorbenen Gemahlin Fragmente des abgerissenen Palastes ihrer Familie in die Fassade des Neubaus integrieren. Bei genauerer Betrachtung der asymmetrischen, dreigeschossigen Fassade erkennt man, dass bei aller Pracht offenbar kein verbindlicher Gesamtentwurf vorlag, denn stilistisch unterschiedliche Partien sind puzzleartig zusammengefügt. In der Tat beauftragte der Bauherr nicht nur gleich zwei Künstler, den Mailänder Matteo Raverti und den Venezianer Bartolomeo Bon, sondern brachte auch noch eigene Vorstellungen in die Gestaltung ein. Im 19. Jh. wurde die Fassade stark restauriert. Dank der heutigen Nutzung des Baus als Museum (**Galleria Giorgio Franchetti**; s. S. 225) kann man sich ein Bild vom Inneren eines gotischen Palastes machen.

Die **Ca' da Mosto** (III F4) ist im Kern eines der ältesten Bauwerke am Canal Grande. Obwohl die Fassade durch spätere Aufstockungen entstellt ist, vermitteln die beiden unteren, mit kostbarer Ornamentik verzierten Geschosse aus dem frühen 13. Jh. einen besonders authentischen Eindruck vom Aussehen eines venezianischen Palastes im byzantinischen Stil, da sie im 19. Jh. nicht durch Restaurierungen ›verschönert‹ wurden. Im Erdgeschoss haben sich Reste der typischen Eingangsloggia mit Rundbogenarkaden und darüber die kleineren Arkaden des Portego-Fensters erhalten. In diesem Haus wurde 1432 Alvise da Mosto (auch Cadamosto) geboren, der 1465 die Kapverdischen Inseln vor der Westküste Afrikas entdeckte und erforschte. Später war hier das vornehme Hotel *Al Leon Bianco* (Zum Weißen Löwen) untergebracht, zu dessen Gästen der österreichische Kaiser Franz Josef gehörte.

Rialto (von lateinisch *rivus altus*, hohes Ufer; III F5): In diesem Gebiet im Herzen der Stadt, wo der Canal Grande einen scharfen Knick macht und sich wichtige Wege kreuzen, lag jahrhundertelang das Wirtschafts- und Handelszentrum Venedigs, in dem weltweite Geschäfte getätigt wurden. William Shakespeare hat in seinem Theaterstück *Der Kaufmann von Venedig* diesem internationalen Handelsplatz ein literarisches Denkmal gesetzt. In dem äußerst eng bebauten Quartier herrschte ein buntes, pulsierendes Treiben, die Mieten waren extrem hoch, aber es wurden auch gigantische Gewinne gemacht. Statt der sonst am Canal Grande dominierenden Privatpaläste konzentrieren sich hier Markthallen, Warenspeicher, Banken, Geschäfte und Kontore sowie die für die staatliche Kontrolle des Handels zuständigen Behörden. Die Namen der einzigen öffentlichen Uferbefestigungen des Kanals *Riva dell'*

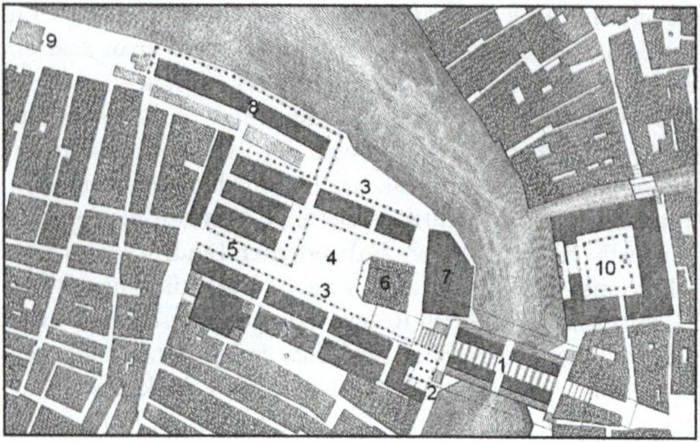

Rialto, Lageplan

1	Rialtobrücke	6	S. Giacomo di Rialto
2	Palazzo dei Dieci Savi	7	Palazzo dei Camerlenghi
3	Fabbriche Vecchie	8	Fabbriche Nuove
4	Campo S. Giacomo di Rialto	9	Peschiera
5	Ruga degli Orefici	10	Fondaco dei Tedeschi

Olio, *Riva del Vin*, *Riva del Ferro* und *Riva del Carbon* erinnern an die hier ehemals angelieferten Waren Öl, Wein, Metall und Kohle. Die Bebauung dieses alten Siedlungskerns geht heute weitgehend auf das frühe 16. Jh. zurück. Trotz der wirtschaftlichen Bedeutung des Rialto kann sich die Architektur nicht mit dem Glanz des politischen Zentrums S. Marco messen, da die Realisierung von Bauprojekten wegen massiver Interessenkonflikte unterschiedlicher Gruppen hier immer schwierig war. Das markanteste Bauwerk des Viertels und zugleich ein Wahrzeichen Venedigs ist der **Ponte di Rialto** (1). Bis Mitte des 19. Jh.s war die **Rialtobrücke** der einzige Übergang über den Kanal, der hier seine schmalste Stelle hat. Seit dem 12. Jh.

gab es eine Holzbrücke, die regelmäßig repariert oder sogar ganz erneuert werden musste. Nach einer dramatischen Feuersbrunst im Jahr 1514, der weite Teile des Viertels, aber nicht die Brücke selbst, zum Opfer fielen, beschloss der Senat, im Rahmen einer städtebaulichen Neugestaltung das langlebige Provisorium aus Holz durch eine Brücke aus Stein zu ersetzen. Es gab viele Probleme zu bewältigen wie die Fundamentierung an den unsicheren Ufern, die ungehinderte Durchfahrtsmöglichkeit für Schiffe und die Unterbringung von Ladenlokalen. 1525 holte man daher Vorschläge von berühmten Architekten Italiens, darunter Michelangelo, Andrea Palladio und Vincenzo Scamozzi, ein. Palladios Projekt sah eine monumentale Brückenarchitektur mit drei Bögen und tempelartigen Aufbauten vor. Da sich seine Brücke stilistisch wenig in die städtebauliche Umgebung integriert und den praktischen Erfordernissen nicht genügt hätte, stieß das Projekt auf Ablehnung. Nach einem halben Jahrhundert endloser Diskussionen und Streitereien zwischen Politikern, Kaufleuten, Anwohnern und Architekten um immer wieder neue Projekte baute man 1587–91 schließlich die heutige Brücke nach einem Entwurf des eher unbekannten Architekten Antonio da Ponte. Sein Vorschlag kam allen Forderungen offensichtlich am besten nach: ein einziger weit gespannter Bogen – eine konstruktiv beachtliche Leistung – für die Durchfahrt der Schiffe, die Unterbringung von Ladenlokalen ohne Behinderung des bequemen Fußgängerübergangs sowie freier Blick auf den Kanal vom höchsten Punkt in der Mitte der Brücke. Es war ästhetisch nicht unbedingt ein Meisterwerk, entsprach mit den vielen kleinen Bögen aber dem venezianischen Sinn für dekorative, malerische Effekte der Architektur.

Die recht einheitliche Bebauung auf der Westseite der Rialtobrücke, wo die Märkte im ›Knie‹ des Kanals liegen, geht auf eine Neuplanung des Quartiers von Antonio Abbondi, genannt Lo Scarpagnino, nach der Brandkatastrophe von 1514 zurück. Der 1521 begonnene **Palazzo dei Dieci Savi** (2), Sitz der Zehn Weisen der Steuerbehörde, und die gleichzeitig entstandenen **Fabbriche Vecchie** (3), Zentrum der Banken, fassen den **Campo S. Giacomo di Rialto** (4) und die **Ruga degli Orefici** (5), die Straße der Goldhändler, mit einer schlichten Architektur ein, deren Hauptgestaltungsmittel einfache Arkaden sind. **S. Giacomo di Rialto** (6) gilt als älteste Pfarrkirche Venedigs. Der heutige Bau in Form der Kreuzkuppelkirche nach dem Vorbild von S. Marco stammt aus dem 12. Jh., wurde aber im 16. Jh. mehrfach umgebaut. Im **Palazzo dei Camerlenghi** (7), 1525–28 erbaut, saßen die obersten Steueraufseher, die den Warenumschlag kontrollierten und zugleich das hier aufbewahrte Staatsvermögen bewachten. Mit der üppigen Marmorinkrustation im Stil der Künstlerfamilie Lombardo setzt sich der Bau deutlich von der schlichten Architektur Scarpagninos ab. Schon bald nach der Fertigstellung gab es Ärger, da sich das Gebäude, das auch als Widerlager für den seitlichen Schub der Rialtobrücke fungierte, abgesenkt hatte, was noch heute am schiefen Gebälk erkennbar ist. 1552–56 kamen hinter den Fabbriche Vecchie direkt am Ufer die **Fabbriche Nuove** (8), Sitz des Gerichts, hinzu, denen der verantwortliche Architekt Jacopo Sansovino durch rustizierte Arkaden im Erdgeschoss und Pilastergliederungen in den Obergeschossen eine etwas noblere Gestalt gab. Die **Peschiera** (9), im 19. Jh. in nachgeahmten gotischen Formen wiederhergestellt, liegt wegen der Geruchsbelästigung des Fischs am Rande des Gebiets.

Der **Fondaco dei Tedeschi** (10; III F5) auf der anderen Seite des Kanals war ehemals der Handelshof der deutschen Kaufleute. Diese Institution, eine Mischung aus Handelszentrale, Lagerhalle und Gasthaus, befand sich seit dem 13. Jh. in dieser bevorzugten Lage direkt am Rialto. Sie gewährte den deutschen Händlern, die vorwiegend aus den süddeutschen Städten Re-

Fondaco dei Tedeschi

gensburg, Nürnberg und Augsburg kamen, einerseits eine sichere Unterkunft und bot andererseits der venezianischen Regierung die Möglichkeit zur Kontrolle der Geschäfte, denn die Deutschen mussten hier wohnen und durften nur hier und nur mit Venezianern Handel treiben. Als 1505 das alte Gebäude abbrannte, übernahm die Regierung sofort die Kosten für den Neubau, denn die Deutschen waren die wichtigsten Geschäftspartner der Republik. Der neue Fondaco erhielt erstaunlich große Dimensionen, aber die für Privatpaläste gerade in Mode gekommene Marmorverkleidung und jegliche andere Ornamentik aus Stein wurden offiziell nicht gestattet, wohl aber eine Bemalung der Fassade mit Fresken, die Giorgione und der junge Tizian ausführten. Diese spektakulären Bilder gingen wegen des feuchten venezianischen Klimas verloren (wenige Reste in der Galleria Giorgio Franchetti; s. S. 225). Der mächtige Baublock mit Eingangsportikus hat ursprünglich also nicht so nüchtern und eintönig gewirkt wie heute. Die Innenaufteilung des viergeschossigen Baus ist wie bei den Fondachi üblich um einen zentralen Innenhof organisiert. Seine Arkadenstellungen spielten für die Vermittlung von Renaissanceformen nördlich der Alpen durch deutsche Kaufleute (z. B. der Fugger in Augsburg) eine wichtige Rolle. Im Erdgeschoss befanden sich Läden und Magazine, in den oberen Etagen Speisesäle sowie Wohn- und Verwaltungsräume. Von 1870 bis 2011 beherbergte der Bau die Hauptpost. Der 2012 vom niederländischen Stararchitekten Rem Koolhaas (OMA) geplante Umbau wurde erst nach einer Überarbeitung der Pläne (mehr Respekt vor der historischen Bausubstanz) genehmigt. 2016 eröffnete der französische Luxusgüterkonzern LVMH hier ein Einkaufszentrum. Von der Dachterrasse hat man einen spektakulären Blick auf die Stadt.

Unweit des Fondaco liegt **S. Bartolomeo** (III F5), einst die Hauptkirche der deutschen Kaufleute in Venedig. Albrecht Dürer malte während seines zweiten Aufenthalts in Venedig 1506 für die Kirche das berühmte *Rosenkranzfest* (im 17. Jh. von Kaiser Rudolf II. für seine Kunstsammlung in Prag erworben).

In seinem venezianischen Frühwerk, dem Palazzo **Dolfin-Manin** (III F5) von 1538, verband der Architekt Jacopo Sansovino lokale Traditionen mit römischen Neuerungen. Der offene Portikus im Erdgeschoss ergab sich aus der Notwendigkeit, das befestigte Kanalufer zu überbauen, um den Weg für die Öffentlichkeit passierbar zu lassen. Von der römischen Architektur der Antike und der Renaissance übernahm Sansovino das alle Geschosse dominierende Gliederungsmotiv der Pilaster- und Halbsäulenordnung vor Pfeilerarkaden sowie die geschossweise klassische Abfolge von dorischer, ionischer und korinthischer Säulenordnung. Trotzdem macht die Fassade einen venezianischen Eindruck, da zumindest in den oberen Abschnitten der typische dreiteilige Rhythmus gewahrt bleibt. Seinen zweiten Namen trägt der Palast nach dem letzten Dogen der Republik Ludovico Manin, der hier seine Residenz hatte.

Am **Palazzo Loredan Corner** und am **Palazzo Dandolo Farsetti** (II F5/6) erkennt man trotz der späteren Veränderungen und Restaurierungen noch sehr gut die Merkmale der venezianischen Wohnarchitektur des frühen 13. Jh.s. Aus dieser byzantinischen Phase stammen die beiden unteren Geschosse mit der typischen breiten Eingangsloggia und der über die ganze Gebäudefront durchlaufenden Reihe kleinerer Arkaden im oberen Piano nobile. Die Bögen sind wie damals üblich gestelzt und mit Ornamenten oder wulstförmigen Rahmen eingefasst. Auf die üblichen seitlichen Türme wurde hier verzichtet. Am Palazzo Loredan Corner erinnern die Wappenschilder über den oberen Arkaden an den Besitzer Federico Cornaro. Den Palazzo Dandolo Farsetti erbaute Renier Dandolo, Sohn des berühmten Dogen Enrico Dandolo, der 1204 beim Vierten Kreuzzug Konstantinopel eroberte.

Die **Ca' Barzizza** (II E5) zählt zu den ganz frühen Häusern am Canal Grande. Aus dem späten 12. Jh. hat sich an diesem später vielfach umgebauten Palast die Loggia im ersten Geschoss erhalten, deren Rundbögen noch nicht die später übliche Stelzung zeigen.

Der **Palazzo Grimani** (II E6) entstand nach zeitgenössischen Berichten in bewusster Konkurrenz zum Palazzo Corner (Ca' Grande). Der Prokurator Girolamo Grimani ließ sich um 1556 vom Architekten Michele Sanmicheli, der sich schon in Verona mit bedeutenden Palästen hervorgetan hatte, einen Wohnsitz errichten, der noch weniger venezianisch und daher spektakulärer aussah als der Bau seines Rivalen Giacomo Cornaro. Beim Tod Sanmichelis 1559 fehlte noch das letzte Geschoss, das dann Giovanni Antonio Rusconi bis 1579 zu Ende führte. Die Gliederung aller Geschosse mit Säulen- und Pilasterordnungen war zwar schon am 50 Jahre jüngeren Palazzo Loredan (Vendramin Calergi) vorgeprägt, aber hier wird sie erstmals zum stark plastischen, die ganze Fassade beherrschenden Motiv von antiker Monumentalität. Die Anordnung von doppelten und einfachen Stützen in Kombination mit dem Wechsel von schmalen und breiten Intervallen nach Art des antiken Triumphbogens schafft eine Rhythmisierung, die noch entfernt an die traditionelle Dreiteilung der venezianischen Palastfassade erinnert.

Der weniger bekannte **Palazzo Donà** (II E5) aus dem späten 13. Jh. markiert eine wichtige Entwicklungsstufe des venezianischen Palastbaus, denn hier tritt erstmals das dreigeteilte Schema auf, das zum Merkmal der späteren Fassaden wurde. Der Stil der Einzelformen wie die Kapitelle und die Rundbögen bleiben noch byzantinisch.

Der **Palazzo Lando** (**Corner Spinelli**; II E6), um 1480 nach Plänen von Mauro Codussi erbaut, zählt zu den frühen Renaissancepalästen der Stadt, erkennbar an der Rustikaquaderung im Sockelbereich und an den Pilasterordnungen in allen oberen Geschossen. Hier taucht erstmals der aus den venezianischen Biforien der Gotik entwickelte Fenstertyp auf, der zu Codussis Markenzeichen wurde: zwei Rundbögen mit kleinem Okulus darüber werden von einem großen Bogen überfangen. Trotz des Renaissancevokabulars behält Codussi die traditionelle Betonung der Fassademitte durch eine Fenstergruppe bei.

Der **Palazzo Barbarigo della Terrazza** (II D6) beherbergt seit 1972 das Deutsche Studienzentrum in Venedig. Der Beiname des 1566–70 in besonders kurzer Bauzeit errichteten Palastes rührt von der ungewöhnlich großen Dachterrasse, die ehemals als Hängender Garten gestaltet war und seinen Bewohnern verborgen vor fremden Blicken eine traumhafte Aussicht auf den Canal Grande gewährte.

Canal Grande, Palazzo Giustinian und Ca' Foscari

Der Palazzo Pisani-Moretta (II D6) aus der zweiten Hälfte des 15. Jh.s ist mit seinen zentralen feingliedrigen Maßwerkfenstern ein typischer Vertreter der gotischen Palastarchitektur. Auffallend ist der doppelte Eingangsbogen.

Am Palazzo Balbi (II D6), der 1582–90 in exponierter Lage erbaut wurde, kombinierte der Architekt und Bildhauer Alessandro Vittoria, ein Schüler von Jacopo Sansovino, die traditionelle dreiteilige Palastfassade mit neuen Stilelementen, die den Barock ankündigen: ein Eingangsbogen, der in den Dreiecksgiebel hineinragt sowie doppelte Säulen an den Fensterarkaden, Pilasterbündel an den Seitenabschnitten, durchbrochene Giebel über den Einzelfenstern. Neu war auch, Familienwappen so prominent in Kartuschen an der Fassade anzubringen.

Die direkt nebeneinander liegenden Ca' Foscari und Palazzo Giustinian (II D6) bilden ein eindrucksvolles Ensemble gotischer Palastarchitektur, das prominent an der *volta del canal*, der großen Kurve des Kanals, liegt und dadurch eine große Fernwirkung bis zur Rialtobrücke entfaltet. Der 1452 begonnene Privatpalast des ehrgeizigen und wenige Jahre später wegen Amtsmissbrauchs abgesetzten Dogen Francesco Foscari erhielt Dimensionen, die bis zu diesem Zeitpunkt in Venedig unbekannt waren. Dafür musste Foscari völlig neue Fundamente anlegen, was die meisten Bauherren in der Lagune wegen der hohen Kosten zu vermeiden suchten. Die Fassade des vier Stockwerke hohen Baublocks vertritt geradezu modellhaft den für die Gotik charakteristischen Typus. Die Wand aus rötlichem Ziegel kontrastiert mit den Fenster- und Türrahmungen aus hellem Marmor. Die Eingangsloggia byzantinischer Paläste ist in der Gotik durch einen Torbogen und Einzelfenster ersetzt. In den oberen Geschossen kommt durch die Fensterarkaden des Portego der seit dem späten 13. Jh. gültige Dreierrhythmus mit Akzentuierung der Mitte prägnant zum Ausdruck. Die filigranen, am Palazzo Ducale orientierten Maßwerkfenster sind das Hauptgestaltungsmittel gotischer Fassaden in Venedig. Seit dem 19. Jh. beherbergt der Palast den Hauptsitz der Universität Venedig. Für die neue Nutzung nahm der Architekt Carlo Scarpa in den Dreißiger- und den Fünfzigerjahren des 20. Jh.s Umbauten des Eingangsbereichs und der Aula Magna vor. Der ebenso Mitte des 15. Jh.s links neben der Ca' Foscari erbaute Palazzo Giustinian ist ein Doppelpalast für zwei Familienzweige. Da die Familie damals vom Aussterben bedroht war, erhielt der letzte noch lebende Spross, ein Benediktinermönch, vom Papst die Erlaubnis, aus dem Kloster auszutreten und zu heiraten. Nachdem er mit seiner Frau zwölf Kinder bekommen hatte, sah er seine Pflicht als erfüllt an und kehrte ins Kloster zurück. Die Fassadengestaltung des Palastes ist der Ca' Foscari eng verwandt.

Mit dem **Palazzo Grassi** (II D6) entstand ab 1748 der letzte große Privatpalast am Canal Grande. Die Familie Grassi wollte noch einmal die Größe des venezianischen Palastbaus heraufbeschwören, um die fehlende eigene Tradition zu kompensieren, denn sie waren erst 1718 in den Adelsstand erhoben worden. Giorgio Massari, der bedeutendste venezianische Architekt des 18. Jh.s, verarbeitete wie schon viele vor ihm erneut das Vorbild von Sansovinos Palazzo Corner, gab der Fassade aber eine wesentlich flachere, etwas spröde wirkende Gliederung. Untypisch für Venedig sind der große, mit Portiken umgebene Innenhof und die nicht minder aufwendige Treppe. Zu der strengen Architektur bildet die Rokokoausstattung im Inneren einen gewissen Kontrast. 2006 ließ der französische Multimillionär und Kunstmäzen François Pinault den Palast vom japanischen Architekten Tadao Ando zum Museum für zeitgenössische Kunst ausbauen (Teil der **Pinault Collection**).

Die **Ca' Rezzonico** (II D6/7), Baldassare Longhenas zweiter wichtiger Palast am Canal Grande, wurde 1649–62 für den Prokurator Filippo Bon begonnen, konnte aber erst 1750–56 von der neuen Besitzerfamilie Rezzonico nach einem Entwurf von Giorgio Massari vollendet werden. Die Rezzonico gehörten zu jenen ›Neureichen‹, die sich im 17. Jh. durch Zahlung horrender Summen an den krisengebeutelten Staat in den Adelsstand gekauft hatten und nun ihren erhöhten Status demonstrativ durch Großpaläste zur Schau stellen wollten. Der Aufstieg der Rezzonico gipfelte 1758 in der Wahl eines Familienmitglieds als Clemens XIII. zum Papst. Longhenas Fassade folgt getreuer als die Ca' Pesaro dem Vorbild von Sansovinos Palazzo Corner, da sie dank der flacheren Gliederung weniger auf plastische Effekte abzielt. Der Palast ist der einzige, der heute noch von jedem Besucher durch den originalen Eingang vom Canal Grande aus, wenngleich über eine kleine moderne Holzbrücke, betreten werden kann. Hier ist heute das **Museo del Settecento Veneziano** (s. S. 225) beheimatet.

Ca' del Duca (II D7): Der um 1460 von Andrea Cornaro begonnene und vom Herzog von Mailand Francesco Sforza übernommene Bau kam kaum über die Fundamente hinaus. Gleichwohl beweist das erhaltene Fragment des Sockels mit den beiden Säulenstümpfen und den großen Diamantquadern, dass hier ein neues Kapitel der venezianischen Palastbaukunst aufgeschlagen werden sollte. Der Palast hätte gigantische Dimensionen bekommen und die Florentiner Renaissance nach Venedig importiert.

Die 1932 angelegte **Ponte dell'Accademia** (II D7) aus Holz und Eisen vom Stadtbaumeister Eugenio Miozzi war ursprünglich nur als provisorischer Ersatz für die für den Vaporetto-Verkehr zu niedrige Brücke des 19. Jh.s gedacht. Namengebend waren die benachbarten **Gallerie dell'Accademia** (II D7; s. S. 213).

Der Anfang des 16. Jh.s von einem uns nicht überlieferten Architekten (vielleicht Giovanni Buora) erbaute **Palazzo Contarini dal Zaffo** (auch **Palazzo Contarini-Polignac** genannt; II D7) stellt ein gutes Beispiel für eine Richtung der venezianischen Baukunst dar, die zwar Elemente des Renaissancestils verwendet, ohne aber traditionelle Grundprinzipien aufzugeben. Die dekorative Fassadengestaltung und die Arkaden des Portego in der Fassadenmitte sind beibehalten. Besonders bemerkenswert ist das Gebälk aus rötlichem Marmor im Erdgeschoss mit Girlanden und Adlern. Der Beiname *dal Zaffo* leitet sich von den venezianischen Kolonien in der Levante ab, wo die weit verzweigte Familie Contarini Besitzungen hatte.

Der 1545 nach einem Entwurf des damals führenden Architekten Jacopo Sansovino erbaute **Palazzo Corner** (II E7) zählt zu den bedeutendsten Beispielen des venezianischen Palastbaus, da er zukunftsweisende Neuerungen einführte, die bis in die Barockzeit gültig blieben. Der Palast ist entschieden höher als bis dahin üblich und erhielt daher auch den Namen

Canal Grande, Palazzo Corner (Ca' Grande)

Ca' Grande. Die Fassadenarchitektur wurde um eine Achse auf die Seiten des Baus übertragen, damit sie bereits aus der Ferne in Schrägansicht wirken kann. Sansovino gab bis auf die drei Eingangsbögen die traditionelle Dreiteilung der Fassade nahezu auf und orientierte sich stärker als beim früheren Palazzo Dolfin an der Architektur der römischen Renaissance. Dort war vor allem der kontrastreiche Gegensatz zwischen dem mit rustizierten Bossen verkleideten Erdgeschoss, das dadurch als Ebene mit einfachen Funktionen gekennzeichnet ist, und den prachtvoll mit ionischen bzw. korinthischen Doppelsäulen gegliederten Obergeschossen vorgeprägt. Mit diesem außergewöhnlich schönen Palast brachte der Auftraggeber Giacomo Cornaro unmissverständlich seine mächtige Stellung als Prokurator und Neffe der Königin von Zypern Caterina Cornaro zum Ausdruck. Für die Finanzierung des neuen Palastes, der den 1532 mitsamt allen hier gelagerten Waren völlig abgebrannten Vorgängerbau ersetzte, forderte er erfolgreich Hilfe von der Regierung, da seine Familie in schwierigen Zeiten ihrerseits den Staat mit gigantischen Summen unterstützt hatte.

Palazzo Venier dei Leoni (II E8): Da der Palast schon bald nach Baubeginn 1749 unvollendet liegenblieb, präsentiert er sich heute als merkwürdig modern anmutender Flachbau mit Pilasterstümpfen an der Fassade. Ab 1949 erlangte das Fragment Berühmtheit als Wohnsitz der ebenso reichen wie exzentrischen Amerikanerin **Peggy Guggenheim**, die hier ihre **Sammlung** von Kunst des 20. Jh.s unterbrachte (s. S. 226).

Die kleine, in den Achtzigerjahren des 15. Jh.s erbaute **Ca' Dario** (II E8), einer der ersten venezianischen Paläste aus der Renaissance, ist vor allem für die reiche farbige Marmor- und Porphyrinkrustation an der asymmetrischen Fassade bekannt. Mit der Dekoration aus kostbaren Materialien versuchte der Bauherr, Kaufmann Giovanni Dario, der selbstbewusst die ungewöhnliche Inschrift URBIS GENIO JOANNES DARIUS (»Mit dem Genius der Stadt Giovanni Dario«) im Sockel anbrachte, sich gegenüber den anderen größeren Palästen am Kanal zu behaupten. Vielleicht wollte er mit den Ornamentmotiven, die zum Teil islamische Wurzeln haben, auch auf seine diplomatischen Erfolge am osmanischen Hof in Konstantinopel anspielen, die die Kontakte Venedigs zum Orient wesentlich befördert hatten.

Der im 19. Jh. erbaute **Palazzo Salviati** (II E8) unterscheidet sich von allen anderen venezianischen Palästen durch die farbigen Fassadenmosaiken, die Werbung machen sollten für die

Vedute des Canal Grande von Canaletto

hier 1859 gegründete Werkstatt für Glasmosaiken, die weltweit Erfolg hatte: Hier wurden z. B. die Mosaiken des House of Parliament in London und der Oper in Paris angefertigt.

Der gotische **Palazzo Gritti** (II E7) wurde im 15. Jh. erbaut und beherbergt heute das berühmte Luxushotel Gritti Palace, das durch einen Roman von Ernest Hemingway in die Literatur eingegangen ist. Der winzige **Palazzo Contarini Fasan** (**Casa di Desdemona**; II E7) besitzt nur die Breite eines Zimmers. Einzigartig in Venedig sind die Maßwerkrosetten der Balkone.

S. Maria della Salute (II F8), effektvoll am Eingang des Canal Grande gelegen, gilt als ein Hauptwerk der venezianischen Barockarchitektur. Sie ist nach dem Redentore die zweite, während einer schweren Pestkatastrophe errichtete Staatskirche Venedigs. Als die Seuche Anfang 1630 durch Söldner ◆

erneut in die Stadt eingeschleppt wurde und sich so springflutartig ausbreitete, dass ihr binnen kurzer Zeit ein Drittel der Bevölkerung zum Opfer fiel, gelobte der Senat, zum Dank für die Erlösung von der Epidemie eine Maria geweihte Kirche zu erbauen. Nach langen Diskussionen um einen geeigneten Bauplatz fiel die Wahl schließlich auf den äußerst prominenten und städtebaulich wirksamen Standort auf der Landzunge zwischen Canal Grande und Giudecca-Kanal. Sowohl diese urbanistisch exponierte Lage der staatlichen Votivkirche als auch die Ansiedlung des venezianischen Somaskerordens im angrenzenden Kloster provozierte den Widerspruch des venezianischen Kirchenoberhaupts, des Patriarchen. Wie so oft in der venezianischen Geschichte entschied sich der Machtkampf zwischen geistlicher und weltlicher Macht zugunsten der Regierung. Den daraufhin vom Senat ausgeschriebenen Wettbewerb gewann der damals erst 33-jährige Architekt Baldassare Longhena mit einem ungewöhnlichen Entwurf für einen Zentralbau in »Form einer Marienkrone«, wie es hieß. Da die Fundamentierungsarbeiten mit über einer Million Baumstämmen, die in den Boden der Lagune gerammt werden mussten, schwieriger und kostspieliger als erwartet wurden, waren die 50 000 Dukaten, die der Senat bereitgestellt hatte, schnell verbraucht. Wegen der explodierenden Kosten, die am Ende fast zehnmal so hoch waren wie ursprünglich geplant, zog sich der Bau über ein halbes Jahrhundert hin. Nach seiner Vollendung wurde Longhenas zentraler Kuppelbau zu einem wichtigen Blickfang in der einzigartigen Stadtlandschaft des großen Wasserbeckens vor S. Marco, wo die Kuppeln der Dogenkirche, von S. Giorgio Maggiore, Il Redentore und S. Maria della Salute aufeinander Bezug nehmen. Longhena entwarf den **Außenbau** als plastisch modellierten Baukörper, der wie eine große Skulptur von allen Seiten betrachtet werden muss. Zu dieser skulpturalen Wirkung tragen die bewegte, fast unruhige Silhouette, die üppige Bauplastik und vor allem die übergroßen, schneckenförmigen Voluten am Kuppeltambour bei. Zur Kanalseite ist der Kirche ein Fassadenvorbau nach Art des antiken Triumphbogens angefügt. Der Zentralbautypus im **Inneren** folgt zwar der Tradition italienischer Marienheiligtümer, aber direkte Vorbilder für den ungewöhnlichen Grundriss des Oktogons mit Umgang und separatem Altarraum mit seitlichen Konchen sowie Mönchschor gibt es nicht. Longhenas außergewöhnliche Raumstruktur, die er selbst als »neue Erfindung« beurteilte, kam den Anforderungen an die Zeremonie der alljährlich am 21. November hier stattfindenden Dankesprozession von Doge, Signoria, Senat, Bruderschaften, Ordensmitgliedern und anderen Würdenträgern perfekt nach. Zunächst zogen der Doge und die Regierungsmitglieder durch das Portal der Triumphbogenfassade, von wo sie wie gefordert sofort den Hochaltar sehen konnten, ins Zentrum des Oktogons ein und nahmen dann wie im Redentore in den seitlichen Konchen des Altarraums Platz. Der anschließenden Prozession der Bruderschaften und geistlichen Würdenträger, die um die 5000 Teilnehmer umfasste, war der Umgang des Oktogons vorbehalten, der durch die Seitenportale betreten wurde. Die Somaskermönche saßen in ihrem eigenen Chorraum hinter dem Hochaltar. Beim Stil der architektonischen Gliederung orientierte sich Longhena stark an Palladio. Nicht nur das Triumphbogenmotiv der Fassade, sondern auch die Pfeiler im Inneren, die von großen kompositen Dreiviertelsäulen und kleinen korinthischen Pilastern gegliedert werden, sind in Palladios Kirchen vorgebildet. Von den neuesten Entwicklungen der zeitgleichen Barockarchitektur Roms mit ihren komplizierten Raum- und Gewölbeformen und dynamisch geschwungenen Wänden blieb Longhena hingegen weitgehend unberührt. Die theatralische Skulpturengruppe des **Hochaltars** über der kostbaren Marienikone aus Kreta ist das Hauptwerk des flämischen, vorwiegend aber in Venedig aktiven Barockbildhauers Giusto Le Court. Thematisch spielten die Figuren auf die Funktion von S. Maria della Salute als Pestkirche an. Vor Maria kniet die Personifikation der Venetia, während rechts die Personifikation der Pest die Flucht ergreift. Die Sakristei birgt einige wichtige Werke von Tizian aus der Kirche S. Spirito in Isola: Bei dem Altarbild *Thronender hl. Markus mit den hll. Cosmas und Damian, Sebastian und Rochus* ersetzt er die übliche Madonna der Sacra Conversazione durch den Stadtheiligen Markus und verzichtet auf das architektonische Gehäuse zugunsten einer asymmetrisch und kulissenartig eingesetzten Säulenstaffage. Die Auswahl der heiligen Ärzte und der Pestpatrone lässt vermuten, dass das Werk als Votivbild während der Pestepidemie von 1509/10 entstand. Bei den Deckengemälden *Kain und Abel, Opfer Isaaks, David und Goliath* übertraf die deutlich verkürzende Untersicht auf die muskulösen, stark bewegten Körper alles bisher Dagewesene (1542–44).

Die **Dogana da Mar** an der Punta della Dogana (II F8), die ehemalige Zollbehörde, war der letzte repräsentative Bau, den die Regierung am großen Wasserbecken vor S. Marco an der Punta della Dogana anlegte. Den 1677 ausgelobten Wettbewerb, an dem auch Baldassare Longhena teilnahm, gewann der wenig bekannte Giuseppe Benoni mit einer schlichten, rustikal wirkenden Architektur. Die Landspitze zwischen Canal Grande und Canale della Giudecca markiert ein Turmbau, den eine vergoldete Erdkugel mit einer *Fortuna*-Statue bekrönt. Die dahinterliegenden Salzmagazine wurden erst im 19. Jh. verwirklicht. Der französische Industrielle François Pinault, dem auch der Palazzo Grassi gehört, ließ den Bau 2009 vom japanischen Stararchitekten Tadao Ando zu einem Museum für seine Sammlung zeitgenössischer Kunst ausbauen (Teil der **Pinault Collection**).

Sestieri S. Polo, S. Croce und Dorsoduro

Sestieri S. Polo und S. Croce

S. Maria Gloriosa dei Frari (II D5): Die im Volksmund kurz ♦ *I Frari* genannte Klosterkirche der Franziskaner ist neben SS. Giovanni e Paolo der größte und bedeutendste Sakralbau der venezianischen Gotik. Sie gehört außerdem zu den wenigen Kirchen, in denen sich eine historisch gewachsene Ausstattung mit Altären und Grabmälern, Chorgestühl und Chorschranken gut erhalten hat. Der heutigen Kirche ging ein 1250 begonnener Vorgängerbau voraus, der offensichtlich aber schon bald den Bedürfnissen des Ordens nicht mehr gerecht wurde. Um 1330 begann man neben der alten, weiterhin funktionsfähigen Kirche mit einem größeren Neubau. Bis zum Ende des 14. Jh.s waren die Chorkapellen und das Querhaus vollendet, aber das Langhaus wurde erst fünfzig Jahre später fertig, nachdem man die alte Kirche abgerissen hatte. Insgesamt hat der Bau, wie viele mittelalterliche Großprojekte, darunter auch das Konkurrenzunternehmen SS. Giovanni e Paolo der Dominikaner, die Zeitspanne von über hundert Jahren in Anspruch genommen.

Rundgang: Die Kirche weist auffallend viele Gemeinsamkeiten mit SS. Giovanni e Paolo der Dominikaner auf. Sie erklären sich aus der Rivalität beider Bauvorhaben sowie aus den eigenen Bautraditionen der Bettelorden. Der charakteristische, schlichte **Außenbau** aus Backstein spiegelt die Struktur des Inneren wider. Die Gliederung beschränkt sich auf Strebepfeiler, schmale Lanzettfenster und Spitzbogenfriese sowie, an der Eingangsfassade, ein skulptiertes Portal, Rundfenster und mehrfach abgestufte Giebel mit Tabernakeln. Lediglich die Chorpartie ist aufwendiger mit zweigeschossigen Lanzettfenstern und Maßwerk gestaltet. Den schon allein wegen seiner

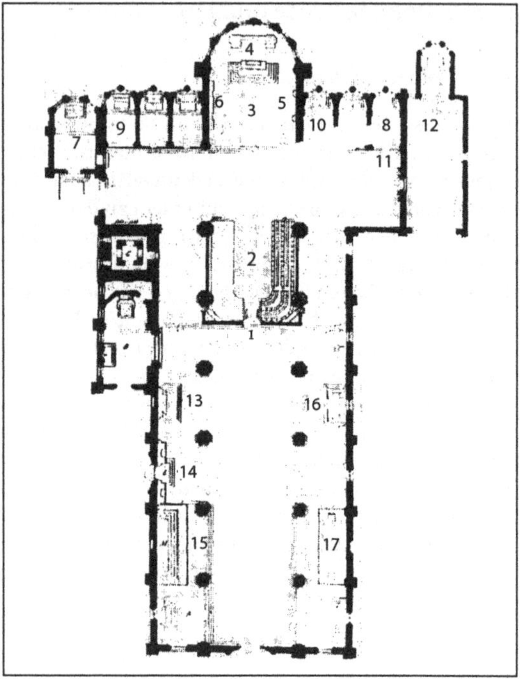

S. Maria Gloriosa dei Frari, Grundriss

1 Chorschranke
2 Chorgestühl
3 Hauptchor
4 Tizian: *Assunta*
5 Grabmal Francesco Foscari
6 Grabmal Nicolò Tron
7 Cappella Corner
8 Cappella Bernardo
9 Cappella dei Milanesi
10 Cappella dei Fiorentini
11 Grabmal Paolo Savelli
12 Cappella Pesaro; Giovanni Bellini: *Thronende Madonna mit Heiligen*
13 Tizian: Pesaromadonna
14 Grabmal Giovanni Pesaro
15 Grabmal Antonio Canova
16 Alessandro Vittoria: *Hl. Hieronymus*
17 Monument für Tizian

Größe monumental wirkenden Kirchenbau überragt noch der ebenso imposante Campanile, nach S. Marco der höchste der Stadt. Das **Innere** ist wie SS. Giovanni e Paolo als dreischiffige, gewölbte Basilika mit Querhaus und polygonaler Apsis, die von je drei kleineren Chorkapellen flankiert wird, angelegt. Aber der Raumeindruck des Langhauses mit den mächtigen Rundpfeilern ist hier weniger steil. Denn da das Mittelschiff die Seitenschiffe nur um einen niedrigen Obergaden überragt, wirkt das Innere fast wie eine breit gelagerte Hallenkirche. Auch die hell erleuchtete Chorpartie ist weniger steil proportioniert als in SS. Giovanni e Paolo. Sie wird zudem durch Bündelpfeiler und stark profilierte Bögen ausgezeichnet, die an die französische Gotik erinnern.

Die erhaltene **Ausstattung** vermittelt einen anschaulichen Eindruck von der ursprünglichen Situation im Inneren von Bettelordenskirchen. Im Laufe der Zeit füllte sich die gesamte Kirche mit unzähligen Altären und Grabmälern, meist Stiftungen reicher Bürger oder Adeliger, die sich von der Bestattung auf dem geweihten Boden des Kircheninneren und der Lesung von Messen an ihren Gräbern ein besseres Leben im Jenseits erhofften. Die im 13. Jh. aufkommenden Bettelorden, allen voran Franziskaner und Dominikaner, die im Leben der mittelalterlichen Städte schnell eine wichtige Rolle spielten, waren ihrerseits auf Stiftungen angewiesen, da sie über kein Vermögen verfügten und sich ihren Lebensunterhalt und damit auch die Finanzierung ihrer Bauten ›erbetteln‹ mussten – ein System von Geben und Nehmen, das perfekt funktionierte. Die **Chorschranke** (1), die einzige erhaltene in Venedig, trennt den Bereich für die Mönche vom übrigen Kirchenraum ab. Sie wurde 1468–75 von Bartolomeo Bon und Pietro Lombardo geschaffen und steht stilistisch am Übergang von der Gotik (Prophetenreliefs) zur Renaissance (Pilaster, Kirchenväterfiguren). Im reich verzierten, geschnitzten **Chorgestühl** (2) von 1468 versammelten sich die Franziskaner mehrmals am Tag zum Gebet. Die **Hauptchorkapelle** (3) beherrscht das weltberühmte **Altarbild** mit der *Assunta* (*Himmelfahrt Mariens*) von Tizian (4), ein epochemachendes Werk, das die Altarmalerei der nachfolgenden Jahrhunderte maßgeblich beeinflusste.

Der Auftraggeber, der Prior des Klosters, protestierte schon während der Entstehung des Bildes heftig gegen Tizians kühne Neuerfindung. Erst als der Gesandte des Kaisers das Werk kaufen wollte, sahen die Franziskaner ein, nichts von Malerei zu verstehen, und ließen Tizian gewähren. Bei der Enthüllung im Mai 1518 waren aber auch die Malerkollegen schockiert, denn noch nie hatten sie ein so großes, sieben Meter hohes Altarbild mit so riesigen Figuren in so dramatischer Bewegung gesehen. Tizian rechtfertigte sich, man müsse die Figuren im Hinblick auf den überaus großen Raum der Kirche proportionieren. Das Bild war also nicht nur für die im Chorgestühl sitzenden Franziskaner bestimmt, sondern auch für die Gläubigen, die nur im hinteren Teil der Kirche Platz fanden. Daher ist es so komponiert und aufgestellt, dass man es von Weitem durch die Bogenöffnung der Chorschranke erkennen und verstehen kann. Über der aufgebrachten Menge der Apostel fährt die auf einer Wolkenbank stehende Madonna, um die sich Putten tummeln, in einen in goldfarbenes, überirdisches Licht getauchten Himmel auf. Die Arme sind weit ausgebreitet, der Blick ist himmelwärts gerichtet, das rote Gewand mit dem blauen Überwurf flattert: Man ›spürt‹ förmlich ihre Auffahrt. Auch Gottvater über Maria ist nicht einfach nur anwesend, sondern schwebt geradezu herab. Tizian wurde mit diesem Bild der gefeiertste Maler Venedigs, dessen Ruhm sich bald über ganz Europa verbreitete.

Die beiden Grabmäler an den Seitenwänden gehen auf den Wunsch zweier Dogen zurück, in der Frarikirche und nicht wie üblich in SS. Giovanni e Paolo bestattet zu werden. Rechts das

Tizian: *Assunta* (S. Maria Gloriosa dei Frari)

spätgotische **Grabmal für Francesco Foscari** (1423–57; 5), den am längsten regierenden Dogen, der sich als großer Bauherr (Dogenpalast, Ca' Foscari, Cappella dei Mascoli in S. Marco) und Politiker (Eroberung des Festlandes) hervortat, aber nach 34 Regierungsjahren aus Misstrauen gegen seinen stetigen Machtzuwachs zur Abdankung gezwungen wurde. Der Bildhauer Niccolò di Giovanni Fiorentino fasste wie bei Gräbern seiner toskanischen Heimat die traditionellen Elemente des venezianischen Dogengrabs – Sarkophag mit der Liegefigur des Toten, von Pagen gehaltener Stoffbaldachin sowie seitliche Tugendfiguren – erstmals durch eine architektonische Rahmung in Form von zwei großen Säulen und darüber aufsteigenden Pilastern mit Gebälk und Wimperg zusammen. Das um 1476–80 von Antonio Rizzo und seiner Werkstatt geschaffene **Grabmal für Nicolò Tron** (1471–73; 6) gilt als eines der wichtigsten Dogengräber der Renaissance. Die Konkurrenz zum gleichzeitigen Monument des Nachfolgers Pietro Mocenigo in SS. Giovanni e Paolo ist unverkennbar. Die mehrgeschossige, direkt auf dem Boden aufsetzende Renaissancearchitektur sowie das umfangreiche Figurenprogramm mit der ›lebendigen‹ Standfigur des Dogen finden sich bei beiden Gräbern. Aber der mehrgeschossige architektonische Aufbau bleibt hier kleinteiliger. Dafür wirkt die Figur des Dogen aufgrund der direkten Nähe zum Betrachter ungleich präsenter. Im oberen Bereich erscheint er außerdem ein zweites Mal als Liegefigur auf dem Sarkophag. Das übrige Figurenprogramm thematisiert die Tugenden Trons, während im Unterschied zum Mocenigo-Grab auf die Darstellung politisch-militärischer Erfolge verzichtet wird. Stattdessen lobt die prominent angebrachte Inschrift Tron als herausragenden Bürger, Senator und Fürsten der Aristokratie, der die Herrschaft über Zypern erlangte, sich mit dem persischen Herrscher gegen die Osmanen verbündete und eine Geldreform durchführte, für die er –

in Venedig absolut unüblich – Münzen mit seinem Bildnis prägen ließ.

In den Nebenkapellen des Chors haben sich einige Familiengrablegen mit Altar, Grabmonumenten und Bodenplatte über dem Zugang zur unterirdischen Gruft gut erhalten: die **Cappella Corner** (7) mit dem Altarbild *Thronender hl. Markus zwischen Engeln und den hll. Johannes der Täufer, Hieronymus, Nikolaus und Paul* von Bartolomeo Vivarini (1482 datiert und signiert), dessen gotischer Rahmen ebenso wie die Form des Triptychons zum damaligen Zeitpunkt schon etwas altmodisch war, vermutlich auf Wunsch des Auftraggebers; die **Cappella Bernardo** (8) mit dem Altarbild *Maria mit Kind und den hll. Andreas, Nikolaus, Peter und Paul*, ebenfalls von Bartolomeo Vivarini (1474 datiert und signiert). Außerdem besaßen hier noch zwei landsmannschaftliche Vereinigungen ihre Kapellen: In der **Cappella dei Milanesi** (9) ließen die Mailänder auf dem für die Zeit ungewöhnlich großen Altar von Alvise Vivarini ihren Stadtpatron, den *Hl. Ambrosius*, darstellen. In der **Cappella dei Fiorentini** (10) verehrten die Florentiner Johannes den Täufer und beauftragten den Bildhauer Donatello mit einer farbig gefassten Holzstatue des Heiligen (um 1450), wohl wissend, dass Venedig damals nicht über einen so hochkarätigen Bildhauer verfügte. Im rechten Querschiff befindet sich das ungewöhnliche **Grabmonument für Paolo Savelli** (11), das als frühestes erhaltenes Monument für einen Söldnerführer mit Reiterstatue gilt (1410).

Das berühmte Altarbild *Thronende Madonna mit Heiligen* von Giovanni Bellini befindet sich heute noch am ursprünglichen Aufstellungsort in der **Cappella Pesaro** (12), der als Familiengrablege benutzten Sakristei. Nicolò, Benedetto und Marco, die Söhne von Pietro Pesaro, bestellten das Bild anlässlich des Todes ihrer Mutter und wünschten, dass neben der thronenden Maria mit Kind ihre Namenspatrone dargestellt sein sollten. Auffallend ist der 1489 datierte ornamentierte und vergoldete Bildrahmen in Form einer triumphbogenartigen Architektur mit überwölbtem Mittelteil. Bellini kehrte nach der spektakulären Pala di S. Giobbe (Accademia, S. 215), vielleicht auf Wunsch der Auftraggeber, zum traditionellen mehrteiligen Altarbild zurück, hier ein Triptychon, entwirft aber wie bereits sein Schwager Andrea Mantegna beim Hochaltar von S. Zeno in Verona einen zusammenhängenden Raum für alle drei Tafeln. Da die gemalte Architektur des Bildes perspektivisch korrekt in die Tiefe gestaffelt die Architektur des Rahmens fortsetzt, wird dem Betrachter suggeriert, der Raum des Bildes setze den realen Raum fort, in dem er sich befindet. Die mächtigen Heiligenfiguren füllen die Seitenräume ganz aus, sind also nah an den Betrachter herangerückt. Ihre deutlich individuellen Gesichtszüge lassen auf Porträts der Pesaro-Familie schließen. Die Inschrift in der vergoldeten Apsis über Maria (»Sicheres Tor des Himmels, führe meinen Geist, leite mein Leben, all mein Tun sei Deiner Fürsorge empfohlen«) ruft Maria als Fürsprecherin für die Errettung der Seelen an, spielt zugleich aber auch auf ein damals aktuelles theologisches Thema an, das Dogma der Unbefleckten Empfängnis Mariens, für das sich der Franziskanerorden besonders einsetzte. Albrecht Dürer, der Bellini sehr bewunderte und das Bild 1495 bei seinem Venedigaufenthalt sah, ahmte die Heiligenfiguren in seinen *Vier Aposteln* nach (München, Alte Pinakothek).

Die **Pesaromadonna** (13) von Tizian, ein weiterer Auftrag der Familie, markiert wie die *Assunta* einen Meilenstein in der Geschichte der Malerei. Bei diesem Werk für das Grab von Jacopo Pesaro und seine Brüder gelangen Tizian 1519 gleich mehrere revolutionäre Neuerfindungen. Anstatt wie bisher üblich die Figuren von *Maria mit Kind und Heiligen* im Zentrum des Bildes darzustellen, rückte er sie an den rechten Rand. Durch diese Lösung, die wie die beiden kolossalen Säulen des Hintergrunds in der Barockzeit eine breite Nachfolge fand, kann der vom Kircheneingang kommende Gläubige die Madonna schon von Weitem erkennen. Außerdem fügte Tizian in Anlehnung an die Votivbilder der Dogen erstmals Stifterporträts in ein Altarbild ein, was in Venedig eigentlich nicht gestattet war und wohl vom Auftraggeber ausdrücklich gewünscht wurde. Jacopo kniet in der schwarzen Amtstracht des Bischofs von Paphos direkt vor dem Stufenthron Marias, während die anderen Familienmitglieder, empfohlen von den beiden franziskanischen Heiligen Franziskus und Antonius von Padua, am rechten Bildrand erscheinen. Der anstelle des Namenspatrons prominent in die Bildmitte gesetzte hl. Petrus spielt auf den Sieg über die Osmanen an, den Jacopo Pesaro 1502 für den Papst, hier durch Petrus verkörpert, errungen hatte. Auf dieses Ereignis beziehen sich auch die große, von einem Ritter gehaltene Fahne mit dem Wappen der Familie und die Tiara des Papstes sowie die Figur des Türken mit dem weißen Turban. Das Bild sollte also die militärischen Erfolge des Auftraggebers verherrlichen und die Zweifel an seinen Verdiensten, die damals aufgekommen waren, zerstreuen.

Das kolossale, an Prunk kaum zu überbietende **Grabmonument für Giovanni Pesaro** (14) nach einem Entwurf von Baldassare Longhena (1659–69) ließ sich der Doge, der auch der Auftraggeber des berühmten Barockpalastes am Canal Grande war, die ungeheure Summe von 12 000 Dukaten kosten. Er thront über gebeugten Mohren aus tiefschwarzem Marmor, die anstelle von Säulen das Gebälk tragen und die besiegten Osmanen verkörpern. Im **Grabdenkmal** des 1822 in Venedig verstorbenen berühmten klassizistischen Bildhauers **Antonio Canova** (15) ist das Herz des Künstlers bestattet (Körper in Possagno). Eine von rechts herankommende Gruppe Trauernder zieht durch die geöffnete Tür in die Grabkammer der riesigen Wandpyramide. Der Entwurf stammt von Canova selbst, wurde aber von Schülern realisiert.

Die 1565 geschaffene Figur des **Hl. Hieronymus** (16) zeigt, wie gut der Bildhauer Alessandro Vittoria (Signatur an der Basis) die Anatomie des menschlichen Körpers beherrschte. Obwohl er Rom und Florenz nie besuchte, muss er Kenntnis von den Skulpturen Michelangelos gehabt haben. Das triumphbogenartige **Monument für Tizian** (17) errichteten zwei Schüler Canovas an der Stelle, wo sich nach einer alten Tradition seit 1576 das Grab des Künstlers befand. Tizian hatte ursprünglich die heute in der Accademia hängende *Pietà* für sein Grab bestimmt (s. S. 221).

Rechts neben der Kirche erstreckt sich die riesige Anlage des ehemaligen **Franziskanerklosters**, seit 1815 Sitz des venezianischen Staatsarchivs. Von der Sakristei (12) aus ist der gotische Kapitelsaal zugänglich, der sich wie üblich mit zwei großen Fenstern auf einen Kreuzgang öffnet. An der Wand gegenüber befindet sich das Grabmal des 1339 verstorbenen Dogen Francesco Dandolo.

Der **Campo S. Rocco** wird vom gotischen Chor von S. Maria de' Frari sowie von den Fassaden der Scuola und der Kirche ♦ S. Rocco beherrscht. Die **Scuola Grande di S. Rocco** (II C5) ist die am besten erhaltene der großen venezianischen Bruderschaften. Da sie der Auflösung durch Napoleon 1797 entging, besteht hier noch die ursprüngliche Ausstattung mit Tintorettos weltberühmtem Gemäldezyklus. Die erst 1478 gegründete Scuola erlebte während der Pestepidemien, die damals in Venedig wüteten, einen großen Aufschwung, da sie im Besitz der wichtigsten Reliquie des hl. Rochus war, von dem man sich Schutz vor der Seuche erhoffte. Die beträchtlichen Einkünfte aus Stiftungen wurden jedoch weniger zu wohltätigen Zwecken als vielmehr in ein ambitioniertes Neubauprojekt investiert, das die Bauten der älteren Scuole in den

Schatten stellen sollte. Der Ehrgeiz und das Überlegenheitsgefühl der jährlich wechselnden Vorstände führten zu häufigen Streitereien mit den Architekten. Die Baugeschichte ist daher vom häufigen Austausch von Architekten und Plänen gekennzeichnet. Auf den Entwurf des ersten Architekten Bartolomeo Bon von 1516 gehen die Grunddisposition nach dem Vorbild der Scuola Grande di S. Marco (dreischiffiger Saal im Erdgeschoss und Kapitelsaal darüber, daneben der Herbergssaal) sowie Teile des Außenbaus zurück. Nach einem Streit wegen der Treppe, in den sich sogar die venezianische Regierung einmischte, wurde Bon durch Sante Lombardo ersetzt, der jedoch nach wenigen Jahren die Baustelle wieder verließ. Unter der Leitung des neuen Architekten Antonio Abbondi, genannt Lo Scarpagnino, der durch die Neubebauung des Rialto-Viertels bekannt geworden war, wurde 1527–49 die Hauptfassade vollendet und die Treppe nach vielen Diskussionen durch eine neue ersetzt, die seitlich des Saals als separater Baukörper angefügt wurde. Die **Marmorfassade** orientiert sich am zweigeteilten, asymmetrischen Typus der Scuola Grande di S. Marco. Aber der Architekt Scarpagnino steigerte die Fassade durch vor die Wand gestellte Freisäulen, über denen das Gebälk vorspringt, zu einer repräsentativen Schauarchitektur. Das Motiv dieser Säulenstellung stammt von den Triumphbögen antiker Kaiser und sollte wohl den Sieg über die Pest symbolisieren. Jegliche Erinnerung an Sakralarchitektur, die frühere Scuola-Fassaden auszeichnete, ist gelöscht. Nicht einmal ein Bild des Titelheiligen ist zu finden. Auch die Rückfront zum Rio erhielt eine architektonisch anspruchsvolle Fassade. Das bemerkenswerteste Element der Innenarchitektur ist neben dem durch Säulen in drei Schiffe unterteilten Erdgeschossraum die **Treppe**, die seinerzeit größte Anlage der Stadt. Die Läufe sind nicht mehr parallel, sondern im rechten Winkel zum Saal angelegt und vereinigen sich auf halber Höhe zu einer breiten

Treppe. Damit war ein neuer Treppentypus für Venedig geprägt.

Die Scuola verdankt ihre Berühmtheit dem 1564–88 von Jacopo Tintoretto geschaffenen **Gemäldezyklus**, einem Meisterwerk europäischer Malerei. Die umfangreiche Bildfolge entstand nicht in einem Guss, sondern nach zähem Ringen mit der Bruderschaft. Um den Widerstand, der sich hier wiederholt gegen die neuartige Malerei Tintorettos regte, zu brechen und alle möglichen Konkurrenten auszustechen, war dem Maler kein taktisches Manöver zu schade – sein Verhalten zur Sicherung von Aufträgen war in Venedig Stadtgespräch. Schon den 1564 ausgeschriebenen Wettbewerb für das erste Deckengemälde in der Sala dell'Albergo mit der *Apotheose des hl. Rochus* gewann Tintoretto dank eines Tricks: Er reichte nicht wie gefordert einen Entwurf, sondern noch vor Ablauf der Bewerbungsfrist ein fertiges Gemälde ein, für das er von der Scuola keinen Lohn verlangte. Trotz des heftigen Protestes seiner Konkurrenten (u.a. Veronese) erhielt Tintoretto daraufhin den Auftrag für sämtliche Bilder in der Sala dell'Albergo. Als 1575 der Deckenschmuck des Kapitelsaals zur Diskussion stand, bot Tintoretto dem Vorstand der Bruderschaft die kostenlose Ausführung des Mittelbildes an und sicherte sich dadurch den Auftrag für alle übrigen Deckengemälde. Nachdem diese 1577 vollendet waren, ›bestach‹ er die Bruderschaft mit dem Vorschlag, für eine lebenslängliche Jahresrente von 100 Dukaten (was etwa dem Preis eines Bildes entsprach) nur noch für die Scuola und die benachbarte Kirche tätig zu sein und jedes Jahr drei Gemälde abzuliefern. Dank dieses letzten Schachzugs gelang es Tintoretto, 1577–88 auch noch den Auftrag für die Gemälde an den Wänden der Sala del Capitolo und des Eingangssaals im Erdgeschoss an sich zu reißen. Dieses einzigartige, von Intrigen durchsetzte und finanziell wenig ertragreiche Engagement des Künstlers war nicht allein, wie er selbst vorgab, durch seine Verehrung für den Pestheiligen Rochus motiviert. Tintoretto erkannte hier wohl die Möglichkeit, sich selbst und seiner Kunst ein Denkmal zu setzen. Ohne Beteiligung seiner großen, effizient arbeitenden, aber qualitativ nicht durchgängig zuverlässigen Werkstatt hätte Tintoretto dieses Riesenunternehmen allerdings nicht geschafft. Zum besseren Verständnis der künstlerischen Entwicklung Tintorettos folgt der Rundgang der Chronologie der Werke: Sala dell'Albergo (1564–67), Sala del Capitolo (1575–81), Eingangssaal (1582–88). Aus der Überfülle der Bilder werden nur die wichtigsten herausgegriffen.

Sala dell'Albergo (Herbergssaal für die Sitzungen des Vorstands): Im ovalen Mittelbild der Decke *Apotheose des hl. Rochus*, dem ersten Werk für die Scuola, mit dem Tintoretto 1564 seine Konkurrenten ausstach, demonstrierte er bereits seine Fähigkeit, den speziellen Bedingungen eines Deckengemäldes gerecht zu werden: Die durch starke perspektivische Verkürzungen in steiler Untersicht gezeigten Figuren berücksichtigen den Blickwinkel des Betrachters. Außer diesem Bild gibt es im gesamten Zyklus kaum Darstellungen des hl. Rochus. Im Unterschied zu den in Bruderschaften üblichen Szenen aus dem Leben ihres Titelheiligen wählte man hier Themen aus dem Alten und Neuen Testament. Die Wände der Sala dell'Albergo sind der Leidensgeschichte Jesu gewidmet. Das zwölf Meter breite Wandgemälde der *Kreuzigung* von 1565 wurde sofort berühmt und weckte bis in die Barockzeit das Interesse der Maler. Die überaus komplexe Gesamtkomposition mit den vielen Figuren skizzierte Tintoretto wie immer sofort auf die Leinwand. Um das Zentrum, den gekreuzigten Christus, gruppieren sich aufgebrachte Menschenmengen sowie die beiden Schächer, an denen die Phasen einer Kreuzigung vorgeführt werden. Stilistisch kündigt sich schon Tintorettos Hell-Dunkel-Malerei an, die das Licht gezielt zur Strukturierung der

Komposition und zur Unterstreichung des Bildinhalts einsetzt. Im vielbewunderten Gemälde *Christus vor Pilatus* setzt Tintoretto dieses Gestaltungsmittel verstärkt ein. Vor dem dunklen Hintergrund mit dem gigantischen Palast des Pilatus und der drängenden Volksmenge hebt sich die weißgewandete Lichtgestalt Jesu wie eine Erscheinung ab. Gezeigt wird der dramatische Moment, in dem Jesus von Pilatus zum Tode verurteilt worden ist, da er nicht widerrufen hat, Gottes Sohn zu sein. Vielleicht wurde der Maler von einem Holzschnitt aus Albrecht Dürers *Kleiner Passion*, der damals in Venedig bekannt war, zu dieser Szene angeregt.

Sala del Capitolo (Kapitelsaal für die Versammlungen der Mitglieder): Im etwa zeitgleich mit den großen Sälen des Dogenpalastes entstandenen Kapitelsaal hat sich eine der bedeutendsten Innenraumgestaltungen der italienischen Kunstgeschichte erhalten. Das Dekorationssystem der Decke markiert eine wichtige Etappe in der Entwicklung der spezifisch venezianischen flachen Kassettendecke. Im Vergleich zu den früheren Beispielen (Dogenpalast, Sala del Consiglio dei Dieci; S. Sebastiano) sind die geschnitzten, goldenen Rahmenformen sehr viel prunkvoller und mächtiger. Tintoretto musste die Komposition der Leinwandbilder, die auch hier in Untersicht angelegt ist, den sehr unterschiedlichen Formen der Kassettenfelder anpassen. Die Themenwahl ist so getroffen, dass sich zwischen den Deckenbildern aus dem Alten Testament und den Wandgemälden mit den Christus-Szenen aus dem Neuen Testament inhaltliche Bezüge ergeben: Diese in der christlichen Kunst beliebte sogenannte Typologie bedeutet, dass alttestamentliche Ereignisse das heilsgeschichtliche Wirken Jesu Christi im Neuen Testament zur Erlösung der Menschheit vorprägen. So erscheint hier die Figur des Moses in den Deckenbildern *Aufrichtung der Ehernen Schlange* (1), *Moses schlägt Wasser aus dem Felsen* (2), *Mannaregen* (3), *Brennender Dorn-*

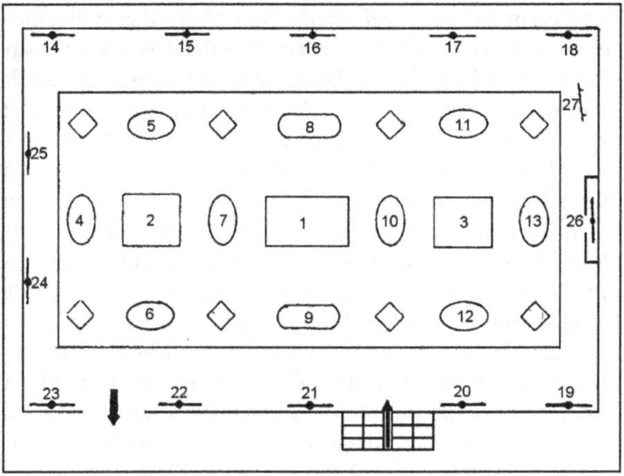

Scuola Grande di S. Rocco, Sala del Capitolo, Anordnung der Bilder

Deckengemälde:

1 *Aufrichtung der Ehernen Schlange*
2 *Moses schlägt Wasser aus dem Felsen*
3 *Mannaregen*
4 *Sündenfall von Adam und Eva*
5 *Brennender Dornbusch*
6 *Durchzug durch das Rote Meer*
7 *Jonas aus dem Bauch des Walfisches*
8 *Vision des Ezechiel*
9 *Jakobsleiter*
10 *Opferung Isaaks*
11 *Elias verteilt Brot*
12 *Elias wird von Engeln genährt*
13 *Passahfest*

Wandgemälde:

14 *Geburt Christi*
15 *Taufe Christi*
16 *Auferstehung Christi*
17 *Christi Gebet am Ölberg (Gethsemane)*
18 *Letztes Abendmahl*
19 *Wundersame Brotvermehrung*
20 *Auferweckung des Lazarus*
21 *Christi Himmelfahrt*
22 *Heilung am Teich von Bethesda*
23 *Versuchung Christi*
24 *Hl. Rochus*
25 *Hl. Sebastian*
26 Altar des hl. Rochus
27 Tizian: *Mariä Verkündigung*

busch (5) und *Durchzug durch das Rote Meer* (6) grundsätzlich als Urbild von Jesus Christus in den Wandbildern (14–23). Darüber hinaus gibt es direkte Entsprechungen zwischen Einzelszenen, z. B. zwischen dem *Mannaregen* (3, zusammen mit den Ovalfeldern 11, 12 daneben) und dem *Letzten Abendmahl* an der Wand darunter (18). Außerdem appellieren diese Bilder wie viele andere im Raum an die karitativen Verpflichtungen der Bruderschaft. Das hochdramatische, schreckenerregende Mittelbild mit dem Gewühl verschlungener Menschenleiber und Schlangen spielt auf die 1576 in Venedig ausgebrochene Pestepidemie an: So wie Moses durch die Aufrichtung der Ehernen Schlange die Israeliten vor einer tödlichen Schlangenplage rettet, so soll die Bruderschaft den Armen während der Pestepidemie helfen. In den Wandgemälden mit dem Leben Jesu zeigt sich die Fähigkeit Tintorettos, in Verbindung mit einer neuen Malweise für beliebte christliche Themen neue, von der Tradition abweichende Bildformen zu finden. Das Thema der *Geburt Christi* (14) ist in einer zweigeschossigen Komposition mit der üblicherweise getrennten Darstellung der *Anbetung der Hirten* zusammengefasst. Die ganz nah an den Betrachter herangerückten Figuren heben sich durch einzelne Lichtakzente aus der Dunkelheit ab. Anhand der *Taufe Christi* (15) lässt sich gut nachvollziehen, warum manche Zeitgenossen Tintoretto vorwarfen, seine Gemälde seien »Geschmiere von schneller Hand«, wirkten unvollendet und ahmten nicht die Wirklichkeit nach. Tintoretto malte mit deutlich erkennbaren Pinselstrichen, die im Hintergrund immer flüchtiger werden und die Formen fast schon ›impressionistisch‹ verschwimmen lassen. Teile des Bildes, z. B. die Gruppe im Vordergrund bzw. Johannes der Täufer oder das Gesicht Christi am linken Rand, bleiben im Dunkeln. Punktuell eingesetzte Lichteffekte, die durch helle, auf den dunklen Grund gesetzte Farbe erzeugt werden, bringen einzelne Partien, etwa den Rücken des knienden Christus, in der Dunkelheit zum Leuchten und schaffen eine überirdische Atmosphäre. Das religiöse Geschehen wirkt wie eine Vision. Allerdings haben die Untersuchungen während der letzten Restaurierung gezeigt, dass die Farben der Bilder im Laufe der Zeit nachgedunkelt sind und sich auch verändert haben (z. B. Blau ist zu Grau, Grün zu Braun geworden). In der *Auferstehung Christi* (16) zeigt sich nicht nur Tintorettos Vorliebe für überirdische Lichterscheinungen, sondern auch für dramatisch bewegte Kompositionen. *Christi Gebet am Ölberg* (17) ist ein gutes Beispiel, wie der Maler alte Bildthemen neu gestaltet: Christus wird hier statt wie üblich im Gebet schlafend dargestellt, während die Apostel gerade erwachen. Die *Wundersame Brotvermehrung* (19) zeigt ein weiteres Stilmerkmal Tintorettos, die sprunghafte Maßstabsveränderung von großen zu kleinen Figuren, die perspektivisch eigentlich nicht korrekt ist, aber zur Spannungssteigerung des Geschehens beiträgt. Das in eine monumentale Rahmenarchitektur eingefügte Altarbild mit dem *Hl. Rochus* (26), an dem viele Werkstattgehilfen Tintorettos beteiligt waren, gehört zu den wenigen Darstellungen des Schutzpatrons in der Scuola. Das Staffeleibild *Mariä Verkündigung* von Tizian (27; um 1540), das Kontraste in der Komposition und der Farbgebung vermeidet, schärft im Vergleich noch einmal den Blick für den Stil Tintorettos.

Saal im Erdgeschoss: Der acht Leinwandbilder umfassende Zyklus zum Leben Marias beginnt mit der *Verkündigung*, die hier zu einem dramatischen Ereignis umgedeutet ist. Der *Bethlehemitische Kindermord* ist ein Zeugnis für Tintorettos Auseinandersetzung mit Michelangelo. Die strudelnde Bewegung der Menschenmassen erinnert an das *Jüngste Gericht* in der Sixtinischen Kapelle in Rom. Besondere Beachtung verdienen die Gemälde *Ruhe auf der Flucht nach Ägypten*, *Hl. Maria Magdalena* und *Maria Aegyptiaca* wegen der in flimmerndes

Tintoretto: *Taufe Christi* (Scuola Grande di S. Rocco)

Licht getauchten nächtlichen Landschaftsdarstellungen. Vor allem in den beiden letzten hochrechteckigen Gemälden ist das biblische Thema ganz zugunsten der Landschaftsdarstellung zurückgetreten, die in einer fast monochromen Farbpalette gezeigt wird und auf autonome Landschaftsbilder und sogenannte Nachtstücke des 17. Jh.s vorausweist. Angesichts der ostentativen Selbstdarstellung durch Architektur und Bildwerke in der Scuola di S. Rocco verwundert es nicht, dass schon Zeitgenossen anmahnten, die Bruderschaft solle sich wieder auf ihre karitativen Aufgaben besinnen.

Kirche S. Rocco (II C5): Die erste Kirche entstand Ende des 15. Jh.s, nachdem die Stadt Reliquien des Pestheiligen aus Frankreich erworben hatte. In der heutigen, teilweise im 18. Jh. erneuerten Kirche sind zwei um 1550 geschaffene **Gemälde** sehenswert, die den **Stil Tintorettos** *vor* den Werken in der Scuola vertreten. Die im typisch venezianischen Breitformat angelegten Szenen hängen, wie auch in anderen Kirchen üblich, an den Seitenwänden des Chors. Dargestellt sind Episoden aus dem Leben des Titelheiligen, wie man sie sonst aus den Zyklen der Scuole kennt: *Hl. Rochus im Kerker* und *Hl. Rochus bei den Pestkranken.*

Palazzo Centani (II D6): In diesem typischen Beispiel gotischer Wohnarchitektur der Mittelklasse (um 1440) ist vor allem der Innenhof mit der Außentreppe auf ansteigenden Bögen sehenswert. In dem heute als **Casa Goldoni** bekannten Gebäude ist ein Museum zum berühmten italienischen Komödiendichter Carlo Goldoni untergebracht, der hier 1707 geboren wurde.

Der **Campo S. Polo** (II D/E5), der zweitgrößte Platz Venedigs, wird von mehreren Palästen umsäumt, die anschaulich belegen, dass viele Familien ihre Wohnsitze nicht am Canal Grande, sondern an den verschiedenen Plätzen der Stadt erbauten. Sowohl der **Doppelpalast Soranzo** (1380–1420; II E5) mit leicht gekurvter Fassade als auch der **Palazzo Donà** (Anfang 14. Jh.; III E5) zeigen einfache gotische Spitzbogenfenster ohne aufwendiges Maßwerk. Der **Palazzo Maffetti Tiepolo** (II E5) entstand Ende des 17. Jh.s in barocken Formen. In der Kirche **S. Polo** (II D5) ist das *Letzte Abendmahl* von Tintoretto sehenswert, eine besonders lebhafte Variante des Themas, das Jesus und die Jünger in starker Erregung zeigt. Von rechts tritt der Stifter ins Bild, der sich den Bettlern zuwendet.

S. Giovanni Elemosinario (III F5): Die Kirche unterstand seit ihren Anfängen im 10. Jh. wie S. Marco direkt den Dogen. Aus diesem besonderen Status erklärt sich das Hochaltarbild von Tizian. Den heutigen Renaissancebau in Form einer Kreuzkuppelkirche errichtete Antonio Abbondi, genannt Lo Scarpagnino, nachdem die alte Kirche aus dem 12. Jh. dem großen Rialto-Brand von 1514 zum Opfer gefallen war. Das Gemälde von Tizian (um 1545) zeigt den Titelheiligen der Kirche, den *Hl. Johannes von Alexandrien*, wie er einem Armen ein Almosen spendet. Der Heilige trägt die Gesichtszüge des damals regierenden Dogen Francesco Donà, um die enge Verbindung der Kirche zum venezianischen Staatsoberhaupt deutlich zu machen.

Ca' Pesaro (**Galleria Internazionale d'Arte Moderna, Museo d'Arte Orientale**) s. S. 101, 227.

S. Stae s. S. 101.

Fondaco dei Turchi (**Museo di Storia Naturale**) s. S. 99.

S. Giacomo dell'Orio (IV D4) liegt wie viele venezianische Pfarrkirchen an einem Campo mit Brunnen und ziemlich heterogener Bebauung. Die heutige Kirche ist das Ergebnis mehrerer Bau- und Umbauphasen vom 13. bis zum 16. Jh., die auch eine Verlegung des Haupteingangs vom Campo an den Rio mit einschloss. Insgesamt bleibt die Architektur im Vergleich zu den großen Ordenskirchen aber bescheiden, auch dies ist typisch für Pfarrkirchen. Die Holzdecke in Form eines Schiffsbugs erinnert an S. Stefano und an S. Polo. Neben dem ehemaligen Hochaltarbild von Lorenzo Lotto, *Maria mit Kind und den hll. Andreas, Jakob, Cosmas und Damian* (signiert und 1546 datiert) finden sich hier mehrere Werke von Jacopo Palma d. J., dem nach Tintoretto und Veronese wichtigsten Maler des späten 16. Jh.s in der Stadt. Er verband den Stil der mittelitalienischen Malerei, die Wert auf klare Umrisslinien legte, mit dem malerischen, die Farbe betonenden Stil Venedigs. Der 1575 vom Pfarrer in Auftrag gegebene Zyklus für die Alte Sakristei ist dem in der Gegenreformation beliebten Thema der *Eucharistie* gewidmet. Die Szenen zum *Martyrium des hl. Laurentius* von Palma im linken Querschiff (1581–82) sind Beispiele für den damals in Venedig beliebten Typus breitformatiger, detailreich erzählter Bilder, die man an den Seitenwänden des Chors bzw. einer Kapelle anbrachte. Sie entsprechen den in der Gegenreformation formulierten Forderungen der Kirche nach der didaktischen Funktion von Bildern: Der Gläubige soll sich aufgefordert fühlen, dem Leben der Heiligen nachzueifern.

Scuola Grande di S. Giovanni Evangelista (IV C/D5): Die um 1261 gegründete Scuola, die zu den sechs mächtigen Großen Bruderschaften der Stadt zählte, war vor allem Ende des 15. Jh.s als Auftraggeber aktiv. Zeugnis dieser Blütezeit sind die Neugestaltung des Eingangsbereichs und die neue Treppe von Venedigs berühmtesten Architekten der Frührenaissance, ferner der Bilderzyklus mit den Wundern der seit 1369 im Besitz der Scuola befindlichen Kreuzreliquie von ebenso prominenten Malern (heute Accademia, s. S. 213). 1481 verlieh Pietro Lombardo den im Kern gotischen Versammlungsgebäuden durch einen **Vorhof** (Campiello S. Giovanni), der zum öffentlichen Weg hin liegt, ein modernes Gesicht zur Stadt. Die Lösung war für die Zeit sehr ungewöhnlich: Den bestehenden Gebäuden blendete der Architekt seitliche, mit einer Pilasterordnung gegliederte Schauwände vor und verband sie durch eine wie eine Kulisse freistehende Verbindungswand, in der sich das reich dekorierte Eingangsportal und flankierende, ädikulagerahmte Fenster mit Dreiecksgiebeln öffnen. Das Portal bekrönt ein Giebel mit Adler, das Symbol des Evangelisten Johannes, darüber erhebt sich als Anspielung auf die kostbare Kreuzesreliquie ein Kreuz, das die seitlich knienden Engel anbeten. Die reiche Bauornamentik sowie die Marmorverkleidungen zwischen den Pilastern gelten als charakteristisch für den Stil Pietro Lombardos (vgl. S. Maria dei Miracoli). Mit der 1498 von Mauro Codussi errichteten spektakulären **Treppenanlage** im **Inneren** trat die Bruderschaft eindeutig in Konkurrenz zur wenig älteren, ähnlich gestalteten Vorgängerin in der Scuola di S. Marco. Aber nur hier ist die Treppe im Original erhalten. Die beiden tonnengewölbten Läufe steigen von entgegengesetzten Enden auf und treffen sich im gemeinsamen Podest. Durch den raffinierten Kunstgriff, die Läufe von unten nach oben allmählich zu erweitern, ließ Codussi die Treppe großzügiger erscheinen als in der Scuola di S. Marco. Auch das obere Podest sollte mit Doppelsäulen, reich verzierten Arkaden, Kuppel und einem großes Biforienfenster prunkvoller als dort gestaltet werden. Für den doppelläufigen Typus gab es schon Vorbilder, aber es war eine zukunftsweisende Neuerung, die Treppe vom Außenbau ins Gebäudeinnere zu verlegen. Die Treppe mündet in den großen Versammlungssaal (heutige Gestalt 18. Jh.). Im anschließenden Oratorio della Croce befand sich ursprünglich der Gemäldezyklus zur hier aufbewahrten Kreuzreliquie. Hier hat sich die *asta processionale* aus dem 14. Jh. erhalten, mit der die Bruderschaft die Reliquie bei Prozessionen durch die Stadt trug.

S. Nicolò da Tolentino (V B5): Die Kirche und das angrenzende Kloster wurden 1591–1602 im Auftrag des Theatinerordens von Vincenzo Scamozzi, einem Nachfolger Palladios, erbaut, allerdings ohne die geplante Kuppel der Kirche. 1706–14 fügte Andrea Tirali die Fassade hinzu, die erste in Venedig in Form eines offenen Tempelportikus. Im Inneren sind ein Grabmal und mehrere Altargemälde von auswärtigen Künstlern sehenswert, die für die venezianische Barockkunst des 17. Jh.s eine Rolle spielten: Luca Giordano aus Neapel, Johann Liss aus Deutschland sowie Bernardo Strozzi und der Bildhauer Filippo Parodi aus Genua. Den neuen Eingang zur Architekturfakultät der Universität, die im ehemaligen Klostergebäude untergebracht ist, gestaltete 1984 Carlo Scarpa.

Sestiere Dorsoduro

Der Stadtbezirk Dorsoduro war jahrhundertelang eher ein Randgebiet, in dem sich Bootswerften, Hospitäler und später Industrieanlagen befanden. Da ein Teil von Dorsoduro auf der schmalen Landzunge zwischen Canal Grande und Giudecca-Kanal liegt, richten sich hier die meisten Bauten wirkungsvoll auf eine der beiden Wasserseiten aus. Seit 1519 ist das Ufer des Giudecca-Kanals befestigt. Diese sogenannten **Zattere** sind bis heute eine beliebte Promenade.

S. Maria della Salute (II F8): s. S. 117.

Collezione Peggy Guggenheim (II E8): s. S. 226.

S. Maria della Carità (**Gallerie dell'Accademia**; II D7): s. S. 213.

Die **Casa Cicogna** (V E8) am Giudecca-Kanal, 1954–58 vom Architekten Ignazio Gardella errichtet, gilt als gelungenes Beispiel der Einbindung moderner Architektur in die historische Bebauung Venedigs.

S. Maria del Rosario (**I Gesuati**; II D8): In dieser Kirche verbinden sich Architektur, Skulptur, Stuckatur und Malerei zu einem einzigartigen venezianischen Gesamtkunstwerk des 18. Jh.s. Auftraggeber war der Dominikanerorden, der 1668 zunächst die Kirche und das Kloster von **S. Maria della Visitazione** (II D8) des aufgelösten Jesuatenordens übernommen hatte. Als diese kleine Renaissancekirche den Dominikanern nicht mehr genügte, ließen sie 1726–36 direkt daneben eine neue Kirche für die Verehrung der Rosenkranzmadonna errichten. Der Architekt Giorgio Massari war ein Vertreter der klassizistischen, von Palladio beeinflussten Stilrichtung, die sich in Venedig Anfang des 18. Jh.s als Reaktion auf den Barock entwickelte. Die auf Fernwirkung über den Giudecca-Kanal angelegte, fast dekorlose Fassade mit kolossaler Säulenordnung und Dreiecksgiebel ist eine vereinfachte Variante palladianischer Kirchenfronten. Der saalartige, von Kapellen begleitete Innenraum mit Halbsäulengliederung im Wechsel von schmalen und weiten Intervallen sowie der überkuppelte Chorraum hinter dem Hochaltar waren in der direkt gegenüberliegenden Kirche Il Redentore vorgeprägt. Die Nischenfiguren und Reliefs schuf der Bildhauer Giovanni Maria Morlaiter. An der bedeutenden, thematisch ganz auf die Verehrung des Dominikanerordens ausgerichteten **Gemäldeausstattung** waren die drei führenden venezianischen Maler des 18. Jh.s beteiligt. Giambattista Tiepolo malte 1737–39 die Deckenfresken in kontrastreichen Hell-Dunkel-Tönen. Im Mittelfeld ist die *Einsetzung des Rosenkranzes durch Maria* dargestellt. Zentrale Figur oberhalb der steilen Treppe ist der im schwarz-weißen Ordensgewand gekleidete hl. Dominikus. Die beiden anderen Felder zeigen die *Aufnahme des hl. Dominikus in den Himmel* sowie *Maria erscheint dem hl. Dominikus*. Ebenfalls von Tiepolo ist das Altarbild in der ersten Kapelle rechts mit den drei weiblichen dominikanischen Heiligen *Rosa von Lima, Katharina von Siena und Agnes von Montepulciano*. Die Altarbilder der zweiten und dritten Kapelle von Giambattista Piazzetta stellen den *Hl. Dominikus* bzw. die Ordensheiligen *Vinzenz Ferrer, Hyazinth und Ludwig Beltrán* dar. Im Vergleich zu Tiepolo fällt die fast monochrome Farbig-

Giambattista Tiepolo: *Einsetzung des Rosenkranzes durch Maria* (S. Maria del Rosario)

keit Piazzettas auf. Auch das Altarbild in der ersten Kapelle links von Sebastiano Ricci (um 1733) zeigt Heilige des Ordens: *Hl. Papst Pius V., hl. Petrus Martyr und hl. Thomas von Aquin.*

S. Trovaso (II C7/8): In der im 16. Jh. nach einem Brand erneuerten Kirche befinden sich wichtige Gemälde: *Hl. Chrysogonus* von Michele Giambono (um 1440) und vor allem das *Letzte Abendmahl* von Jacopo Tintoretto, seine zweite Fassung des Themas (1560) nach der Version in S. Marcuola. Neu sind die Schrägstellung des Tisches, die Tiefenräumlichkeit erzeugt; ferner die Darstellung als volkstümliches Gelage, bei dem die Jünger in Aufruhr versetzt sind angesichts der Voraussage Jesu, einer von ihnen werde ihn verraten. In den benachbarten Holzbauten am Rio di S. Trovaso hat sich eine der letzten **Gondelwerften** erhalten.

Ca' Rezzonico (**Museo del Settecento Veneziano** s. S. 113, 225.

S. Pantalon (II C6): Die Ende des 17. Jh.s erbaute Kirche besitzt zwei wichtige Werke der Malerei. Das Deckengemälde *Verherrlichung des hl. Pantaleon* von Giovanni Antonio Fumiani ist nicht etwa ein Fresko, sondern aus 40 Leinwänden zusammengesetzt. Eine von römischen Vorbildern angeregte, perspektivisch gemalte Illusionsarchitektur, die die echte Architektur fortzusetzen scheint, öffnet sich zum Himmel mit dem Heiligen. In der Kapelle links vom Chor hängt die *Marienkrönung* von Antonio Vivarini und Giovanni D'Alemagna (1444). Die zahlreichen Figuren um den Thron wirken wie übereinandergetürmt, da die Komposition flächig und ohne die Tiefenräumlichkeit der späteren Renaissancebilder bleibt.

S. Maria dei Carmini (V B6/7): Das Aussehen der im 13. Jh. erbauten Kirche des Karmeliterordens wird heute von der Ausstattung späterer Jahrhunderte bestimmt. Sehenswert sind zwei wichtige **Altarbilder** aus dem 16. Jh.: Cima da Coneglianos *Anbetung der Hirten* von 1509/10 (zweiter Altar im rechten Seitenschiff) gehört in die Reihe der Anfang des 16. Jh.s für Altarbilder beliebten erzählerischen Darstellungen anstelle der traditionellen Sacra Conversazione. Lediglich die große Anzahl von Heiligen, die ungewöhnlich für das Thema ist, stammt noch aus dieser traditionellen Bildthematik. Das Werk entstand im Auftrag des Kaufmanns Giovanni Calvo, der vorne als Hirte kniet. Die *Verherrlichung des hl. Nikolaus* von 1527–29 (erster Altar nach dem Eingang im rechten Seitenschiff) schuf Lorenzo Lotto für die Nikolausbruderschaft. Besonders spektakulär ist die dramatische Landschaftsdarstellung, die stilistisch schon holländische Landschaftsbilder des 17. Jh.s vorwegnimmt. Die nach rechts abgedrängten Gewitterwolken spielen auf die Rolle des Heiligen als Beschützer der Seeleute vor Stürmen an. Lotto, ein grüblerischer Eigenbrötler, erhielt zwar immer wieder Aufträge in Venedig, konnte sich aber hier gegen den allmächtigen Zeitgenossen Tizian nicht wirklich durchsetzen und arbeitete daher viel in der norditalienischen Provinz Marken, wohin er 1549 endgültig übersiedelte.

Obwohl von bescheidenen Ausmaßen, ist die **Scuola Grande dei Carmini** (V B6) als Beispiel eines Bruderschaftsgebäudes der Barockzeit mit Gemälden von Giambattista Tiepolo sehenswert. Die 1593 vom benachbarten Karmeliterkloster gegründete Bruderschaft erlebte ihre eigentliche Blütezeit im 17. und 18. Jh. Das 1668 nach einem Entwurf von Baldassare Longhena errichtete Gebäude wurde reich mit Gemälden und Stuckdekorationen ausgestattet. Über eine prachtvolle, zweiläufige Treppe gelangt man in den Kapitelsaal mit dem bedeutendsten Werk, den Deckenbildern von Tiepolo aus den Jahren 1739–44. Der Maler war damals schon durch viele große Aufträge in Venedig und anderen Städten zu Ruhm gelangt. Entgegen seiner Gewohnheit malte er die Decke hier nicht in Freskotechnik aus, sondern gemäß der venezianischen Tradition in Öl auf Leinwand. Dargestellt sind Szenen aus dem

Leben von Simon Stock, dem seliggesprochenen General des Karmeliterordens (gest. 1265): im zentralen Hauptbild *Maria übergibt Simon Stock das Skapulier der Ordensgewandes*. Die Szene ist durch die steile Untersicht sowie durch die starken Hell-Dunkel-Kontraste dramatisiert. Die übrigen Bilder zeigen *Simons Wundertaten* bzw. (in den Ecken) *Tugenden*. Im Archivsaal (links oben an der Tür zur Sala dell'Albergo) *Judith und Holofernes* von Giambattista Piazzetta.

♦ **S. Sebastiano** (V B7): Die abgelegene, 1505–48 vom Architekten Antonio Abbondi, genannt Lo Scarpagnino, erbaute schlichte Klosterkirche ist wegen der umfangreichen Gemäldeausstattung von Paolo Veronese sehenswert, die den Bau zu einem Monument seiner Malkunst macht. Vor allem der Deckenschmuck von 1553–56 ist ein Meilenstein in der Entwicklung der typisch venezianischen Deckenform. Aufgrund des unsicheren, sumpfigen Baugrundes bevorzugte man in Venedig für Innenräume hölzerne Flachdecken, da sie leichter sind als die im übrigen Italien normalerweise verwendeten Gewölbe aus Stein. Ein geschnitztes, vergoldetes Rahmenwerk unterteilt die Decke in unterschiedlich geformte Felder, in die Leinwandbilder eingefügt sind. S. Sebastiano ist neben der Sala del Consiglio dei Dieci im Dogenpalast das einzige erhaltene frühe Beispiel dieses Deckentyps, bei dem noch die geometrischen Grundformen Kreis, Rechteck und Oval der Kassettenfelder dominieren (vgl. hingegen die späteren Decken im Dogenpalast und in der Scuola Grande di S. Rocco). Bei den Bildern galt es zu berücksichtigen, dass der Betrachter von unten auf die Darstellung blickt. Nach seinen ersten Versuchen 1553 in der Sakristei entwickelte sich Veronese schon zwei Jahre später in der Kirche zu einem Meister von Gemälden in steiler Untersicht mittels perspektivischer Verkürzungen. Tizian hatte diese Komposition von Deckenbildern zwar schon vorbereitet (Bilder heute in S. Maria della Salute), aber in diesem Ausmaß war sie neu und zukunftsweisend für Venedig. Thema der drei Hauptbilder ist die alttestamentliche *Geschichte Esthers*, der Gemahlin des persischen Königs, die Veronese in leuchtenden Farben prunkvoll in festlichem, aristokratischem Rahmen inszeniert, ein Charakteristikum, das zum Markenzeichen seines Stils wurde. Von Veronese, der hier unter der Orgel begraben liegt, stammen außerdem die Orgelflügel, das *Martyrium des hl. Sebastian* über dem Mönchschor sowie im Chor: *Martyrium des hl. Sebastian* und *Martyrium der hll. Markus und Marcellinus*, der Hochaltar *Maria mit Kind und den hll. Sebastian, Katharina, Elisabeth, Johannes der Täufer, Petrus und Franziskus.* Die Darstellung von Märtyrern erlebte während der Gegenreformation einen großen Aufschwung, da sie den Gläubigen als Vorbilder für ein christliches Leben präsentiert wurden.

S. Nicolò dei Mendicoli (V A7) ist eine der wenigen venezianischen Kirchen, die trotz späterer Veränderungen noch die byzantinische Struktur des 13. Jh.s bewahrt haben. Im Chor haben sich Reste vorgotischer Fresken erhalten.

Mit der **Tabakmanufaktur** (V A5) von 1786 (im 19. Jh. verändert) und dem **Cotonificio Veneziano** (V A6) von 1882–1900 haben sich in dem am Stadtrand gelegenen westlichen Gebiet von Dorsoduro zwei bemerkenswerte frühe Industriebauten erhalten – Letzterer war eine Baumwollweberei und beherbergt heute die Universität.

Parkhaus am Piazzale Roma (Autorimessa Comunale; IV A5): Nachdem der oberste venezianische Stadtbaumeister Eugenio Miozzi Venedig 1931–33 auch durch eine Autobrücke mit dem Festland verbunden hatte, regelte er 1934 den eintreffenden Autoverkehr durch die Anlage des damals größten Parkhauses in Europa. Es war das erste Bauwerk Venedigs im rationalistischen Internationalen Stil ohne jeglichen Dekor. Die Fassade charakterisieren nur vertikale und horizontale Mauer- und bündig abschließende Fensterstreifen.

Sestieri Castello und Cannaregio

Sestiere Castello

Am **Campo SS. Giovanni e Paolo**, einem der ersten gepflasterten Plätze der Stadt, bilden die Kirche, die Scuola di S. Marco und das Reiterdenkmal für Bartolomeo Colleoni ein einmaliges kunsthistorisches Ensemble. Die im Volksmund ◆ auch ›S. Zanipolo‹ genannte Kirche **SS. Giovanni e Paolo** (I H4) des Dominikanerordens ist wie die Franziskanerkirche S. Maria Gloriosa dei Frari ein bedeutendes Zeugnis gotischer Architektur Italiens und war für Jahrhunderte das Mausoleum für die Grabdenkmäler der Dogen. Die Kirche entstand fast zeitgleich und erkennbar in Konkurrenz zum Neubau der Franziskaner. Die im 13. Jh. aufkommenden Bettelorden, zu denen auch die Augustiner, Karmeliter und Serviten zählen, spielten im städtischen Leben des Mittelalters aufgrund ihres Engagements für die Belange der Bevölkerung europaweit eine wichtige Rolle. Sie siedelten sich in den Randgebieten der damaligen Stadt an – Franziskaner und Dominikaner aus Konkurrenzgründen meist auf der entgegengesetzten Seite des Zentrums –, da nur hier Land für die weiträumigen Klosteranlagen und Kirchen zur Verfügung stand.

Geschichte: Der Legende nach soll der heilige Ordensgründer Dominikus 1217 Venedig besucht und hier eine kleine Kapelle gebaut haben. Wirklich gesichert ist aber erst ein Kirchenbau aus dem Jahr 1246, der im Norden der Stadt in einem sumpfigen Gelände errichtet wurde, das der Doge Jacopo Tiepolo dem aufstrebenden Orden gestiftet hatte. Doch diese Kirche genügte kaum hundert Jahre später der ständig anwachsenden Klostergemeinschaft nicht mehr, so dass 1333 mit der heutigen Kirche in größeren Dimensionen begonnen wurde. Wahrscheinlich waren Chorbereich, Vierung und Querschiff

SS. Giovanni e Paolo

1368 fertiggestellt, aber die Vollendung des Langhauses zog sich noch bis 1420, dem Jahr der Weihe, hin. Der Bau dauerte insgesamt also über hundert Jahre, vielleicht bedingt durch die Pestkatastrophe von 1348, die auch die Klöster sehr dezimierte. Die Kuppel der Vierung wurde erst 1450 aufgesetzt.

Rundgang: S. Zanipolo und die Frarikirche sind typische Vertreter der norditalienischen Bettelordensarchitektur des 13. und 14. Jh.s. Mit den byzantinisch beeinflussten Sakralbauten Venedigs haben sie nichts gemein. Da die Bettelorden überregional organisiert waren, entwickelten sie eigene Bautraditionen, die weitgehend unabhängig von lokalen Kunstformen blieben oder eine fruchtbare Synthese mit diesen eingingen. In Italien prägten sie eine eigene Richtung gotischer Bauformen aus, die sich markant von der französischen Kathedralgotik absetzt. Der **Außenbau** ist zwar entsprechend dem basilikalen Aufbau im Inneren abgestuft in ein hohes Mittel- und niedrige

Seitenschiffe, wird aber ganz wesentlich von den schlichten Backsteinmauern beherrscht, die nur die schmalen Fenster und die wenigen Gliederungsmotive unterbrechen. Typisch sind die starken Lisenen, die durch Bogenfriese miteinander verbunden werden. Die für französische Kathedralen charakteristische Auflösung der Wand in Strebepfeiler und -bögen sowie in große Maßwerkfenster fehlt. An der Eingangsfront von S. Zanipolo überlagern sich im unteren Bereich zwei Bauphasen, beide unvollendet. Die älteren Blendnischen waren wie bei anderen Bettelordenskirchen (z. B. S. Maria Novella in Florenz) für Gräber bestimmt, hier von einigen Dogen, deren Sarkophage aus der Vorgängerkirche hierher versetzt wurden. Das um 1460 begonnene zweite Fassadenprojekt mit der marmornen Säulengliederung steht am Übergang von der Gotik zur Renaissance und wird der Werkstatt von Bartolomeo Buon zugeschrieben. Das **Innere** ist gemäß der Tradition norditalie-

---

SS. Giovanni e Paolo, Grundriss

1 Hauptchor
2 Grabmal Giovanni Dolfin
3 Grabmal Marco Cornaro
4 Grabmal Michele Morosini
5 Grabmal Tommaso Mocenigo
6 Grabmal Pasquale Malipiero
7 Grabmal Pietro Mocenigo
8 Grabmal Nicolò Marcello
9 Grabmal Andrea Vendramin
10 Grabmal Giovanni Mocenigo
11 Grabmal Alvise I. Mocenigo
12 Grabmal Silvestro Valier und Familie
13 Grabmal Vettor Pisani
14 Grabmal Nicola Orsini
15 Grabmal Dionigi Naldi di Brisighella, darüber Glasfenster
16 Grabmal Leonardo da Prato
17 Giovanni Bellini: Polyptychon *Hl. Vinzenz Ferrer* u. a.
18 Cappella della Madonna della Pace
19 Cappella di S. Domenico
20 Lorenzo Lotto: *Almosenspende des hl. Antonino*
21 Baldassare Longhena, Hochaltar
22 Cappella del Rosario
23 Alessandro Vittoria: *Hl. Hieronymus*

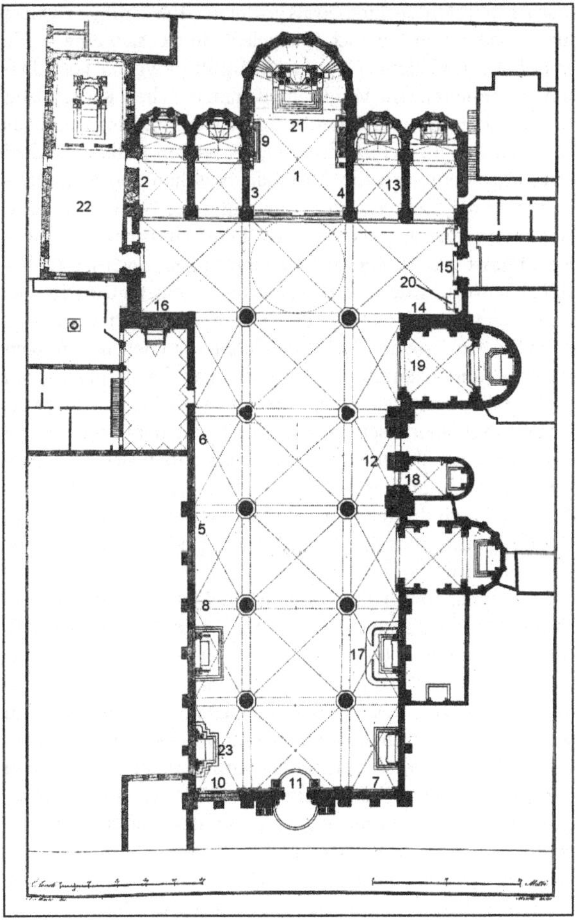
21
9
1
2
3
4
13
22
15
20
16
14
19
6
12
18
5
8
17
23
10
11
7

nischer Bettelordenskirchen als gewölbte, dreischiffige Basilika mit ausladendem Querschiff angelegt, an das sich eine große Mittelapsis und kleine Nebenapsiden, alle polygonal geschlossen, anschließen. Im Vergleich zu französischen Kathedralen sind die Raumproportionen weniger steil, und im Langhaus vereinen sich die Schiffe fast zu einer weiten Halle. Das wird erreicht, indem man die Abstände zwischen den Rundpfeilern, also die Jochtiefe, vergrößert und die Arkaden erhöht. Außerdem überragt das Mittelschiff die Seitenschiffe nur wenig. Hier ist der Hallencharakter aufgrund der noch stärker basilikalen Stufung der Schiffe allerdings weniger ausgeprägt als im etwas später entstandenen Langhaus der Frarikirche. Das komplizierte System von Bündelpfeilern, Diensten an den Wänden und Kreuzrippengewölben, das den französischen Kathedralen eine skelettartige Struktur verleiht, ist durch einfache Rundpfeiler ersetzt, die sich strikt von der Gewölbezone absetzen. Anstelle eines Umgangschors reihen sich die Chorkapellen nebeneinander auf. Lediglich die lichtdurchflutete Apsis mit dem dreiteiligen Wandaufriss von steilen Arkaden, Rundbogenfenstern und Lanzettfenstern erinnert an die französische Gotik.

Die Kirche ist für ihre zahlreichen **Dogengrabmäler** berühmt. Der erste Doge, der sich in S. Zanipolo bestatten ließ, war Jacopo Tiepolo (1229–49), der Stifter des Grundstücks für den Bau von Kirche und Kloster. Aber erst nachdem im 14. Jh. die Vorhalle von S. Marco als Grabplatz aufgegeben worden war, entwickelte sich S. Zanipolo zum Mausoleum der Dogen. Damit ging eine entscheidende Neuerung einher, die wohl von europäischen Herrschergräbern (z. B. der französischen Könige in St. Denis bei Paris) angeregt war: die Bestattung im eigentlichen Inneren der Kirche. Eine letzte Ruhestätte in der Nähe eines Altars sicherte das Zelebrieren von Messen, was nach christlicher Vorstellung zur Rettung der Seele bei der

Auferstehung der Toten beiträgt. Die Bestattung des Dogen entwickelte sich in SS. Giovanni e Paolo zu einem feierlichen Staatsakt mit einem feststehenden Ritual, das sich auch auf die Gestalt der Grabmäler auswirkte: Die auf einer Bahre über dem Sarkophag gebettete Liegefigur des Verstorbenen, mit der die Zeremonie der Totenmesse gleichsam in Stein gemeißelt blieb, wurde kanonisch. Diese Denkmäler spielten in Venedig eine so große Rolle, weil sie die einzige Möglichkeit für die Dogen zur persönlichen Selbstdarstellung boten. Daher sind die Dogengräber, die wie alle Grabdenkmäler den Nachruhm des Verstorbenen sichern sollen, zunächst private Monumente des Dogen und seiner Familie. Aber sie sollten auch ganz allgemein, losgelöst vom jeweiligen Individuum, Glanz und Würde des Amtes veranschaulichen. Anhand der hier ausgewählten Beispiele von der Gotik bis zum Barock lässt sich die Entwicklung der für die venezianische Kunstgeschichte sehr wichtigen Werke gut verfolgen.

Das **Grabmal für Giovanni Dolfin** (1356–61) befand sich ursprünglich entsprechend seiner testamentarischen Verfügung am prominentesten Platz der Kirche, im Hauptchor (1). Von diesem Grab (2), heute in der äußeren linken Nebenapsis, hat sich nur der Sarkophag mit dem für das 14. Jh. typischen Reliefschmuck erhalten: *Anbetung der Hl. Drei Könige, Doge und seine Gemahlin vor dem thronenden Christus, Marientod, Mariä Verkündigung*. Das **Grabmal für Marco Cornaro** (1365–68; 3) hat sich zwar am ursprünglichen Ort, dem Hauptchor, erhalten, ist aber nicht mehr vollständig. Trotzdem sind die für die weitere Entwicklung des Dogengrabs wichtigen Merkmale noch erkennbar: die auf einem Paradebett aufgebahrte Liegefigur, die sogar zwecks besserer Sichtbarkeit leicht zum Betrachter gekippt ist, sowie das als individuelles Porträt gestaltete Gesicht des Toten, ferner die Rahmenarchitektur, hier in Form von Nischen, in die Heilige sowie die vom toskanischen Bildhauer Nino Pisano signierte *Maria mit Kind* gestellt sind.

Im **Grabmal für Michele Morosini** (1382; 4), einem ungewöhnlich reichen Dogen, werden Architektur, Skulptur und Mosaik zu einem ›multimedialen‹ Ensemble von bis dahin unbekanntem Aufwand kombiniert. Neu im Kontext eines Grabs war vor allem das Mosaik, das den Dogen und seine Gemahlin zu Füßen der *Kreuzigung* zeigt. Da die Inschrift aufgrund der kurzen Amtszeit Morosinis – er starb noch im Jahr seiner Wahl zum Dogen an der Pest – keine großen Taten rühmen konnte, feiert sie den Toten als hoffnungsvollen Spross der berühmten Familie und beklagt seinen frühen Tod. Für das um 1423/24 geschaffene **Grabmal für Tommaso Mocenigo** (1414–23; 5) entwickelten die inschriftlich belegten toskanischen Bildhauer Pietro Lamberti und Giovanni di Martino da Fiesole ein markantes neues Motiv, das sofort Nachfolge fand (z. B. beim Malipiero-Grab): den Stoffbaldachin, den zwei Engel zur Seite halten, um den Blick auf die Liegefigur Mocenigos freizugeben. Dieses Motiv ahmt die Vorhänge des Katafalks mit dem aufgebahrten Leichnam während der Totenmesse nach. In den Nischen des Sarkophags stehen Tugendfiguren, die an ihren Attributen erkennbar sind: (von links nach rechts) *Fortitudo* (Stärke) in Rüstung mit Keule und Schild, *Prudentia* (Klugheit) mit Spiegel und Schlange, *Fides* (Glaube) mit Kelch und Kreuz, *Caritas* (Nächstenliebe) mit Flamme und Füllhorn, *Temperantia* (Mäßigkeit), die Wein mit Wasser verdünnt. Der linke der beiden Krieger an den Sarkophagecken imitiert erstaunlich genau die berühmte Statue des hl. Georg von Donatello in Florenz. Am Gesicht des Toten fallen die genau wiedergegebenen Falten auf. Das 1463 von Pietro Lombardo begonnene **Grabmal für Pasquale Malipiero** (1457–62; 6) ist das erste Dogenmonument im Renaissancestil: Zwei Pilaster mit Gebälk und Lünette bilden eine Art architektonisches Gehäuse in

Form einer sogenannten Ädikula für die Nische mit dem Sarkophag. Aber ein mittelalterliches Relikt gibt es doch noch: den Stoffbaldachin, der sichtlich schwierig mit der Ädikula in Einklang zu bringen war. Während die Rahmenarchitektur mit den für die Lombardo-Werkstatt typischen Rankenornamenten fein ausgearbeitet ist, blieb die Figur Malipieros unvollendet. Von diesem Dogen behauptete später sein Enkel, er habe nichts vollbracht, an das es sich zu erinnern lohne!

Bei dem 1476–81 geschaffenen **Grabmal für Pietro Mocenigo** (1474–76; 7) wartet der verantwortliche Bildhauer Pietro Lombardo mit einer Reihe fundamentaler Neuerungen auf. Erstmals schwebt das Grab nicht mehr wie bei den älteren Beispielen an der Wand, sondern steht mit einem Sockel auf dem Boden, da es wie ein kleines Bauwerk angelegt ist. Das Zentrum beherrscht ein hoher Mittelbogen, in dem der Doge nicht mehr wie bisher liegend, sondern in gebieterischer Pose aufrecht auf dem Sarkophag stehend dargestellt ist. Diese Pose soll auf seine Auferstehung nach dem Tod anspielen und ist der Haltung des *Auferstandenen Christus* auf der Spitze des Monuments angenähert. Auch das bekrönende Relief mit den *Drei Frauen am leeren Grab Christi* thematisiert die Auferstehung. Auf dem von drei Kriegern getragenen Sarkophag werden erstmals in der Geschichte des Dogengrabs historische Taten des Verstorbenen wie der Gewinn der Republik Zypern verherrlicht. Die Inschrift EX HOSTIUM MANIBUS (wörtlich: »aus den Händen der Feinde«, in dem Sinn, dass das Grabmal aus der Kriegsbeute bezahlt wurde) spielt ebenso wie die in den seitlichen Nischen stehenden Krieger sowie die Sockelreliefs mit den *Taten des Herkules*, den ersten Szenen aus der antiken Mythologie an einem Grab, noch einmal auf die militärischen Erfolge des Dogen an. Niemals zuvor hatte ein Doge, der hier nicht umsonst unter dem Dogenmantel eine Rüstung trägt, sich an seinem Grab als Heerführer feiern lassen. Das Pietro

Lombardo zugeschriebene, 1476 datierte **Grabmal für Nicolò Marcello** (1473–74; 8) stand ursprünglich im eigens dafür errichteten Chor von S. Marina (zerstört) und kam erst Anfang des 19. Jh.s nach S. Zanipolo. Es weist stilistisch auf die Gräber von Giovanni Mocenigo und Andrea Vendramin voraus. Seine prägnante Rahmenarchitektur orientiert sich deutlich am antiken Triumphbogen. Vor die Wand gestellte Freisäulen mit verkröpftem Gebälk akzentuieren die Mitte mit dem Grab und verleihen der Architektur Bewegung. Die eng anliegenden Gewänder der Tugendstatuen in den seitlichen Nischen lassen im Unterschied zu mittelalterlichen Figuren die Anatomie des Körpers durchscheinen. Das Relief in der Lünette zeigt nach Art der Votivbilder im Dogenpalast *Der hl. Markus empfiehlt den knienden Dogen der Madonna mit Kind*, rechts davon der ehemalige Stadtpatron *Hl. Theodor*.

Das berühmte, 1492 datierte **Grabmal für Andrea Vendramin** (1476–78; 9) stand ehemals im Chor von S. Maria dei Servi, der Pfarrkirche Andrea Vendramins, und kam erst Anfang des 19. Jh.s hierher. Der Doge, ein durch Orienthandel steinreich gewordener Kaufmann, verfügte in seinem Testament, sein Grabmal solle sehr prächtig werden. Dieses Ziel erreichte der Bildhauer Tullio Lombardo, der Sohn Pietros, Schöpfer des Pietro-Mocenigo-Grabmals, vor allem durch eine ins Monumentale gesteigerte Architektur von bislang an einem Dogengrab nie dagewesenen Dimensionen, die auf spätere Barockgräber vorausweisen. Die deutlicher als früher an antiken Triumphbögen orientierte Architektur mit der dominanten Mittelarkade auf großen weißen, frei stehenden Marmorsäulen hat im Vergleich zu den Figuren ein starkes Eigengewicht bekommen. Nach dem Transport in die Dominikanerkirche wurden nicht alle Statuen wieder korrekt aufgebaut. Die Figuren *Adam* und *Eva*, die in die seitlichen Nischen aus schwarzem Marmor gehören, entfernte man wegen ihrer Nacktheit

Tullio Lombardo: Grabmal des Dogen Andrea Vendramin (SS. Giovanni e Paolo)

(*Adam* jetzt in New York, Metropolitan Museum of Art; *Eva* sowie andere Figuren sind verloren). Heute füllen diese Nischen zwei Krieger, die ehemals auf den äußeren Piedestalen standen und dort durch Figuren ersetzt sind, die nicht zum Grab gehören. Inhaltlich bleibt das Figurenprogramm eher konservativ: Der von drei Kerzenhaltern bewachte Tote liegt auf einem prachtvollen, von Adlern gestützten Paradebett. Den Sarkophag schmücken die üblichen Tugenden, heute begleitet von den Kriegern in den Nischen. Auf dem vielfach gestuften Sockel neben der Inschrift mit dem sehr gut lesbaren Namen des Dogen befinden sich Szenen der antiken Mythologie, während die Lünette dem traditionellen Votivbild des Dogen vorbehalten ist. Tullio Lombardo gelang es, die seelischen Regungen der Figuren wiederzugeben.

Das 1522 vollendete **Grabmal für Giovanni Mocenigo** (1478–85; 10) von Tullio Lombardo ist als Pendant zum früheren Monument des Bruders Pietro (7) angelegt. Wie auch bei Bauten der Hochrenaissance beliebt, ist die Architektur des Grabmals für Giovanni von antiken Vorbildern inspiriert, hier sogar von einem bestimmten Werk, dem Triumphbogen für den Kaiser Titus auf dem Forum Romanum, den Tullio Lombardo in Rom besichtigt hatte. Auf eine Bauornamentik wird zugunsten kostbarer, polierter Marmorsorten verzichtet. Auch die linke Tugendfigur orientiert sich an einem konkreten antiken Vorbild, der sogenannten *Kleinen Herkulanerin* (damals in S. Corona in Vicenza, heute im dortigen Museo Naturalistico Archeologico). Später kam noch das **Grabmal für Alvise I. Mocenigo** (1570–77; 11) über dem Eingangsportal hinzu, der in der Nähe seiner Vorfahren bestattet werden wollte. Durch eine kolossale Architektur, die auch die älteren Gräber miteinbezieht, gestaltete er die gesamte Eingangswand zu einem Familienmausoleum für die Mocenigo um. Solche Grabmäler, die nicht mehr nur einem Dogen gewidmet waren, wurden im

17. Jh. üblich. Ein weiteres Beispiel ist das 1708 geschaffene **Grabmal für Silvestro Valier** (1694–1700) und seine Familie (12). Die durch Freisäulen und Verkröpfungen dynamisch komponierte Architektur beherrscht jetzt völlig die ins Kolossale gesteigerten Grabmäler. Statt auf dem Sarkophag zu ruhen, präsentiert sich der Doge als lebende Figur in aufrechter Haltung.

In S. Zanipolo fanden neben den Dogen auch mehrere Heerführer ihre letzte Ruhestätte. Diese Grabdenkmäler unterscheiden sich von denen der Dogen vor allem durch den Verzicht auf die Liegefigur des Toten auf dem Sarkophag. Beim um 1380 entstandenen **Grabmal für Vettor Pisani** (13; ehemals in S. Antonio) steht der Befehlshaber der venezianischen Flotte und Sieger in der berühmten Schlacht bei Chioggia (1380) aufrecht und in voller Rüstung auf dem Sarkophag (der wie der Tabernakel eine Rekonstruktion des 19. Jh.s ist). 1512 entschied der Rat der Zehn der Republik, den Söldnerführern **Nicola Orsini** (14), **Dionigi Naldi di Brisighella** (15) und **Leonardo da Prato** (16) zum Dank für ihren erfolgreichen Dienst im Krieg gegen die Liga von Cambrai (1508), der sie das Leben gekostet hatte, mit Grabmälern zu ehren. Für Nicola Orsini und Leonardo da Prato richtete die Regierung zunächst aufwendige Begräbnisfeiern in S. Zanipolo aus, die mehr kosteten als die Grabmäler, die man bei dem unbedeutenden und relativ preiswerten Künstler Antonio Minello in Auftrag gab, um die Unkosten nicht in die Höhe zu treiben. Es war das erste Mal in der Geschichte Venedigs, dass die Regierung für Gräber finanziell aufkam. Die Denkmäler sollten zukünftigen Söldnerführern demonstrieren, dass der Einsatz des Lebens für die Republik sich lohne, da er ewigen Ruhm garantierte. Nicola Orsini und Leonardo da Prato sitzen in Rüstung triumphal hoch zu Ross wie in der Schlacht und vergegenwärtigen so ihre militärischen Erfolge. Das Grab für Dionigi Naldi greift hingegen den anderen, für Söldnerführer beliebten Typus auf, den aufrecht stehenden Soldaten.

Die Kirche besitzt außerdem mehrere bedeutende **Kapellen** und **Altäre**. Das noch am ursprünglichen Ort und im originalen, vergoldeten Renaissancerahmen erhaltene, Giovanni Bellini zugeschriebene **Polyptychon** mit den *Hll. Vinzenz Ferrer, Sebastian und Christophorus* (17) gab um 1465 die Bruderschaft in Auftrag, die es sich zum Ziel gesetzt hatte, den Heiligenkult des spanischen Dominikanermönchs zu unterstützen. Der Maler hat den traditionellen Typus der mehrteiligen Tafel, bei der die einzelnen Figuren durch Rahmungen voneinander getrennt sind, beibehalten. Die riesigen Figuren füllen die drei Haupttafeln ganz aus und sind plastisch modelliert. Der Untersatz, die sogenannte Predella, zeigt die üblichen kleinteiligen, vielfigurigen Szenen mit den *Wundertaten des hl. Vinzenz Ferrer*, während auf den Bildern des Aufsatzes in der Mitte eine *Pietà* mit dem von Engeln gestützten toten Christus sowie die *Verkündigung an Maria* durch den Erzengel Michael dargestellt sind. In der **Cappella della Madonna della Pace** (18) wird ein byzantinisches Marienbild (12. oder 13. Jh.) aufbewahrt, das die Venezianer 1349 nach Venedig mitbrachten. Die 1690–1716 von Andrea Tirali erbaute **Cappella di S. Domenico** (19) birgt ein Hauptwerk der venezianischen Malerei des 18. Jh.s, das von einem üppig dekorierten Goldrahmen eingefasste Deckengemälde *Verherrlichung des hl. Dominikus* von Giambattista Piazzetta (1727). Die in starker Untersicht komponierten Figurengruppen verschmelzen mit den fleckig gemalten Wolkenformationen. Von unten nach oben steigert sich die Darstellung durch immer heller werdende Farben zu einer gleißenden, übernatürlichen Lichtvision. Diese Stilmerkmale nahm die österreichische und süddeutsche Deckenmalerei auf. An den Wänden sind große Bronzereliefs (1715–20) von Giuseppe Maria Mazza zum Leben des hl. Dominikus angebracht.

Thema und Komposition des **Altarbildes** von Lorenzo Lotto, die *Almosenspende des hl. Antonino* von 1542 sind höchst ungewöhnlich (20). Ganz nah an den Betrachter herangerückt erscheint vom unteren Bildrand abgeschnitten eine aufgebrachte Menge von Armen, die vom Priester links hinter der Brüstung Almosen erhalten bzw. dem anderen Priester auf eingerollten Zetteln ihre Bitten übergeben. Darüber thront der hl. Antoninus, der 1523 heiliggesprochene Dominikaner und Bischof von Florenz, der sich stark in der Armenfürsorge engagiert hatte und von den Mönchen in SS. Giovanni e Paolo sehr verehrt wurde. Das Thema des Umgangs mit den sozial benachteiligten Bevölkerungsschichten besaß damals für die venezianische Regierung gerade große Aktualität. In der oberen Querschiffswand öffnet sich ein großes **Glasfenster** (1470–1520; 15) mit dominikanischen Heiligen. Bei dem Baldassare Longhena zugeschriebenen **Hochaltar** (1619 begonnen; 21) wird durch gestaffelt angeordnete Säulen und verkröpfte Gebälke mit großem Bogen darüber eine kulissenartige Architektur für das Sakramentshäuschen geschaffen. Seit der Gegenreformation waren solche Sakramentshäuschen anstelle von Altarbildern beliebt, um die Verehrung der darin aufbewahrten Hostie zu fördern. Die **Cappella del Rosario** (22) erbaute 1582 die Rosenkranzbruderschaft zum Dank für den Sieg über die Osmanen in der Schlacht von Lepanto 1571. Die ursprüngliche Ausstattung u. a. von Tintoretto und Jacopo Palma d. J. ging bei einem Brand im 19. Jh. zum Teil verloren und wurde 1913 unter Einbeziehung ortsfremder Gemälde von Paolo Veronese rekonstruiert. Die Wände verkleiden Marmorreliefs von Giovanni Maria Morlaiter, einem in Venedig erfolgreichen Künstler aus Südtirol (um 1730). Die um 1580 ursprünglich für ein Bruderschaftsgebäude geschaffene **Statue** des *Hl. Hieronymus* (23) ist das Meisterwerk von Alessandro Vittoria (Signatur auf der Basis), dem bedeutendsten Bildhauer Venedigs in der

Andrea del Verrocchio: Reiterdenkmal von Bartolomeo Colleoni

zweiten Hälfte des 16. Jh.s. Wie schon bei der früheren Version des Themas in der Frarikirche zeigt Vittoria seine perfekte Beherrschung der menschlichen Anatomie, betont aber durch die Körper- und Kopfhaltung stärker den Aspekt des büßenden Heiligen.

Rechts vor der Kirche erhebt sich auf einem hohen, prachtvoll mit Säulen geschmückten Marmorsockel das **Denkmal für Bartolomeo Colleoni**, ein Hauptwerk der italienischen Renaissanceplastik und eines der berühmtesten Reiterbildnisse überhaupt. Der Florentiner Maler und Bildhauer Andrea del Verrocchio, der Lehrer Leonardos, lieferte 1481 den Entwurf in

Form eines lebensgroßen Wachsmodells. Die Ausführung in Bronze besorgte der Venezianer Alessandro Leopardi. Der dargestellte Colleoni hatte als erfolgreicher Söldnerführer im Dienst des Herzogs von Mailand und der Republik Venedig ein beträchtliches Vermögen angehäuft, das er testamentarisch der Serenissima vermachte, mit der Auflage, ihm ein Denkmal vor S. Marco zu errichten. Einerseits wollte man dieser Forderung nicht nachkommen, da ein derartiger Personenkult auf dem Hauptplatz mit dem Selbstverständnis der Republik unvereinbar war, andererseits wollte man nicht auf die großzügige Stiftung verzichten. Nach fünf Jahren Diskussion löste man das Problem durch eine scharfsinnige Auslegung des Wortlauts im Testament, indem man 1496 das Monument nicht vor der Kirche S. Marco, sondern hier vor der Scuola di S. Marco aufstellte. Aber selbst dieser Standort war ungewöhnlich in Venedig, wo alle anderen Söldnerführer zu Pferde in Grabmäler im Inneren von Kirchen (S. Zanipolo, Frarikirche) integriert sind. Als Vorbild diente Verrocchio das Monument für den Gattamelata in Padua von Donatello (1446–53), das erste bronzene, in Anlehnung an das antike Denkmal des Kaisers Marc Aurel in Rom geschaffene Reiterstandbild der Neuzeit. Im Vergleich zu Donatello zeigt Verrocchio Pferd und Reiter deutlich in Bewegung, die Pose Colleonis bringt starkes Selbstbewusstsein zum Ausdruck, und seine Gesichtszüge sind übertrieben realistisch wiedergegeben.

Die **Scuola Grande di S. Marco** (I H4) wurde schon von Zeitgenossen für ihre außergewöhnliche Fassade gerühmt, an der die zwei berühmtesten Architekten der venezianischen Frührenaissance, Pietro Lombardo und Mauro Codussi, neue Maßstäbe für diese Bauaufgabe setzten. Die um 1260 gegründete Scuola, die nach Ansicht ihrer Mitglieder die vornehmste Einrichtung dieser Art in Venedig war, hatte sich 1437 hier angesiedelt. Nach einer Brandkatastrophe entstand 1489–1535 die

Scuola Grande di S. Marco

heutige Anlage. Da die Scuola dem Stadtpatron geweiht war, fühlte sich die Regierung veranlasst, ausnahmsweise einer Bruderschaft erhebliche Zuschüsse zu gewähren. Der erste Architekt des Neubaus Pietro Lombardo wurde nach Auseinandersetzungen, die für die Auftraggeberschaft von Scuole mit ihren jährlich wechselnden Vorständen typisch waren, 1490 durch seinen Rivalen Mauro Codussi abgelöst. Die 1815 erfolgte Umfunktionierung zu einem Krankenhaus (zusammen mit den benachbarten Konventsgebäuden) brachte erhebliche Veränderungen des Gebäudes mit sich, vor allem die Zerstörung von Codussis Treppenhaus. Nach 1945 wurde es zwar unter Verwendung von alten Bauteilen, aber dennoch nicht originalgetreu rekonstruiert. Für die Architektur der auf den Campo ausgerichteten **Hauptfassade**, die im Wesentlichen von Lombardo stammt, gab es keine direkten Vorbilder. Die asymmetrische, zweigeteilte Anordnung spiegelt die Raumverhältnisse im Inneren wider: Der aufwendigere linke Teil mit einem großen Säulenportal im verbreiterten Mitteljoch und höheren, aufsteigenden Giebeln entspricht dem Eingangssaal und dem darüberliegenden Kapitelsaal für die Versammlung der Mitglieder, hinter dem rechten Teil mit kleinerem Portal und niedrigen, gleichhohen Giebeln verbirgt sich die Sala dell'Albergo, der Raum für die Sitzungen der Leitungsgremien. Erstmals drücken sich die verschiedenen Funktionsbereiche eines Scuola-Sitzes in der Fassadengestaltung aus. Beide Teile werden aber auch durch gleichbleibende Geschosshöhen, die durchgehende Pilasterordnung sowie die farbige, teilweise vergoldete Marmorverkleidung und die Bauornamentik zu einer Einheit verbunden. Diese Fassade entspricht ganz dem dekorfreudigen Stil von Lombardos kurz zuvor fertiggestellter Kirche S. Maria dei Miracoli. Die Pilastergliederung der Seitenfront zum Kanal steht dieser Kirche stilistisch ganz nahe. Der zweite Baumeister, Codussi, der sonst eher strenge Formen pflegte, hat sich hier stilistisch seinem Vorgänger angepasst. Außergewöhnlich sind die illusionistischen **Architekturreliefs**, die nach den Anfang des 15. Jh.s in Florenz wiederentdeckten Regeln der Zentralperspektive aufgebaut sind und dadurch Tiefenräumlichkeit erzeugen. In diese Scheinhallen sind Löwen, das Symbol des hl. Markus, bzw. Reliefs mit Szenen aus dessen Leben (links *Heilung* und rechts *Taufe des Schusters Anianus*) eingefügt, allerdings ohne dass zwischen Architektur und Figuren, die beide von Pietros Sohn Tullio Lombardo stammen, ein überzeugender räumlicher Zusammenhang entsteht. Tullios Reliefs ahmen den Stil antiker Vorbilder nach, für die die Hintereinanderstaffelung von verschiedenen Reliefebenen, die von vorne nach hinten an Plastizität abnehmen, typisch ist. Das Relief über dem linken Eingangsportal, das wie die Figur der *Caritas* über dem Giebel vom Vorgängerbau aus der Mitte des 15. Jh.s übernommen wurde, zeigt ein für Bilder in Scuolen beliebtes Thema, die *Versammlung der Bruderschaft* unter dem Schutz eines Heiligen, hier des hl. Markus. Im **Inneren** sind sehenswert: die durch Säulenreihen auf hohen Postamenten in drei Schiffe geteilte, flachgedeckte Halle im Erdgeschoss (Vorbild für die Scuola di S. Rocco) sowie im Obergeschoss der Kapitelsaal und die Sala dell'Albergo mit reich ornamentierten Kassettendecken (um 1515) und einigen originalen Gemälden, u. a. von Jacopo Palma d. Ä. und d. J. Die ehemalige Bildausstattung von Gentile Bellini und Jacopo Tintoretto ist entfernt und befindet sich heute teilweise in der Accademia (s. S. 220).

Der kleine **Palazzo Gussoni** am Rio della Fava (I G5) fällt durch seine reich mit Renaissanceornamentik geschmückte Marmorfassade im Stil von Pietro Lombardo auf (sichtbar vom Ponte S. Antonio).

Die **Calle del Paradiso** (I G5) ist ein berühmtes Beispiel für eine geplante Straße des Mittelalters mit einfacher Bebauung. Über den Geschäften im Erdgeschoss liegen die Wohnräume.

Der Campo S. Maria Formosa (I G5) gehört zu den besterhaltenen und schönsten Campi der Stadt. Zu den typischen Merkmalen zählen die weit in den Platzraum hineinragende Kirche sowie die umgebende, geschlossene Randbebauung aus einfachen Häusern und repräsentativen Palästen, hier vorwiegend aus der Gotik und der Renaissance. Die Campi bildeten das Zentrum des jeweiligen Stadtviertels und dienten als Marktplatz und Versammlungsort sowie als Verkehrsknotenpunkte, erschlossen durch Wege sowie durch den am Rand gelegenen Kanal. Auf der unverbauten Freifläche des Campo befindet sich ein Brunnen. Herausragende Bauten sind hier der gotische Palazzo Donà (I G5) sowie der Palazzo Malipiero Trevisan (I H5) und der Palazzo Querini-Stampalia mit der gleichnamigen Pinacoteca (I G5/6; s. S. 230), beide Anfang des 16. Jh.s in Renaissanceformen direkt am Kanal erbaut und über eine eigene Brücke erreichbar.

S. Maria Formosa (I G5), die älteste Marienkirche Venedigs, geht, so die Legende, auf eine Stiftung des hl. Bischofs Magnus im 7. Jh. zurück, dem Maria als »wohlgeformte« (*formosa*) Frau erschienen war. Die baufällige alte Kirche wurde 1491–1504 durch einen Neubau des Architekten Mauro Codussi ersetzt. Die Fassaden zum Campo und zum Rio stiftete 1542 und 1611 die Familie Cappello. Sie sind wichtige Beispiele für den spezifisch venezianischen Typ der Ruhmesfassade mit Grabmonument. Trotz späterer Veränderungen und der Bombenschäden des Ersten Weltkriegs hat sich die raffinierte ursprüngliche Raumkomposition des Inneren im Wesentlichen erhalten. Codussi kombinierte nach dem Vorbild von S. Marco den überkuppelten Zentralbautypus über griechischem Kreuz mit dem Längsbau, indem er den einen Kreuzarm verlängerte und einen Chor mit drei Apsiden anfügte. Ihm gelang eine hierarchische Steigerung der Raumabschnitte: von den ungewöhnlich tiefen Seitenkapellen mit Quertonnen zu den überkuppelten Seitenschiffen, über das höhere kreuzgratgewölbte Mittelschiff bis zum Höhepunkt der Vierungskuppel. Beim Durchschreiten der Kirche bieten sich dank der transparenten Architektur immer neue Raumeindrücke. Das Vokabular der Gliederung bleibt extrem sparsam, fast abstrakt. Die Cappella di S. Barbara mit dem *Polyptychon der hl. Barbara*, einem Hauptwerk von Jacopo Palma d. Ä., gehörte der Scuola dei Bombardieri, einem Vorläufer der heutigen Carabinieri. Ein wichtiger Altar ist außerdem das *Triptychon der Misericordia* von Bartolomeo Vivarini in der ersten Kapelle rechts (1473, im Barockrahmen).

Der **Palazzo Grimani** bei S. Maria Formosa (I H5; 1. Hälfte 16. Jh.) war seinerzeit berühmt für die Sammlung antiker Kunstwerke des großen Mäzens und Patriarchen von Aquileia, Giovanni Grimani. Sowohl diese für Venedig ungewöhnliche Antikensammlung als auch die Anlage des Palastes um einen großen Innenhof und die 1532–69 zusammen mit dem Bruder Vettore Grimani veranlasste Innenausstattung sind römischen Vorbildern verpflichtet, was der engen politischen Verbindung der Familie Grimani mit dem Papsttum geschuldet war. Die Antiken sind zwar 1587 gemäß dem Wunsch des Sammlers an den venezianischen Staat gekommen und bilden heute den Grundstock des archäologischen Museums (Musei di Piazza S. Marco, s. S. 227), aber die erhaltene Raumdekoration der Tribuna, ein eigens für die Sammlung angelegter Raum mit Oberlicht, vermittelt noch eine sehr gute Vorstellung von der damaligen Präsentation der Antiken in einer architektonischen Wandgliederung. Im Palast befindet sich seit 2008 das **Museo di Palazzo Grimani**.

Dem **Palazzo Zorzi** (I H6) ließ um 1480 Michele Zorzi eine Marmorfassade vorsetzen, um dem Bau wenigstens nach außen eine zeitgemäße Erscheinung im Stil der Renaissance zu geben. Als Architekt der Fassade gilt Mauro Codussi. Der gotische **Palazzo Priuli** (I H6) aus dem 15. Jh. besitzt ungewöhnliche, über Eck geführte Fenster. Die ursprüngliche Fassadenmalerei von Jacopo Palma d. J. ist leider verlorengegangen. Der **Palazzo Trevisan Cappello** (I G6; Anfang 16. Jh.) zeigt eine prunkvolle marmorne Renaissancefassade mit Pilastergliederung und den typischen Säulenloggien in der Mitte. Dass der Palast ursprünglich für zwei Familien bestimmt war, erkennt man an den doppelten Eingängen.

S. Apollonia, Kreuzgang (I G6) s. Museo Diocesano d'Arte Sacra, S. 228.

S. Zaccaria (I H6): An der Kirche des mächtigsten Nonnenklosters der Stadt stehen Formen der Gotik und der Renaissance unmittelbar nebeneinander. Bedeutendstes Ausstattungsstück ist ein Altarbild von Giovanni Bellini. Seit der Gründung im 9. Jh. unterhielt das Benediktinerinnenkloster enge Beziehungen zu den Dogen und zum venezianischen Patriziat, das hier seine unverheirateten, mit einer reichen Mitgift ausgestatteten Töchter unterbrachte. Der hohe Rang des Klosters zeigte sich sowohl in den Dogengrabmälern, die zwischen dem 9. und 12. Jh. in der Kirche entstanden, als auch in der alljährlichen Osterprozession des Dogen und seines Gefolges, die vermutlich zum Dank für die einst von den Nonnen vermachte Dogenkappe und die Schenkung von Terrain für den Ausbau von S. Marco hier stattfand. Der heutige Bau entstand in der zweiten Hälfte des 15. Jh.s, teilweise unter Verwendung älterer Bauteile: Von der gotischen Vorgängerkirche, die südlich neben der heutigen Kirche lag, wurden das linke Seitenschiff als rechtes Seitenschiff des Neubaus und der Chor als Cappella di S. Tarasio integriert. Darunter befindet sich die Krypta der Kirche des 11. Jh.s, eines der ältesten erhaltenen architektonischen Zeugnisse Venedigs. Auf die erste Phase 1458–81 unter der Leitung von Antonio Gambello gehen die Merkmale des Neubaus zurück, die noch eine gewisse Nähe zur Gotik verraten: der Grundriss des dreischiffigen Langhauses mit polygonalem Umgangschor sowie der untere Abschnitt der Fassade. Der ab 1483 tätige Nachfolger Mauro Codussi veränderte den Fassadenentwurf sowie das Wölbungssystem im Inneren. An der **Fassade** lässt sich der Stilwandel von Gambello zu Codussi gut erkennen. Die Vertikaltendenz, die Vielzahl der Geschosse und die Kleinteiligkeit der Gliederung der gesamten Front sind noch der Gotik Gambellos verhaftet. Die Geschosse darüber mit Pilaster- und Säulenordnungen gehen auf Codussis Planwechsel im Stil der Renaissance zurück, wobei die Plastizität und der Maßstab der Gliederung von unten nach oben zunehmen.

Das (heute leider mit Gemälden völlig zugehängte) **Innere** wirkt durch die geringen Höhenunterschiede zwischen Mittelschiff und Seitenschiffen fast wie eine Hallenkirche. Auffallend sind die Erhöhung der Säulen (und damit des gesamten Raums) durch hohe achteckige Postamente sowie die Adlerkapitelle der Säulen. Die in Venedig singuläre Form des **Umgangschors** mit Kapellenkranz lässt sich rein formal betrachtet aus der französischen Gotik ableiten, wird aber auch als symbolische Anspielung auf den Zentralbau der Grabeskirche in Jerusalem gedeutet. Denn anstelle des heutigen Hochaltartabernakels aus dem späten 16. Jh. mit vier Jacopo Palma d. J. zugeschriebenen Gemälden (*Dornenkrönung*, *Kreuzigung*, *Kreuzabnahme*, *Auferstehung Christi*) befand sich ursprünglich eine Nachbildung des dortigen Heiligen Grabes, um das die Osterprozession des Dogen durch den Umgang zog. Die gotische **Cappella di S. Tarasio** birgt die wenig beachtete Rarität von Gewölbefresken des 1442 aus Florenz nach Venedig geflohenen bedeutenden Renaissancemalers Andrea del Castagno. Die Plastizität, Körperlichkeit und Lebensnähe seiner Figuren *Gottvater und Heilige* unterscheiden sich drastisch vom damals in Venedig üblichen Stil unkörperlicher Figuren auf Goldgrund. Wie venezianische Künstler um diese Zeit malten, zeigen die drei Altäre von Antonio Vivarini und Giovanni d'Alemagna von 1440–45, die Nonnen des Klosters stifteten. Der Hauptaltar in der Apsis zeichnet sich zudem durch ein reich vergoldetes, gotisches Schnitzwerk sowie eine Kombination aus Gemälden und Skulpturen aus.

Im **Altarbild** der *Sacra Conversazione* (linkes Seitenschiff) griff Giovanni Bellini 1505 noch einmal das Thema seiner berühmten Pala di S. Giobbe (Accademia) auf. Auch hier sind die Figuren in eine gemalte Architektur mit Apsis gesetzt, welche die Altarrahmung perspektivisch fortsetzt. Aber an den Seiten öffnen sich schmale Durchblicke auf die freie Landschaft. Die Figurenkomposition ist wie die Architektur streng symmetrisch: Die männlichen Heiligen Petrus und Hieronymus stehen als mächtige Gestalten frontal vor den Pilastern, während sich die weiblichen Heiligen Katharina von Alexandria und Lucia von Syrakus dem Thron von Maria zuwenden. Zu Füßen der Madonna sitzt ein Engel, der die *lira da braccio* (Viola) spielt. Damit greift Bellini eine seit der Renaissance geführte Diskussion über die unterschiedlichen Ausdrucksmöglichkeiten der einzelnen Kunstgattungen auf, hier die Formen und Farben der Malerei bzw. die Töne der Musik. Das Bild ist seit dem zeitweiligen Abtransport durch Napoleon nach Paris unten und oben beschnitten.

S. Giorgio dei Greci (I H6): Die Kirche erbaute 1539 die griechisch-orthodoxe Gemeinde, die nach der Eroberung Konstantinopels durch die Osmanen 1453 so groß geworden war, dass sie die Erlaubnis erhielt, ein eigenes religiöses Zentrum zu erbauen. Die Architektur von Sante Lombardo ist venezianisch. Aber das Innere passt sich den liturgischen Gepflogenheiten der orthodoxen Kirche an: Der Chorraum ist durch eine Ikonostasis abgetrennt, die zahlreiche Ikonen schmücken.

Die schon im Mittelalter angelegte und im späten 18. Jh. im Zuge des aufkommenden Tourismus ausgebaute Uferbefestigung der **Riva degli Schiavoni** (I H/ I6/7) verbindet den Markusplatz mit dem Bischofssitz S. Pietro di Castello bzw. mit den Giardini Pubblici. Die hier gelegene Kirche **S. Maria della Pietà** (**S. Maria della Visitazione**; I H6) gehörte zu einem 1346 gegründeten staatlichen Hospiz mit Waisenhaus für Mädchen, das für seine Musikschule berühmt war. 1703–16 leitete Antonio Vivaldi Chor und Orchester der Pietà, für die er viele Werke komponierte. Von dem großen Neubauprojekt von Giorgio Massari wurde 1745–60 nur die Kirche realisiert. Die S. Maria del Rosario verwandte Fassade konnte erst im 20. Jh. fertiggestellt werden. Der elegante, pilastergeschmückte Innenraum verfügt über Emporen für die Sänger. Das zwischen Fassade und Innenraum eingeschobene Vestibül sollte während der berühmten Konzerte vor Lärm von draußen schützen. Das Deckenfresko mit dem *Triumph des Glaubens*, das Giambattista Tiepolo unmittelbar nach der Ausmalung der Würzburger Residenz 1754–55 schuf, bevölkern zahlreiche musizierende Engel in Anspielung auf die Funktion als Konzertsaal.

Palazzo Dandolo (**Hotel Danieli**; I H6): Der im 14. Jh. im gotischen Stil erbaute Palast wurde um 1822 in ein Hotel umgewandelt, das bis heute zu den berühmtesten der Stadt zählt. Sehenswert ist die in verschwenderischen, neogotischen Formen angelegte Eingangshalle.

S. Giovanni in Bragora (I I6): Der 1475 errichtete Bau zeigt, dass sich die im 14. Jh. von den Bettelorden nach Venedig vermittelte Gotik im 15. Jh. in einfachen Formen auch bei Pfarrkirchen durchsetzte. Bedeutend ist das vom damaligen Pfarrer in Auftrag gegebene Bild *Taufe Christi* von Cima da Conegliano von 1492–94, das ehemals auf dem Hochaltar stand. Der für seine Altarbilder berühmte Maler war stark von Giovanni Bellini beeinflusst, lockerte aber dessen symmetrische Gruppierung des Hintergrunds und der Figuren zugunsten einer bewegteren Komposition auf. Außerdem erhält die Landschaft bei ihm ein größeres Gewicht. Das für einen Hochaltar ungewöhnliche Thema der Taufe Christi durch Johannes den Täufer erklärt sich aus dem Patrozinium der Kirche und brachte einen neuen erzählerischen Aspekt in die Gattung des Altarbilds. Alvise Vivarinis *Auferstehung Christi* von 1497–98 (rechtes Seitenschiff) ist aufgrund einer neuen Dramatisierung der Handlung wichtig für die weitere Entwicklung der venezianischen Malerei (z. B. Tizian, Assunta).

Die **Scuola di S. Giorgio degli Schiavoni** (I I5) ist berühmt für den vollständig erhaltenen Gemäldezyklus von Vittore Carpaccio. Obwohl diese 1451 gegründete Bruderschaft nicht zu den Scuole Grandi gehörte, erlangte sie als Vertretung der in Venedig lebenden Dalmatiner (Schiavoni) große Bedeutung, nachdem die Republik im 15. Jh. immer mehr Gebiete Dalmatiens unter ihre Herrschaft gebracht hatte. Außerdem erhöhte eine Reliquie des hl. Georg, die 1502 aus Jerusalem kam, das Prestige der Scuola. Damals erging der Auftrag an Vittore Carpaccio, das Gebäude mit einem für Bruderschaften typischen Zyklus zu den wichtigsten Stationen aus dem Leben ihrer Schutzpatrone, hier Georg, Hieronymus und Tryphon, auszumalen. Die Bilderfolge beginnt an der linken Längswand mit dem *Kampf des hl. Georg mit dem Drachen*: Unterhalb des in funkelnder Rüstung erscheinenden mittelalterlichen Ritters Georg, der mit der Lanze den Drachen tötet, erscheinen erstaunlich realistisch gemalte Leichenteile, die auf das Massaker des Ungeheuers hinweisen; am rechten Bildrand die libysche Prinzessin, die dem Drachen zum Fraß vorgeworfen werden sollte, aber vom Heiligen errettet werden konnte. Es folgen: *Triumph des hl. Georg in der libyschen Stadt Selene* (nachdem er den Drachen getötet hat); an der Altarwand *Hl. Georg tauft die*

Seleniten (anstatt die ihm als Braut versprochene Prinzessin zu heiraten, widmet sich der Drachentöter der Bekehrung der Ungläubigen); *Hl. Tryphon heilt die Tochter des Kaisers Gordian*. An der rechten Längswand folgen zunächst zwei thematisch abweichende Szenen, die ursprünglich vielleicht nicht dazu gehörten: *Christus am Ölberg* (die früheste Nachtszene der venezianischen Malerei) und *Berufung des hl. Matthäus*. Im anschließenden Bild *Hl. Hieronymus führt den Löwen ins Kloster* fallen die Mönche auf, die angesichts des Tieres, das dem Heiligen nach geheilter Verletzung ein treuer Begleiter wurde, entsetzt die Flucht ergreifen. Auf das *Begräbnis des hl. Hieronymus* folgt die *Vision des hl. Augustinus*, das berühmteste Bild des Zyklus, das Carpaccio als Meister der Interieurdarstellung ausweist. Der Heilige sitzt in einem von rechts erleuchteten Studierzimmer, in dem unzählige Bücher, naturwissenschaftliche Instrumente und andere Utensilien angehäuft sind, während ihm der hl. Hieronymus gerade in einer Lichtvision erscheint. Insgesamt leben alle Szenen vor allem von einer detailreichen Erzählfreude und genauen, phantasievollen Darstellungen des Schauplatzes, der Kostüme und Frisuren und weniger von einer echten Dramatik der Handlung und Charakterisierung der Personen.

S. Francesco della Vigna (I 15): Der bedeutende Kirchenbau des Bildhauers und Architekten Jacopo Sansovino mit einer epochemachenden Fassade von Andrea Palladio entstand 1534 für die Observanten, ein besonders asketisch eingestellter Zweig des Franziskanerordens. Da der Legende nach der hl. Markus hier seinerzeit an Land gegangen sein soll, engagierten sich berühmte venezianische Patrizier für die Finanzierung des Neubaus, indem sie Kapellen für ihre Grablege erwarben. Der prominenteste Förderer war der Doge Andrea Gritti, der auch für die damalige Neubebauung des Markusplatzes verantwortlich war und sich gegenüber der Kirche einen Palast baute.

Vittore Carpaccio: *Vision des hl. Augustinus* (Scuola di S. Giorgio degli Schiavoni)

Nach dem Tod Grittis ersetzte der Kardinal und Patriarch von Aquileia Giovanni Grimani 1562 den alternden Sansovino durch den Architekten Andrea Palladio, da er eine moderne Fassade wünschte. Palladio entwickelte einen neuartigen **Fassadentypus**, der zum Markenzeichen seiner drei venezianischen Kirchen (S. Giorgio Maggiore und Redentore) wurde. Vorbild war die Front des römischen Tempels, denn Palladio war wie viele humanistisch gebildete Architekten der Renaissance davon überzeugt, die christliche Kirche leite sich vom antiken Kultbau ab. Dabei musste er allerdings folgende Schwierigkeit bewältigen: Der Außenbau christlicher Kirchen ist im Unterschied zu Tempeln meist dreiteilig mit einem hohen Mittelteil und niedrigeren Seitenteilen angelegt, und Palladio konnte daher die offene Eingangshalle mit frei stehenden

Säulen nach dem antiken Vorbild nicht direkt nachahmen. Er löste das Problem auf geniale Weise, indem er das Motiv zweier ineinander verschränkter Säulenfronten als Wandgliederung auf die Fassadenfläche der Kirche projizierte. Der dominante triumphbogenartige Mittelteil mit kolossalen Dreiviertelsäulen und Dreiecksgiebel wird von niedrigeren schmalen Seitenteilen mit kleineren Dreiviertelsäulen und Pilastern sowie halben Giebeln flankiert. Diese Gliederung spiegelt den Saalraum mit angegliederten Kapellen des Kircheninneren wider. Durch den gemeinsamen hohen Sockel wird die Mitte mit den Seitenteilen trotz der starken Unterschiede im Größenmaßstab der Säulenordnungen eng verschmolzen. Eine derart monumentale Kirchenfassade hatte man zuvor in Venedig noch nicht gesehen. Sie bildet einen Gegensatz zu Sansovinos schlichtem **Innenraum**. Sansovino musste einen Kompromiss finden zwischen der Forderung des Ordens nach bescheidener Architektur einerseits und den Ansprüchen der privaten Mäzene auf Pracht und Selbstdarstellung andererseits. Er orientierte sich an der Schwesterkirche des Ordens S. Salvatore in Monte (1499) in seiner Heimatstadt Florenz, wo das Prinzip einer künstlerisch anspruchsvollen, aber zugleich kargen Architektur perfekt verwirklicht ist: in einer einfachen Saalkirche mit zweigeschossiger dorischer Pilastergliederung, seitlichen, eckigen Familienkapellen, kurzem Querhaus und gerade abschließendem Chor. Ein Jahr nach Baubeginn vereinfachte der Humanist und Ordensbruder Alvise Zorzi den Entwurf Sansovinos noch einmal im Sinn der Franziskaner, indem er die geplante Vierungskuppel eliminierte, hinter dem Hochaltar einen langgestreckten Mönchschor einfügte und den gesamten Bau einem Proportionssystem von 1 : 3 unterwarf. Diese neue Chorlösung, die Palladio später in seinen Kirchen aufgriff, entsprach den Forderungen der Gegenreformation nach aktiver Teilnahme der Laien an der Messe, denn der Blick auf den

Hochaltar war nicht mehr durch das Chorgestühl für die Ordensbrüder verstellt. Das 1569 ausgeführte Langhausgewölbe ersetzte die ursprünglich flache Holzdecke. Im Hauptchor befinden sich die wie triumphbogenartige Architekturprospekte, aber ohne die Figuren der Verstorbenen komponierten **Grabmäler** des Dogen Andrea Gritti und seines Vorfahren Triadano Gritti – vielleicht von Palladio. Der Hochaltar geht auf das Jahr 1543 zurück, wurde aber später mehrfach verändert. Die links vom Hauptchor gelegene **Cappella Badoer Giustinian** besitzt eine ungewöhnliche Ausstattung, die Sansovino aus der Vorgängerkirche in den Neubau übertragen hat – ein Zeichen für ihre hohe Wertschätzung: Nicht nur der Altar verfügt über ein Marmorrelief anstelle eines Gemäldes, auch die Seitenwände sind völlig mit Marmorplatten und -figuren von Pietro Lombardo und seiner Werkstatt verkleidet (1495–1510). In der vierten Kapelle im linken Seitenschiff (ebenfalls der Familie Giustinian) befindet sich das Altarbild *Heilige Familie mit den hll. Antonius Abbas, Katharina und dem Johannesknaben* (um 1551) von Paolo Veronese. Im rechten Querschiff das vom Maler Antonio da Negroponte signierte Bild *Maria mit Kind*, ein Werk des Übergangs von der Gotik zur Renaissance mit einem aufwendig gestalteten Thron und üppigem Garten, datiert um 1450–75.

Das **Arsenal** (V J6) war Venedigs 1104 gegründete und bis zum 16. Jh. mehrfach erweiterte staatliche Schiffswerft, in der auch die Rüstkammer untergebracht war. Die für die damalige Zeit ungewöhnliche Effizienz dieses größten Produktionsbetriebes in Europa war legendär und wurde schon von Dante in der *Göttlichen Komödie* gerühmt. Sie beruhte auf einer arbeitsteiligen Organisation des Schiffsbaus, die schon die industrielle Fließbandproduktion vorwegnahm. Um das schließlich acht Hektor große Areal mit Schiffsbecken, Werkstätten und Lagerhallen vor unbefugtem Zugang zu schützen, wurde es streng

Arsenal

bewacht und mit einer hohen Mauer umgeben, die nur zwei Zugänge besaß. Das 1460 errichtete **Eingangstor** von der Landseite war Venedigs erster Renaissancebau. Nach dem Vorbild antiker Triumphbögen flankieren den Durchgang Doppelsäulen – antike Spolien aus Griechenland mit byzantinischen Kapitellen –, die ein vollständig ausgebildetes Gebälk tragen. Die Ädikula darüber ziert ein großer *Markuslöwe*. Die vorgelagerte Terrasse mit Gitter und Statuen (Tugenden und antike Götter) auf Sockeln kam erst Ende des 17. Jh.s hinzu. Seitlich des Eingangs stehen weitere Löwen, antike Beutestücke aus Griechenland, u. a. aus dem berühmten Heiligtum auf der Insel Delos. Die benachbarte Schiffseinfahrt flankieren zwei Türme aus dem späten 17. Jh.

Biennale: In den 1808–12 von Napoleon am östlichen Stadtrand angelegten **Giardini Pubblici** (V K/L8/9), den öffentlichen Parkanlagen, findet seit 1895 alle zwei Jahre die berühmte

Biennale Internazionale d'Arte statt, die älteste Ausstellung für zeitgenössische Kunst in Europa. 28 Länder erbauten zwischen 1907 und 1964 in einem abgetrennten, nur während der Biennale zugänglichen Bereich eigene **Pavillons**, in denen die von ihnen ausgewählten Künstler während der Ausstellungsmonate (Juni – November, seit 2022 in den geraden Jahren) ihre Werke präsentieren. Der erste deutsche Pavillon wurde 1909 errichtet, aber seine heutige Gestalt geht auf die Umbauten in der Zeit des Nationalsozialismus zurück. Architektonisch besonders interessant sind einige Pavillons von namhaften Architekten: Österreich von Josef Hoffmann (1933–34 und 1954); Niederlande von Gerrit Rietveld (einem Architekten der Künstlergruppe De Stijl; 1954); Finnland von Alvar Aalto (1956); Venezuela von Carlo Scarpa (1954), der 1968 auch den italienischen Pavillon umbaute und 1972 das gesamte Gelände neu gestaltete. Wegen der immer größer werdenden Zahl der teilnehmenden Nationen werden seit 1999 auch das Arsenal sowie andere, über die Stadt verteilte Örtlichkeiten als Ausstellungsfläche genutzt. Zur Biennale gehören außerdem die Filmfestspiele, die Festivals für zeitgenössische Musik, Theater und Tanz, sowie die (seit 2021 in den ungeraden Jahren stattfindende) Architekturbiennale.

S. Pietro di Castello (V L6) war bis zum 19. Jh. die Kirche des Bischofs von Venedig, der ab 1451 den Titel Patriarch trug. In keiner anderen Stadt lag der Bischofssitz so weit abseits des Zentrums – ein deutliches Zeichen für seine geringe Macht in Venedig. Der älteste Teil des heutigen Baus ist der 1482–90 von Mauro Codussi errichtete Campanile. Die Kirche von 1619 ff. ersetzte den Vorgängerbau des 12. Jh.s. Die Fassade orientiert sich an einem Entwurf von Andrea Palladio. Sehenswert im Inneren ist die sogenannte *Cattedra*, ein aus Teilen unterschiedlicher Herkunft, u. a. der Rückenlehne mit islamischen Ornamenten, zusammengesetzter Thron.

Das zum großen Teil am nördlichen Stadtrand gelegene Stadtsechstel zeichnet sich durch eine regelmäßige urbanistische Struktur mit drei parallel verlaufenden Kanälen und begleitenden Wegen (*fondamenta*) sowie eine für venezianische Verhältnisse weiträumige Bebauung aus. Neben Klosteranlagen gab es hier ursprünglich viele Handwerksbetriebe, aber nur wenige Paläste.

S. Giovanni Crisostomo (I F4): Dieses Kleinod venezianischer Renaissancearchitektur mit bedeutenden Altären gehört zu den ganz wenigen Kirchen in der römisch-katholischen Welt, die dem griechischen Kirchenvater geweiht sind. Nachdem die alte Kirche durch einen Brand beschädigt worden war, errichtete der prominente Architekt Mauro Codussi 1497–1504 einen Neubau. Die in der engen Gasse nur schwer erfassbare Fassade variiert in bescheidenen Materialien Codussis frühere Lösungen in S. Michele in Isola und S. Zaccaria. Im **Inneren** übernahm Codussi den byzantinischen Kreuzkuppeltyp, zum einen wohl um die Fundamente des Vorgängerbaus übernehmen zu können, zum anderen, um auf die Herkunft des Titelheiligen anzuspielen. Der Grundriss ist ein griechisches Kreuz mit vier tonnengewölbten Armen und zentraler Pendentifkuppel über der Vierung sowie niedrigen Trabantenräumen in den Ecken. Aber Codussi verband erstmals dieses traditionelle Planschema mit dem neuen Vokabular der Renaissance, indem er den gesamten Raum nach dem Prinzip der Säulenordnungen strukturierte. Dank der Skeletthaftigkeit des schlanken Gliedergerüsts und der klaren Organisation der Raumabschnitte entsteht der Eindruck von Weite, Durchsichtigkeit und Übersichtlichkeit. Die Sparsamkeit und Schlichtheit der Gliederung, die so ganz von der üblichen Dekorfreude Venedigs abweicht, könnte von der Architektur des bedeutenden

Sieneser Architekten Francesco di Giorgio angeregt worden sein. Codussi hat hier mit den begrenzten finanziellen Mitteln der relativ armen Pfarrei, die wie in Venedig üblich für die Baukosten selbst aufkommen musste, ein Meisterwerk der Renaissancebaukunst geschaffen.

Die Kirche besitzt drei bedeutende Altäre, eine Seltenheit bei Pfarrkirchen, denn die Bevölkerung bevorzugte für Stiftungen von Altären und Grablegen die Kirchen der Ordensgemeinschaften wie die Frarikirche und SS. Giovanni e Paolo. Etwa zeitgleich mit Tizians *Hl. Markus* in S. Maria della Salute führte Sebastiano del Piombo beim **Hochaltarbild** *Hl. Chrysostomus mit den hll. Katharina, Magdalena, Lucia, Johannes dem Täufer und Theodor*, das er vor seinem Aufbruch nach Rom 1511 malte, einige zukunftsweisende Neuerungen ein. Bei dieser Sacra Conversazione steht nicht Maria, sondern der Patron der Kirche im Zentrum, und dieser ist erstmals von der Seite, ins Schreiben vertieft, wiedergegeben, ohne von den anderen, vorne stehenden Heiligen Notiz zu nehmen. Anstelle eines vollständigen Gehäuses, in das die Figuren hineingesetzt sind, schafft der Maler eine Bildarchitektur, die aus einzelnen, asymmetrisch platzierten und oben einfach angeschnittenen Versatzstücken besteht: eine Lösung, die noch bei barocken Altarbildern Gültigkeit hatte. Auf diese Neuerfindungen von Sebastiano del Piombo und Tizian reagierte Giovanni Bellini 1513 mit dem Altargemälde *Hl. Hieronymus mit den hll. Christophorus und Ludwig von Toulouse* für die **Grabkapelle** des reichen Kaufmanns Giovanni Diletti. Hinter dem vor einer Brüstung stehenden Heiligen türmt sich eine Felsformation, auf der Hieronymus sitzt. Der Büßer im offenen Hemd und berühmte Übersetzer der Bibel vom Griechischen ins Lateinische, dem ein Feigenbaum als Lesepult dient, erscheint, ebenfalls in Seitenansicht, weit entrückt in der rauen, einsamen Landschaft und ist daher, obwohl er die Hauptfigur ist, kleiner als die beiden Heiligen im Vordergrund dargestellt. In der **Cappella Bernabò** sollte neben der prunkvollen Wandverkleidung vor allem das Marmorrelief, das wesentlich teurer als die üblichen gemalten Altarbilder war, den Reichtum des Seidenhändlers Bernabò veranschaulichen. Thema dieses von antiken Reliefs inspirierten Meisterwerks von Tullio Lombardo (1502) ist die *Marienkrönung*, aber die vollplastisch dargestellten, wie auf einer Bühne stehenden Apostel spielen die Hauptrolle, da ihnen die Kapelle geweiht war. Die gut sichtbar an der Sockelplatte angebrachte Signatur zeigt das Selbstbewusstsein des Künstlers.

In der Umgebung der Kirche hat sich noch die uralte Stadtstruktur mit den sogenannten *corti*, öffentlich zugänglichen Höfen, erhalten: **Corte del Milion** (I G5), **Corte Amadei** (I G5), **Corte dei Morosini** (I G5).

♦ **S. Maria dei Miracoli** (I G4) ist für ihre prachtvolle Marmorverkleidung und qualitätvolle Bauskulptur berühmt, die die kleine Renaissancekirche wie ein kostbares Schmuckkästchen erscheinen lassen. Der Bau gehört in die Reihe der vielen Mariensanktuarien, die in der zweiten Hälfte des 15. Jh.s in Italien zu Ehren eines ursprünglich im Freien aufgestellten wundertätigen Madonnenbildes errichtet wurden. Großzügige Spenden der herbeiströmenden Gläubigen sowie die Unterstützung des Patriarchen von Venedig und der Stadtregierung ermöglichten es den Besitzern des Bildes, einer erfolgreichen Seidenhändlerfamilie, 1481–89 eine solch luxuriös ausgestaltete Kirche zu erbauen. Mit dem Entwurf wurde Pietro Lombardo, der sich, wie der Vertrag ausdrücklich festhält, mit dem Grabmal für den Dogen Pietro Mocenigo in SS. Giovanni e Paolo einen Namen gemacht hatte, beauftragt. Lombardo war dank seiner effizienten Werkstatt, in der seine Söhne Tullio und Antonio mitarbeiteten, in der Lage, einen so großen Auftrag in kurzer Zeit auszuführen. Die Betreuung des Sanktuariums übernahmen 1489 die Klarissen, ein in strenger Klausur lebender Frauenorden, dessen angrenzender Konvent 1810 nach Auflösung der Gemeinschaft abgerissen wurde. Eine Brücke führte ursprünglich vom Konvent direkt auf die Empore der Kirche, von wo die Nonnen der Messe beiwohnten, ohne gesehen zu werden.

Im Unterschied zu anderen venezianischen Kirchen ist der freistehende **Außenbau** nicht nur an der Fassade, sondern auf allen vier Seiten mit kostbaren Verkleidungen aus verschiedenfarbigen Marmorsorten geschmückt (im 19. Jh. stark restauriert). Vorbilder für diese polychromen geometrischen Inkrustationen Pietro Lombardos sind bei antiken Bauten zu finden, bei S. Marco und vielleicht auch bei Florentiner Beispielen wie dem dortigen Baptisterium, das in der Renaissance als antik galt. Aber Lombardo integrierte die Inkrustationen in das ›Gerüst‹ einer zweigeschossigen Pilastergliederung, unten mit geradem Gebälk, oben mit Blendarkaden: An diesem tektonischen Denken erkennt man den Renaissancearchitekten. Die Flächenfüllungen zwischen den Pilastern werden durch andersfarbige Streifen unterteilt bzw. gerahmt. Das Bild das Außenbaus beherrscht außerdem das gewölbte Dach, das von der Kuppel der Chorkapelle überragt wird. Im **Inneren** bringt die schlichte Raumform des tonnengewölbten Saals mit durch Stufen erhöhter, überkuppelter Chorkapelle die wertvolle Ausstattung mit Marmorplatten voll zur Geltung (in der Fensterzone allerdings ursprünglich nur aufgemalt). Der Ausstattungsreichtum schließt auch einen Fußboden in Marmoreinlegearbeit (*opus-sectile*-Technik) und eine vergoldete Decke ein. Der **Chor** mit dem Altar für das wundertätige Marienbild wird durch eine Balustrade, die links und rechts in Kanzeln mündet, gegen den Kirchenraum für die Gläubigen abgegrenzt. Diese Balustrade sowie die Sakramentstabernakel, die Sitzbank entlang der Chorwand, die Altarschranken und vor allem die Eckpilaster des Chorbogens zählen zu den Meisterwerken Lombardos und seiner Werkstatt auf dem Gebiet der Bauornamentik und -skulptur. Das vorherrschende Motiv der Groteske auf den Pilasterschäften, eines Blatt- und Rankenwerks, das durch Masken, Vasen und Figuren belebt wird, gehört zum Markenzeichen der Lombardo-Werkstatt. Ohne Kenntnis antiker Vorbilder sowie früherer Renaissancebeispiele aus Urbino und Florenz ist dieses Ornamentrepertoire nicht denkbar. Schon 1484 stellte der deutsche Pilger Felix Faber aus Ulm angesichts des Materialluxus der Kirche erstaunt fest, kein deutscher Fürst könne sich ein solches Bauwerk leisten.

In der Nähe der Kirche haben sich zwei spätgotische Paläste des 15. Jh.s erhalten: der **Palazzo Soranzo van Axel** (I G4) mit einem besonders prachtvollen Portal zur Landseite an den Fondamenta van Axel und der **Palazzo Pisani** (I G5).

In **SS. Apostoli** (III F4) ist nur die **Cappella Corner**, die ursprüngliche Grablege der Königin von Zypern Caterina Cornaro interessant (um 1500). In diesem Juwel venezianischer Renaissancearchitektur tragen vier reich dekorierte, in die Raumecken gestellte Vollsäulen ein kräftiges Gebälk und die darüberliegende Kuppel. Das Grabmal der Königin wurde nach S. Salvador überführt, lediglich die Gräber des Vaters und des Bruders blieben hier. Der Altar erhielt 1746–48 ein Gemälde von Giambattista Tiepolo mit der *Kommunion der hl. Lucia*.

Ca' d'Oro s. S. 102.

Oratorio dei Crociferi (III G3): Von dem im 13. Jh. gegründeten Krankenhaus der Crociferi (Kreuzherren) hat sich nur das Oratorium mit einem Bildzyklus von Jacopo Palma d. J. erhalten. In diesem bedeutenden Werk des Malers von 1583–91 ist detailreich die Geschichte des Ordens und der beiden Dogen Raniero Zen (1253–68) und Pasquale Cicogna (1585–95) dargestellt, die mit der Gründung der Institution bzw. ihrer künstlerischen Umgestaltung im 16. Jh. verbunden waren.

S. Maria Assunta (III G3): Die heute vor allem für ein Gemälde von Tizian bekannte Kirche entstand 1714–29 dank großzügiger Unterstützung der Familie Manin für die Jesuiten, die 1657 das Kloster des aufgelösten Ordens der Crociferi übernommen hatten. Der Bau von Domenico Rossi und Giambattista Fattoretto (Fassade) wirkt in Venedig wie ein Fremdkörper, da er unabhängig von lokalen Stilformen bleibt. Die Jesuiten verbreiteten nämlich in ganz Europa ordensspezifische Bauformen, die als jesuitisch erkennbar waren und dem Orden eine Art Corporate Identity gaben: Maßgebend war der schwere römische Barockstil, wie ihn die Mutterkirche des Ordens Il Gesù verkörperte. Römisch geprägt sind sowohl die zweigeschossige Fassade mit den monumentalen Vollsäulen und dem stark verkröpften Gebälk als auch der saalartige Innenraum mit Seitenkapellen und überkuppelter Vierung, ferner die Stuck- und Marmorinkrustation in farbigen Mustern und der Altarbaldachin aus gewundenen, grünen Marmorsäulen. Das Grabmal der Familie Da Lezze an der Fassadeninnenseite von Jacopo Sansovino und Giulio del Moro stammt noch aus der Vorgängerkirche der Crociferi. Von dort übernommen ist auch das bedeutendste Ausstattungsstück, das *Martyrium des hl. Laurentius* (1588) von Tizian, eines der ersten Altarbilder, die anstelle der statischen Heiligendarstellung eine Geschichte erzählen: Der Heilige wird auf dem Rost verbrannt. Zugleich ist das Gemälde ein eindrucksvolles Beispiel für den Spätstil Tizians. Er entwickelte die Szene nicht mehr durch eine präzise Zeichnung, die den Raum definiert und die Formen mit einer festen Kontur umgibt, sondern durch eine *pittura di macchia*, eine Malerei aus Farbflecken. Die dicken, deutlich sichtbaren Pinselstriche lassen die Umrisse verschwimmen und arbeiten die Formen nicht mehr bis ins kleinste Detail aus. Tizian wählte eine Nachtszene, um die Möglichkeit, mit dieser Maltechnik Lichteffekte ganz anders darzustellen als bisher, verstärkt zu nutzen. Die Glut des Feuers kommt so besonders wirkungsvoll zur Geltung, während der umgebende Raum teilweise unbestimmt im Dunkeln versinkt.

Am **Rio di S. Felice** (III F3) hat sich die einzige **Brücke** Venedigs erhalten, die die ursprüngliche Form ohne steinerne Wangen oder Eisengeländer bewahrt hat.

Die 1310–65 errichtete **Scuola Vecchia della Misericordia** (III F3) ist das besterhaltene mittelalterliche Versammlungsgebäude einer Bruderschaft in Venedig. Die Fassade erinnert an gleichzeitige Kirchenfassaden. Das große Gebäude wurde geräumt, als die Scuola 1589 in den neuen Sitz umzog. Den Kapitelsaal im ersten Stock nutzte dann Tintoretto als Atelier. Die unweit gelegene **Scuola Nuova della Misericordia** (III F3) ist ein gutes Beispiel dafür, wie der stetig wachsende Konkurrenzkampf der großen Bruderschaften um Prestige und Selbstdarstellung ein Projekt zum Scheitern brachte. Nach einer wechselvollen, 1505 einsetzenden Planungsgeschichte, die sich teilweise wie ein Krimi liest, gewann 1531 Jacopo Sansovino den Wettbewerb für ein neues Projekt. Die Scuola sollte größer und reicher mit unzähligen Säulen und Reliefs gegliedert werden als alle früheren, aber damit übernahm sich die Bruderschaft und musste den Bau 1541 einstellen. Seitdem steht das Gebäude, das schon damals als Wolkenkratzer verspottet wurde, unfertig da und zeigt anschaulich, wie das Mauerwerk die Gliederungen und Verzierungen schon vorbereitet.

Der **Palazzo Giovanelli** (III E3) besitzt zum Rio di Noale eine bemerkenswerte gotische Fassade, die alle typischen Merkmale der Epoche aufweist. Ungewöhnlich sind hingegen die über Eck gestellten Fenster, die die normalerweise kompakten Kanten des Gebäudes aufbrechen und damit Ideen der Architektur des 20. Jh.s vorwegnehmen. Die Familie Giovanelli nahm im 19. Jh. umfangreiche Veränderungen vor, darunter den Einbau einer neugotischen Wendeltreppe.

S. Maria Maddalena (III E3): Die 1763–89 von Tommaso Temanza, einem bedeutenden Architekturlehrer und -theoretiker, erbaute Kirche ist wie S. Simeon Piccolo ein Musterbeispiel strenger, klassizistischer Architektur Venedigs.

S. Marcuola s. S. 99.

Madonna dell'Orto (V E2): Die ab 1399 am äußersten nördlichen Stadtrand für den Humiliatenorden erbaute gotische Kirche zeichnet sich durch eine ungewöhnliche Fassade sowie einige bedeutende Gemälde aus. Die gestufte Eingangsfront mit höherem Mittelteil erinnert an die Fassaden der beiden großen venezianischen Bettelordenskirchen (I Frari und S. Zanipolo), ist aber durch große Maßwerkfenster und eine Galerie von Apostelstatuen bereichert. Das um 1460 von Bartolomeo Bon geschaffene Portal steht wie viele Werke dieses Künstlers stilistisch am Übergang von der Gotik zur Renaissance. Das Innere ist eine spätgotische, dreischiffige Basilika ohne Querschiff und mit polygonaler Apsis. Für die erste Seitenkapelle rechts einer Gewürzhändlerfamilie aus Padua malte Cima da Conegliano 1493–95 das Altarbild *Johannes der Täufer mit den hll. Petrus, Markus, Hieronymus und Paulus*. Bei aller stilistischen Orientierung an Giovanni Bellini wagte der seinerzeit gefragte Maler von Altarbildern auch wichtige Neuerungen. Die Figuren und die Architektur sind nicht mehr symmetrisch angeordnet, sondern auf beiden Seiten variiert. Die Architektur ist ruinös und von Vegetation überzogen. Besonders hervorzuheben sind außerdem die Frühwerke Jacopo Tintorettos, der in der Pfarrei lebte und in der Kirche bestattet ist: *Tempelgang Mariens* (um 1550), ursprünglich die beiden Orgeltüren schmückend und nach der Abnahme zusammengefügt und über dem Eingang der fünften Kapelle links angebracht; ferner im Chor die *Anbetung des goldenen Kalbs*, *Moses empfängt die Gesetzestafeln* und das *Jüngste Gericht* (um 1546). Auf dem Altar der **Cappella Contarini** (4. Kapelle links) befindet sich ein

Spätwerk von Tintoretto (1579), die *Hl. Agnes*; das bedeutendste der Grabmonumente schuf Alessandro Vittoria für Tommaso Contarini.

S. Alvise (V D1): In der kleinen Nonnenkirche des 14. Jh.s (Umbauten im 17. Jh.) sind drei 1738–40 entstandene Frühwerke von Giambattista Tiepolo mit Szenen aus der Passion Christi sehenswert: *Geißelung* und *Dornenkrönung* (rechte Langhauswand) sowie insbesondere die *Kreuztragung* (rechte Chorwand).

♦ Das 1516 gegründete **Ghetto** war das erste seiner Art und namengebend für alle späteren abgeschlossenen Wohnviertel der jüdischen Bevölkerung in europäischen Städten. Der Name leitet sich wahrscheinlich von der ehemals hier ansässigen Kanonengießerei ab (ital.: *getto* ›Guss‹). Kerngebiet war eine von Kanälen umgebene und daher gut kontrollierbare Insel, das **Ghetto Nuovo** (IV D2). Nachts wurden die Zugangstore geschlossen. Aufgrund starker Zuwanderung vor allem aus Spanien musste das Areal schon im 16. Jh. um ein neues Viertel erweitert werden, das den irreführenden Namen **Ghetto Vecchio** (IV C2) trägt. 1633 kam noch das **Ghetto Nuovissimo** (IV D2) hinzu. Dennoch lebten die Juden, die in Venedig wirtschaftlich sehr erfolgreich waren und eine vergleichsweise tolerante Atmosphäre vorfanden, in äußerst beengten Verhältnissen. Aus Platzmangel erreichten die Häuser die für Venedig ungewöhnliche Höhe von sechs bis sieben Stockwerken. Die Scuole genannten, nach Nationen getrennten **Synagogen** nimmt man von außen kaum wahr, da die venezianischen Bauauflagen keine Fassadengestaltung gestatteten, aber die Innenräume sind prachtvoll gestaltet: Sehenswert sind die 1528 erbaute **Scuola Grande tedesca** (IV D2) und die wenig später erbaute **Scuola del Canton** (IV D2) im Ghetto Nuovo sowie im Ghetto Vecchio die Baldassare Longhena zugeschriebene **Scuola levantina** (IV C/D2) und **die Scuola spagnola**

(IV C2) aus der zweiten Hälfte des 16. Jh.s mit einer reichen Marmorausstattung; ferner das **Jüdische Museum** (**Museo di Arte Ebraica**; IV D2).

Die bekannten **Wohnsiedlungen Sacca di S. Girolamo** (V B1) von Franco Bortoluzzi (1987–90) und **Area Saffa** (IV C2) an der Calle Riello von Vittorio Gregotti (1981–94) zeigen den Versuch, traditionelle venezianische mit modernen Bauformen zu verbinden.

S. Giobbe (IV B2): Dank der Stiftung des Dogen Cristoforo Moro entstand mit dem Neubau der Kirche des Franziskanerklosters einer der frühesten Renaissancebauten in Venedig. Nach einer persönlichen Begegnung mit dem seinerzeit berühmten Prediger Bernardino von Siena wurde Moro zu einem begeisterten Anhänger dieses Franziskanermönchs und beschloss nach dessen Heiligsprechung 1450, ihm zu Ehren in Venedig eine Kirche zu bauen. Die Wahl fiel auf die abgelegene Kirche S. Giobbe, da Bernardino hier gepredigt hatte. Nach seiner Wahl zum Dogen 1462, die Bernardino angeblich prophezeit hatte, beschloss Moro, den Chor zu seiner Grabkapelle auszubauen. Baubeginn war um 1471, vielleicht nach einem Entwurf Pietro Lombardos. Der heutige Mönchschor hinter der Grabkapelle entstand erst Anfang des 17. Jh.s. An der **Fassade** ist nur das Renaissanceportal von Interesse, das sich durch den für Pietro Lombardo charakteristischen reichen Dekor auszeichnet. Das Relief im Rundgiebel zeigt neben dem hl. Franz von Assisi den Titelheiligen Hiob: Das in Italien seltene Patrozinium einer alttestamentlichen Figur verrät den Einfluss von Byzanz auf Venedig. Rechts der Kirche haben sich noch Reste der Klostergebäude des 15. Jh.s erhalten. Im **Inneren** entspricht der einfache, ursprünglich flach gedeckte Saal dem Typus der ›Gebetsscheune‹, der sich bei den Kirchen der Observanten, einem asketisch ausgerichteten Zweig der Franziskaner, großer Beliebtheit erfreute. Aus der Reihe der Familienkapellen auf der linken Seite sticht die dritte, die 1471–76 erbaute **Cappella Martini** durch ihren rein toskanischen Renaissancestil heraus. Mit diesem Kunstimport wollte die in Venedig ansässige Seidenhändlerfamilie aus Lucca ihre Herkunft zur Schau stellen. Die Pilasterordnung mit kannelierten und in den Ecken geknickten Schäften sowie die Hängekuppel, die erste ihrer Art in Venedig, zeigen den direkten Einfluss des berühmten Florentiner Architekten Filippo Brunelleschi. Die Kuppel ist mit farbig lasierten Terrakotten verkleidet, einer Technik, für die die Florentiner Künstlerfamilie Della Robbia bekannt war. Auch das Altarrelief *Hll. Francesco, Giovanni Battista und Antonio* ließ man in Florenz von Antonio Rossellino meißeln. Dieser dezidiert toskanische Bau fand allerdings keine große Nachfolge in Venedig. Von den ehemals bedeutenden Altären auf der rechten Seite befindet sich nur noch die *Geburt Christi* von Giovanni Girolamo Savoldo (1540) in der Cappella Contarini vor Ort, die übrigen hängen heute in der Accademia, darunter Bellinis bedeutende *Pala di S. Giobbe* (s. S. 216). Den Eingang zum **Mausoleumschor** des Dogen markiert eine monumentale, reich geschmückte Arkade, die von Nischen flankiert wird. Sowohl der Typus als auch der Stil der Grablege sind neu in Venedig. Statt des traditionellen skulpturalen Grab*denkmals* in einer prominenten Kirche (SS. Giovanni e Paolo oder Frarikirche) wählte Moro eine Grab*kapelle* an diesem für ihn persönlich wichtigen Ort. Nur eine Grabplatte im Boden verweist auf seine Bestattung in der unterirdischen Gruft, ein eigentliches Grabdenkmal fehlt. Stilistisch orientierte sich Moro an der Florentiner Renaissance, denn in Venedig war der neue Stil damals noch nicht heimisch. Der pilastergegliederte Zentralbau mit Pendentifkuppel und Tondi in den Ecken ist von der Alten Sakristei in S. Lorenzo in Florenz inspiriert, die auch als Grablege diente. Die Kenntnisse der Florentiner Renaissance war vermutlich durch den Franziskanerorden oder auch durch die Martini-Familie vermittelt worden. Die Details des Baudekors wie die Akanthusranken der Pilaster nehmen Pietro Lombardos spätere Arbeiten in S. Maria dei Miracoli vorweg.

Palazzo Labia (IV C3): Der Palast verdankt seine Berühmtheit der Freskenausstattung von Giambattista Tiepolo im Inneren. Die aus Spanien stammenden Labia, die durch Textilhandel sagenhaften Reichtum erworben hatten, waren die erste Familie, die sich 1648 für eine hohe Summe in den venezianischen Adel einkaufte. Als Zeichen dieses sozialen Aufstiegs ließen sie 1680–96 den Palast erbauen. 1734–37 wurde er erweitert, um Platz für den großen Festsaal zu schaffen, den Tiepolo wenig später ausmalte. Mit den Gesamtkosten von über einer Million Dukaten für den Palast brachen die Labia jeden Rekord. Über ihren Reichtum kursierten viele Gerüchte: So soll Paolo Antonio Labia bei einem Bankett die goldenen Teller aus dem Fenster geworfen haben und diese Geste mit dem Wortspiel kommentiert haben: »Le abia o non le abia, sono sempre Labia« (Ob ich sie habe oder nicht, ich bin doch immer ein Labia). Eine andere Anekdote berichtet, die Gäste hätten anstatt auf Stühlen auf Säcken gesessen, die mit Dukaten gefüllt waren. Kurz vor der Einmündung des Canale di Cannaregio in den Canal Grande gelegen, besitzt der Palast als einziger in Venedig zwei repräsentative Fassaden, eine zum Wasser sowie eine weitere zum Campo S. Geremia. Als Tiepolo um 1746/47 den Auftrag für die **Fresken des Festsaals** erhielt, stand er auf dem Höhepunkt seiner Karriere, die ihn unmittelbar danach zur Ausmalung der Residenz nach Würzburg führte. Tiepolo war nur für die figürlichen Szenen verantwortlich, während die monumentalen, perspektivisch gemalten Architekturprospekte auf Gerolamo Mengozzi Colonna zurückgehen, einen Spezialisten auf diesem Gebiet, der sogenannten Quadratura-Malerei. Die geschaffene Illusion ist so perfekt, dass der Betrachter meint, er könne vom realen Raum des Saals in den fiktiven, gemalten Raum der Fresken eintreten. Die beiden Hauptszenen an den Wänden stellen Momente der leidenschaftlichen Liebesgeschichte zwischen dem römischen Feldherrn Marc Anton und der berühmten ägyptischen Königin Kleopatra dar: die *Begegnung zwischen Marc Anton und Kleopatra* sowie das äußerst üppige *Bankett*, das Kleopatra für ihren Liebhaber ausrichtete. Mit der Figur der Kleopatra ist wahrscheinlich Maria Labia, die schöne Gattin des Auftraggebers gemeint.

S. Maria degli Scalzi s. S. 98.

Inseln der Lagune

S. Giorgio Maggiore

Das Bauensemble von **S. Giorgio Maggiore** (V H8) auf der gegenüber dem Markusplatz liegenden Insel verdankt seine Berühmtheit vor allem der Kirche Palladios, die zu den bedeutendsten Sakralbauten der europäischen Architekturgeschichte zählt. Schon vor dem Jahr 1000 etablierte sich in der Lagune ein Benediktinerkloster, das dank seines Reichtums und Reliquienbesitzes schnell Einfluss auf das religiöse und politische Leben Venedigs gewann. Sichtbares Zeichen dieses Rangs war die Prozession, die der Doge mit großem Gefolge jedes Jahr am zweiten Weihnachtstag, dem Namenstag des hl. Stefan, zu den hier aufbewahrten Reliquien des Märtyrers unternahm. Die mittelalterliche Anlage von Kirche und Kloster fiel den Neubauten der Renaissance und des Barock zum Opfer. Voraussetzung dafür war eine erfolgreiche Reform der italienischen Benediktinerklöster im 15. Jh. Ihr Ziel war, durch Rückkehr zu den traditionellen Idealen von Armut, Keuschheit und Gehorsam die wirtschaftlichen und moralischen Missstände in den Klöstern zu beseitigen. Erste Neubaumaßnahmen betrafen 1494–1540 ein neues Dormitorium und einen neuen Kreuzgang. Das anschließend begonnene Refektorium vollendete 1560–62 Andrea Palladio. 1566–69 entstanden nach seinem Entwurf auch die Kirche, die jedoch erst nach seinem Tod Anfang des 17. Jh.s vollendet wurde, sowie ab 1579 der zweite Kreuzgang. Der venezianische Barockarchitekt Baldassare Longhena errichtete 1641–80 die letzten Bauabschnitte, darunter die Bibliothek und das Prunktreppenhaus. Seit 1951 beherbergen die Klostergebäude verschiedene kulturelle Einrichtungen der Fondazione Giorgio Cini.

Palladio orientierte die **Kirche** auf die Blickachse von S. Marco über die Lagune und schuf damit die Voraussetzungen für eine der berühmtesten Ansichten im Stadtbild Venedigs, die aber erst nach dem Abriss der Vorbauten Anfang des 17. Jh.s zur Geltung kam. Die blendend weiße **Fassade**, die sich aus der Bautengruppe der Insel heraushebt, variiert das Motiv der Säulenfront mit Dreiecksgiebel des antiken Tempels, das für alle venezianischen Kirchen Palladios charakteristisch ist und nach seinem Tod eine breite Nachfolge fand. Die unterschiedlichen Gliederungsmaßstäbe des dominanten Mittelabschnitts und der niedrigen Seitenteile spiegeln das Innere der Kirche in Form einer Basilika wider. Der Statuenschmuck stammt von Giulio del Moro: die beiden Kirchenpatrone *Georg* und *Stefan* sowie die Denkmäler der Dogen Tribuno Memmo (gest. 991) und Sebastiano Zaini (gest. 1178), die frühe Förderer des Klosters waren.

Im **Inneren** brachte Palladio Bautraditionen des Benediktinerordens und besondere liturgische Erfordernisse mit seiner Bewunderung für die römisch-antike Architektur in Einklang. Der Grundrisstypus der kreuzförmigen, dreischiffigen Basilika mit breiten, halbrund abgeschlossenen Querschiffsarmen und einer Tambourkuppel über der Vierung orientiert sich an prominenten Kirchenbauten der italienischen Benediktiner wie zum Beispiel S. Giustina in Padua. Die Chorpartie erfüllt die Forderungen der Gegenreformation nach aktiver Teilnahme der Gläubigen an der Messe durch direkten Blickkontakt zum Hochaltar: Palladio verlegte den Mönchschor mit dem Chorgestühl für die Benediktiner in einen eigenen Raum hinter den Hochaltar und trennte ihn durch Säulen und eine Orgeltribüne optisch, aber nicht akustisch von der eigentlichen Kirche ab. Die beträchtliche Weiträumigkeit des Querschiffs berücksichtigt die Raumbedürfnisse der rituellen Prozession des Dogen zu den Reliquien des hl. Stefan. Die großen Raum-

S. Giorgio Maggiore

dimensionen, die stark plastische Gliederung mit Halbsäulen, Pilastern und scheinbar aus der Wand herausdrängenden Gebälken und die dreiteiligen Thermenfenster sowie schließlich die mächtigen Tonnengewölbe verleihen dem Kircheninneren die in Venedig bis dahin unbekannte Monumentalität römisch-antiker Architektur. Von den Thermenanlagen des antiken Rom übernahm Palladio das Prinzip, große und kleine Säulenordnungen einzusetzen, um Räume unterschiedlicher Größe zu artikulieren wie hier das hohe Mittelschiff und die niedrigeren Arkaden und Seitenschiffe. Auffallend sind der Verzicht auf Dekoration und die einheitliche, helle Farbigkeit weiß verputzter Wände und sanft getönter Gliederungselemente aus istrischem Marmor.

In diese ungewöhnlich antik wirkende ›Architektur pur‹ fügt sich die **Altarausstattung** harmonisch ein, da Palladio eine einheitliche Rahmung in Form einer Ädikula für alle Gemälde entworfen hatte, und die Benediktiner darüber wachten, dass die privaten Auftraggeber der Altäre das übergeordnete Konzept einhielten. Die meisten Gemälde sind Spätwerke des damals schon über Siebzigjährigen Jacopo Tintoretto und seiner Werkstatt: die *Himmelfahrt Christi* (1583–85) mit Mitgliedern der Stifterfamilie Morosini in der gleichnamigen Kapelle links des Altarraums, das *Martyrium des hl. Stefan* im linken und die *Marienkrönung* im rechten Querschiffsarm, das *Martyrium der hll. Cosmas und Damian* in der dritten Langhauskapelle rechts. Die Ausstattung der Seitenwände des Chorraums mit großen, breitformatigen Leinwandbildern findet sich in vielen venezianischen Kirchen. Die *Mannalese* (1594) auf der linken Seite betont weniger den Aspekt des alttestamentlichen Wunders als vielmehr die Alltäglichkeit der Brotspeisung. Das *Abendmahl* (1594) auf der rechten Wand ist die letzte der zahlreichen Fassungen Tintorettos zu diesem Thema (frühere Versionen in S. Marcuola, S. Trovaso und S. Polo, S. Stefano) und zeichnet sich durch einen grandiosen Einsatz von Licht und Farbe, eine ungewöhnliche Perspektive (die Schrägstellung des Tisches) sowie eine ausdrucksstarke Gestik der Figuren aus. Tintoretto war der Erfinder dieser neuen dramatischen Abendmahlsdarstellung, bei der die Jünger nicht mehr aufgereiht an einem parallel zum Bildrand stehenden Tisch sitzen. Neu war auch, dass nicht die Ankündigung von Judas' Verrat, sondern die Einsetzung der Eucharistie dargestellt wird, und zwar als etwas Göttliches, das in die Wirklichkeit einbricht. Die Gegenüberstellung mit der *Mannalese* ist häufig anzutreffen, da beide Themen als Sinnbilder der Eucharistie galten. Der Hochaltar von 1591–93 ist ein Hauptwerk des venezianischen Bildhauers Girolamo Campagna. In der Bewegtheit der freistehenden Figurengruppe mit dem ungewöhnlichen Thema der *Vier Evangelisten, die die Weltkugel mit*

Tintoretto: *Letztes Abendmahl* (S. Giorgio Maggiore)

Gott Vater tragen, kündigt sich schon der Barockstil an. Für die Cappella Bollani rechts des Altarraums schuf Sebastiano Ricci, der in ganz Europa erfolgreiche Maler, 1708 die *Thronende Maria mit Heiligen*: Das traditionelle Thema der Sacra Conversazione ist hier zu einer barock-bewegten Szene mit Heiligen, die mit verschiedensten Dingen beschäftigt sind, gesteigert.

Das **Kloster** ist eine typische Anlage der italienischen Renaissance. Statt der im Mittelalter üblichen lockeren Gruppierung um einen einzigen Kreuzgang werden die Räume für die Klausur der Mönche (Bibliothek, Kapitelsaal, Refektorium, Dormitorium) zu einem einheitlichen Baukörper um zwei gleich große, axial aufeinander ausgerichtete **Kreuzgänge** zusammengefasst. Die traditionell eingeschossige Bogenstellung des Umgangs ist in beiden Höfen durch eine zweigeschossige Architektur mit ebenerdigen Arkaden und geschlossenem

Obergeschoss mit Fenstern ersetzt. Palladio wiederholt in seinem Kreuzgang gleich rechts des Eingangs eine für die italienischen Reformklöster des Benediktinerordens typische Hofform, deren kleine Arkaden auf quergestellten Zwillingssäulen sich an mittelalterlichen Prototypen orientieren. Das **Dormitorium** von Giovanni Buora auf der Ostseite gehört zu den repräsentativsten seiner Art in Italien (heute in eine Bibliothek umgebaut). In der Renaissance schliefen die Mönche nicht mehr gemeinsam in einem großen Schlafsaal, sondern in Einzelzellen, die zu beiden Seiten eines mittleren Verbindungsgangs aufgereiht in einem schlauchartigen Trakt untergebracht waren. Das **Refektorium** Palladios, das sich als freistehender Baukörper an die Südseite der Kreuzgänge legt, erreicht man über zwei Vorräume mit eindrucksvollen Türen, deren architektonische Rahmungen antiken Vorbildern aus Spoleto nachempfunden sind. Auch der eigentliche Speisesaal mit mächtigem Tonnengewölbe auf kräftigen Gesimsen und großen Thermenfenstern in den Lünetten (heute leider vermauert) ist antiken Vorbildern verpflichtet, ohne jedoch mit der Tradition des Raumtyps Refektorium zu brechen. Die Stirnseite schmückte ursprünglich Paolo Veroneses *Hochzeit zu Kanaa* (1562–63; heute Paris, Louvre), ein für Refektorien typisches Thema, das auf die Speisung der Mönche hinweist. Für das imposante barocke **Treppenhaus** schuf Baldassare Longhena unter dem Einfluss spanischer und genuesischer Beispiele einen für Venedig neuen, zukunftsweisenden Treppentypus: Anstatt wie bisher in separaten, tunnelartigen Schächten legte er die doppelten Treppenarme in einen einzigen, hell erleuchteten Einheitsraum mit übergreifendem Gewölbe. Die Treppe sollte den Aufstieg der Mönche zur Weisheit inszenieren, denn von hier gelangt man zur **Bibliothek**. Ihr Skulpturenschmuck auf den säulengeschmückten Bücherschränken und die Deckenfresken verherrlichen den Weg der Mönche zu Erkenntnis und Inspiration durch Studium. Sehenswert sind auch zwei zeitgenössische Kunstprojekte: **Le Stanze del Vetro** mit Wechselausstellungen zu modernen Glaskünstlern sowie **Vatican Chapels** – zehn kleine Kapellen im Garten, von zeitgenössischen Architekten wie Norman Foster (Beitrag des Heiligen Stuhls zur Architekturbiennale 2018).

Giudecca

Die langgezogene Insel jenseits des Giudecca-Kanals wurde im 16. Jh. Sitz von Villen mit ausgedehnten Gartenanlagen und Klöstern, darunter **S. Maria della Presentazione**, genannt **Zitelle** (V G9), vielleicht nach einem Entwurf von Andrea Palladio. Das berühmteste Bauwerk ist **Il Redentore** ♦ (V E9; s. hintere Buchklappe oben). Die Erlöserkirche ist Andrea Palladios Meisterwerk der Kirchenarchitektur und bis auf den heutigen Tag Ziel einer großen Prozession. Der Bau verdankt sich dem Gelübde des venezianischen Senats im Jahr 1576, Christus dem Erlöser eine Kirche zu stiften, um die Stadt von der schweren Pestepidemie zu befreien, die schon ein Drittel der Bevölkerung das Leben gekostet hatte. In nur 15 Jahren konnte die Kirche 1577–92 nach Plänen des Architekten realisiert werden, obwohl die Kosten die ursprüngliche Stiftungssumme um das Sechsfache überschritten. Zuvor hatte es eine Diskussion sowohl über die Wahl des Bauplatzes als auch des Bautyps gegeben. Man entschied sich für den Standort außerhalb des Zentrums auf der Insel jenseits des breiten Giudecca-Kanals. Denn so konnte man die Prozession, die der Doge jedes Jahr am 3. Sonntag im Juli mit dem Senat und dem Chor von S. Marco zum Dank für die Befreiung von der Pest unternahm, wirkungsvoll über eine eigens gebaute Schiffsbrücke von den Zattere zum Redentore inszenieren. Für die Fortsetzung dieser Prozession im Kircheninneren erschien der Kommission ein längsgerichteter Bau besser geeignet als ein Zentralbau.

Der **Außenbau** entfaltet über die Wasserfläche des Kanals bis hin zu den Zattere und dem Markusplatz eine beeindruckende Fernwirkung. Nur aus der Distanz kann man die **Fassade** zusammen mit der darüber aufragenden, typisch venezianischen Bleikuppel ohne hohen Tambour wahrnehmen. Bei der Fassadengestaltung entwickelte Palladio die schon in S. Francesco della Vigna und S. Giorgio Maggiore verwendeten antiken Motive des Triumphbogens und der Tempelfront weiter und fand zu einer perfekten Lösung. Es gelang ihm, durch eine bessere Abstimmung der Gliederungselemente und der Achsabstände sowie durch den gemeinsamen Sockel in Höhe der Freitreppe die Gegensätze zwischen hohem, breitem Mittelteil und niedrigen, flankierenden Seitenteilen aufzuheben und dadurch die Fassadenabschnitte zu einem harmonischen Ganzen zu vereinen. Außerdem sind Tempel- und Triumphbogenmotive deutlicher als zuvor als reine Wandgliederung aufgefasst. Das erkennt man an der Flachheit der Gliederungselemente sowie an den über den Giebeln aufragenden Wandstücken. Im **Inneren** kombinierte Palladio auf vollkommene Weise einen längsgerichteten mit einem zentralisierten Raum und erfüllte damit ganz selbstverständlich die verschiedenen funktionalen Anforderungen an den Bau. An den Saalraum mit den Seitenkapellen für den Prozessionsweg und die Versammlung der Gläubigen schließt sich eine überkuppelte Vierung mit drei Konchen an, die wie ein Zentralraum wirkt. Hier nahmen die Würdenträger Platz. Zugleich wurde der Saalraum auch den Forderungen der Gegenreformation nach guter Sichtbarkeit des Altars und guter Akustik gerecht, während die Vierung an die Zentralbautradition der Votivkirchen erinnerte. Die Apsis hinter dem Altar öffnet sich in einer Säulenstellung und gibt den Blick frei in den Chor der Kapuzinermönche, de-

Molino Stucky

nen die Kirche anvertraut war. Dieser asketische Zweig des Franziskanerordens kritisierte die Kirche als zu prunkvoll. Stilistisch orientierte sich Palladio nämlich ganz an der Antike, vor allem an den prächtigen kaiserzeitlichen römischen Thermenanlagen, wo die plastische Modellierung von Wand und Pfeilern durch Halbsäulen und Nischen oder das Tonnengewölbe mit Stichkappen und die dreiteiligen sogenannten Thermenfenster vorgebildet waren. Dekoration spielt in diesem ganz in istrischem Marmor und hellem Stuck gehaltenen Innenraum keine Rolle. Die Altarbilder in den Seitenkapellen stammen von Alvise Vivarini, Jacopo Palma d. J., Jacopo Tintoretto, Paolo Veronese und Carlo Saraceni.

Von den Industrieanlagen, die sich hier im 19. Jh. ansiedelten, haben sich die **Brauerei Dreher** (V C9) von 1902, die heute teilweise zu Wohnungen umgebaut ist, und der **Molino Stucky** (V B8) erhalten. Diese riesige Kornmühle aus Backstein ließ der Schweizer Großunternehmer Giovanni Stucky von dem deutschen Architekturprofessor Ernst Wüllekopp

1895–1927 im mittelalterlich geprägten Stil nordeuropäischer Industrieanlagen, ausgestattet mit der damals modernsten Technik, erbauen. Die 1958 geschlossene Mühle dient heute als Luxushotel. Ein bekanntes Beispiel moderner Architektur ist die burgartig abgeschottete **Wohnsiedlung** aus Backstein auf der **Sacca Fisola** (V A8), 1980–85 von Gino Valle erbaut.

S. Michele

Die Kirche **S. Michele in Isola** (V I1) ist das erste Werk Mauro Codussis und zugleich einer der ersten Renaissancebauten in Venedig. Auftraggeber war der Abt der Kamaldulenser, eines Reformzweiges der Benediktiner, der seit dem frühen 13. Jh. gemäß seiner eremitischen Ausrichtung auf der Insel abseits der Stadt lebte. Es ist vermutlich der humanistischen Gesinnung der Mönche zu verdanken, die eine berühmte Bibliothek besaßen, dass sie 1468/69 in einer Zeit, als in Venedig noch der gotische Stil vorherrschte, einen Neubau in den Formen der Renaissance wagten. Die spektakuläre **Fassade** rühmte der Abt bereits 1477 in einem Schreiben selbstbewusst für ihre Antikennähe. Angeregt durch Leon Battista Albertis Kirche S. Francesco in Rimini ersetzte Codussi das übliche Ziegelmauerwerk gotischer Kirchenfronten durch eine Marmorfassade mit antikischer Pilasterordnung und Rundbogengiebel – eine zukunftsweisende Lösung für venezianische Kirchen. Die Kamaldulenser konnten sich diesen Luxus dank der großzügigen Stiftungen von Ordensmitgliedern aus mächtigen venezianischen Patrizierfamilien leisten. Die für Sakralbauten äußerst ungewöhnliche Rustikaverkleidung übernahm Codussi von Palastbauten. Bereits in diesem Erstlingswerk fand der Architekt zu seinem charakteristischen strengen Stil, der auf farbige Marmoreinlegearbeiten und andere Baudekoration weitgehend verzichtet. Eine Neuigkeit war auch die große lateinische Inschrift auf der Fassade. Weniger revolutionär ist das Kircheninnere, das dem konventionellen basilikalen Schema mit Säulenarkaden und flacher Holzdecke folgt. Aber das Vokabular – ungewöhnlich weite Arkaden mit Archivolten, Säulenschäfte mit Entasis (Schwellung) und phantasievolle Kapitelle, die eine perfekt ausgeführte Steinmetzarbeit sind – entstammt dem Formenrepertoire der Renaissance. Eine Empore trennt wie in Klosterkirchen üblich den Bereich für die Mönche ab. Die Pendentifkuppeln der Chorpartie gehören zu den frühesten ihrer Art in Venedig. Die um 1530 als selbständiger Baukörper angefügte **Cappella Emiliani** ließ die Witwe von Giovanni Emiliani erbauen – eines der vielen Beispiele weiblichen Mäzenatentums. Die sechseckige, überkuppelte Kapelle mit Vollsäulen an den Gebäudeecken und einer reichen Marmorausstattung ist in Venedig einmalig und geht vielleicht auf den Einfluss römischer Renaissancekunst zurück. Nachdem im 19. Jh. die Bestattung innerhalb der Stadt verboten worden war, legte man 1837–58 auf der Insel den Zentralfriedhof Venedigs mit einer Ummauerung und einer Kirche im neogotischen Stil an. Hier sind die Komponisten Ermanno Wolf-Ferrari, Igor Strawinsky und Luigi Nono, die Schriftsteller Ezra Pound und Joseph Brodsky sowie der russische Ballettimpresario Sergei Djagilew begraben. 1998 wurde der Friedhof nach dem Entwurf von David Chipperfield erweitert.

Murano

Die Besiedlung der seit Jahrhunderten für ihre Glaskunst berühmten Insel ist älteren Ursprungs als Venedig. Die im 7. Jh. gegründete Stadt erfreute sich schon um 1000 einer großen Blütezeit, aber der eigentliche Aufschwung begann, nachdem Venedig 1291 beschlossen hatte, wegen Rauchbelästigung und Brandgefahr alle Glaswerkstätten nach Murano zu verlegen. Da die Glasproduktion ein wichtiger Wirtschaftsfaktor war, genoss die Stadt ein hohes Maß an Autonomie, ein Privileg, das Venedig nur selten gewährte. Im 15. Jh. wurde Murano als Ort der Sommerfrische mit Villen der venezianischen Patrizier beliebt, musste diese Funktion jedoch schon bald an das eroberte Festland abgeben. Die eigentliche Blütezeit der Glasbläserproduktion waren das 16. und 17. Jh., als ganz Europa von hier vor allem mit Spiegeln beliefert wurde. Von der ehemals berühmten Bebauung hat sich nur wenig erhalten, z. B. der **Palazzo Trevisan** von 1557 am Canale di S. Donato und der **Palazzo Giustinian**, den der Bischof Marco Giustinian 1680 in Auftrag gab, nachdem er den Bischofsitz von Torcello nach Murano verlegt hatte (heute **Museo del Vetro**; s. S. 230).

Das bedeutendste Bauwerk Muranos, **SS. Maria e Donato**, stand ursprünglich nicht so frei wie heute, sondern in Nachbarschaft mit dem Baptisterium und dem Rathaus am Hauptplatz. Die Kirche wurde wahrscheinlich wie der Dom von Torcello im 7. Jh. gegründet und Anfang des 12. Jh.s umgebaut, nachdem man die Reliquien des hl. Donatus aus Sizilien erworben hatte und sein Patrozinium hinzufügte. Mit dem 1140 durch eine Inschrift datierten Mosaikfußboden waren die Erneuerungsarbeiten abgeschlossen. Die Umgestaltung der Barockzeit machte eine ›reinigende‹ Restaurierung 1858–73 wieder rückgängig, ohne dabei vor freizügigen pseudo-mittelalterlichen Rekonstruktionen zurückzuschrecken. Trotz dieser umstrittenen Restaurierung gilt die Kirche als eines der bedeutendsten Denkmäler byzantinischer Architektur der Lagune. Den massigen Außenbau, aus dem das Querschiff deutlich herausragt, charakterisiert nacktes Ziegelmauerwerk mit mehrfach abgestuften Blendbögen, die durch Bogenfriese verbunden werden. Auch der Campanile übernimmt diese Gliederung. Lediglich die berühmte **Chorpartie**, die sich nicht zufällig auf den Kanal ausrichtet, weist eine für die Zeit ungewöhnlich schmuckvolle

Murano, SS. Maria e Donato, Fußboden

Gliederung auf. Hier ist die Mauermasse durch zweigeschossige Arkaden auf marmornen Doppelsäulen aufgelöst, die im Obergeschoss sogar einen begehbaren Umgang bilden. Weitere Ornamente sind die Zickzack-Friese und die Zahnschnitte in Terrakotta. Man vermutet, dass diese Chorlösung von der romanischen Architektur des norditalienischen Festlandes beeinflusst ist. Das **Innere** der dreischiffigen Säulenbasilika mit offenem Dachstuhl in Form eines Schiffsrumpfes ist der Kathedrale von Torcello vergleichbar, unterscheidet sich davon aber durch das Querhaus, das dort fehlt. Von der Ausstattung ist neben dem Apsismosaik (wohl 1. Hälfte 13. Jh.) vor allem der gut erhaltene **Mosaikfußboden** von 1141 bedeutend.

In *opus sectile* gelegte geometrische Muster wie Kreise, Recht- und Achtecke sind mit Tierdarstellungen (Pfauen, Greifen) in Mosaiktechnik kombiniert. Diese Verbindung verschiedener Techniken und Schmuckformen ist typisch für die Fußböden der nördlichen Adriaküste (s. S. Marco, Venedig; Torcello, Dom).

Die Renaissancekirche **S. Pietro Martire** birgt zwei Bilder von Giovanni Bellini, darunter das berühmte *Votivbild des Dogen Agostino Barbarigo* von 1488, dessen Komposition mit der Madonna in der Mitte einer Sacra Conversazione angenähert ist, da der Doge das Bild nach seinem Tod als Altarbild eingesetzt wissen wollte. Dafür musste er diesen Ort außerhalb Venedigs wählen, da in Venedig Porträts auf Altarbildern noch verboten waren.

♦ Torcello

Die im Jahr 639 gegründete Siedlung erlebte ihre große Blütezeit, als Venedig noch unbedeutend war. Sie entwickelte sich im 8. Jh. zur wichtigsten Bischofs- und Handelsstadt in der Lagune, aber mit dem Aufstieg Venedigs im 11. Jh. sank ihre Bedeutung. Die Bevölkerung von ehemals 20 000 Einwohnern wanderte ab, bis der Ort schließlich in einen Dornröschenschlaf verfiel, der bis heute anhält. Daher hat sich hier wie auch in Murano die Sakralarchitektur des 7.–11. Jh.s besser erhalten als in Venedig, wo die frühen Bauten später verändert oder durch Neubauten ersetzt worden sind. Außerdem vermittelt das heute weitgehend verlassene Örtchen einen lebendigen Eindruck vom ursprünglichen Charakter der weiten, von Wasser und unzähligen Inselchen geprägten Lagunenlandschaft, bevor Venedig besiedelt wurde.

Der **Dom S. Maria Assunta**, der Himmelfahrt Mariens, stammt in seinen Grundmauern aus dieser Frühzeit, erhielt seine heutige Gestalt aber erst Anfang des 11. Jh.s unter den Bischöfen Orso und Vitale Orseolo, den Söhnen des Dogen Pietro II. Orseolo. Der Typus der dreischiffigen Säulenbasilika

Torcello

mit offenem Dachstuhl und drei Apsiden, aber ohne Querhaus, schließt sich an die Tradition frühchristlicher Kirchen in Ravenna und Grado an, unterscheidet sich aber deutlich von den gleichzeitigen zentralen Kreuzkuppelkirchen Venedigs. Das damals übliche schmucklose Äußere aus Backstein kontrastiert mit dem reicher gestalteten Inneren, das Arkaden auf griechischen Marmorsäulen und folgende kunsthistorisch wichtige Ausstattungsstücke aufweist: einen (teilweise erneuerten) Marmorfußboden in *opus-sectile*-Technik in rein geometrischem Muster; eine Ikonostase aus sechs schlanken Säulen und byzantinischen Schrankenplatten aus dem 11. Jh., in die Löwen und Pfauen in Weinranken gemeißelt sind (der Bilderfries mit Maria und den Aposteln kam erst im 15. Jh. hinzu); der Bischofssitz, der sich in der Mitte der halbkreisförmigen Treppenanlage in der Apsis befindet, ist typisch für Kirchenausstattungen früher Bischofskirchen in Oberitalien. Besonders berühmt sind die **Mosaiken**, deren Datierung zwischen dem 11. und 13. Jh. schwankt, da sie aufgrund von späteren Veränderungen stilistisch nicht einheitlich sind. In der Hauptapsis sind die stehende *Maria mit Jesuskind* auf dem Arm nach dem byzantinischen Prototyp der *Hodegetria* und darunter die *Zwölf Apostel* dargestellt, am Triumphbogen der Apsis *Mariä Verkündigung*. Bei den Mosaiken in der rechten Nebenapsis mit dem *Thronenden Christus zwischen zwei Erzengeln und den heiligen Bischöfen Gregor, Martin, Augustinus und Ambrosius* lässt sich anhand der statischen Haltung der Figuren gut der byzantinische Einfluss erkennen, vergleichbar den älteren Mosaiken in S. Marco in Venedig; im Gewölbe das *Lamm Gottes* in einem von Engeln gehaltenen Medaillon. Die Darstellung des *Jüngsten Gerichts* befindet sich gemäß westlicher Tradition an der Eingangswand (in Frankreich oft als Portalskulptur am Außenbau). Für das Thema typisch ist auch der Bildaufbau in horizontalen Streifen mit Christus als Weltenrichter in einer weißen Mandorla, flankiert von Maria und Johannes dem Täufer als Fürbitter für die Toten sowie den Aposteln auf der Richterbank. Darunter sind, von Engeln bewacht, der leere Thron Christi (*Hetoimasia*) sowie weitere Engel zu sehen, die zur Auferweckung der Toten Posaune blasen. Die Toten werden nach ihren Taten zu Lebzeiten gerichtet. In den beiden unteren Registern stehen sich die Seligen im Paradies links und die Verdammten in der Hölle rechts gegenüber. Wie üblich erscheinen die Seligen bekleidet in ruhiger Haltung, während die Verdammten unruhig und nackt sind, eine der wenigen Möglichkeiten von Aktdarstellungen in der mittelalterlichen Kunst. Die Gerichtsdarstellung wird im oberen Bereich durch die *Höllenfahrt Christi* (*Anastasis*), ein typisches Thema der byzantinischen Kunst, und die *Kreuzigung* ergänzt.

Das zerstörte, nur noch in den Grundmauern erhaltene

Baptisterium war wie im italienischen Mittelalter verbreitet ein separater Zentralbau, der direkt neben dem Dom lag (vgl. Florenz, Pisa).

Die Kirche **S. Fosca** wurde im 11. Jh. als Grablege für die frühchristliche Märtyrerin Fosca erbaut, nachdem ihre Reliquien nach Torcello gebracht worden waren. Es entsprach einer alten Tradition, Märtyrerkirchen in Form von Zentralbauten zu errichten, hier wie das Mausoleum der Galla Placidia in Ravenna über griechischem Kreuz mit Pendentifkuppel über der Vierung. Der zentrale, kreuzförmige Innenraum mit dem zu Apsiden erweiterten vierten Kreuzarm wirkt aber auch wie eine verkleinerte Version von S. Marco in Venedig. Die achteckige Vorhalle wurde erst im 12. Jh. hinzugefügt und soll vielleicht auf den ähnlich gestalteten Felsendom in Jerusalem anspielen, den man damals für den Tempel Salomons hielt.

Lido di Venezia

Der schmale, langgezogene Landstreifen, der die Lagune gegen das offene Meer abtrennt, war ursprünglich nahezu unbesiedelt. Als im 19. Jh. das Baden im Meer beliebt wurde, entwickelte sich der Lido zu einem der schicksten Urlaubsorte Europas – durch die Novelle *Tod in Venedig* von Thomas Mann (1912) literarisch verewigt. Zeugnisse dieser Blütezeit sind heute noch die großen Hotelpaläste: das 1898–1908 von Giovanni Sardi im maurischen Stil erbaute **Grand Hotel Excelsior** (Piazzale del Casinò; Karte VI), das größte und luxuriöseste Hotel auf dem Lido (im Inneren leider modernisiert), und das **Grand Hotel des Bains** (Lungomare Guglielmo Marconi; Karte VI) im neoklassischen Stil (um 1900; seit 2010 geschlossen und dem Verfall preisgegeben), beide direkt am Strand gelegen, außerdem das **Hotel Hungaria** (Gran Viale S. Maria Elisabetta 28; Karte VI) von 1906 mit buntfarbiger Marmorfassade im Jugendstil. Weitere Bauten des frühen 20. Jh.s sind: **S. Maria della Vittoria** (Riviera S. Maria Elisabetta; Karte VI), 1921–38 als Siegestempel erbaut, heute Denkmal für die Gefallenen der beiden Weltkriege; ferner die **Villa Monplaisir** von 1904–05 (Ecke Gran Viale S. Maria Elisabetta / Via Lepanto) und die **Casa del Farmacista** von 1926–27 (Via Sandro Gallo 74), beide im italienischen Jugendstil. Für die 1932 gegründeten *Internationalen Filmfestspiele Venedig* errichtete man 1936–38 den **Palazzo del Cinema** (Piazzale del Casinò; 1952 erweitert; Karte VI) in für die Architektur des italienischen Faschismus typischen, streng geometrischen, aber sehr monumentalen Formen. Auch der gleichzeitig entstandene **Palazzo del Casinò Municipale** (Spielcasino; Piazzale del Casinò) von Eugenio Miozzi vertritt diesen Stil.

Museen

Gallerie dell'Accademia (II D7): Die weltweit bedeutendste Sammlung venezianischer Malerei des 14.–18. Jh.s ist aus der 1750 vom Maler Giambattista Piazzetta gegründeten und anschließend von Giambattista Tiepolo geleiteten Kunstakademie hervorgegangen. 1807 wies Napoleon der Akademie den heutigen Sitz in den aufgelassenen Gebäuden von S. Maria della Carità zu und legte den Grundstein zur heutigen Gemäldesammlung. Die Bautengruppe von **S. Maria della Carità** umfasst die um 1440 erbaute spätgotische Kirche, die rechts daneben liegende Scuola Grande aus dem 14. Jh. und das Kloster aus dem 16. Jh. Die Umfunktionierung zum Museum hat die Gebäude teilweise stark verändert bzw. zerstört. Die Kirche ist ihrer Ausstattung mit bedeutenden Altären und Gräbern beraubt und durch die eingezogene Zwischendecke entstellt. Die Charakteristika des mittelalterlichen Bruderschaftsgebäudes sind hingegen noch nachvollziehbar.

Die Anordnung eines Kapitelsaals (Sala del Capitolo; 1343 vollendet; Decke 1461) und eines angrenzenden Herbergssaals (Sala dell'Albergo; 1384, 1422–44) im Obergeschoss wurde prägend für die späteren Scuole Grandi. Architektonisch von Interesse sind aber vor allem die erhaltenen Reste der Klosteranlage für den Orden der lateranensischen Kanoniker, einer italienischen Reformbewegung der Augustinerchorherren. Der Bau war der erste venezianische Auftrag für Andrea Palladio, der bis dahin durch seine Paläste und Villen in seiner Heimatstadt Vicenza und Umgebung von sich reden gemacht hatte. Der 1561 begonnene Bau wurde nie ganz fertiggestellt und 1630 durch einen Brand schwer beschädigt, aber wenigstens ein Flügel des Kreuzgangs sowie die Sakristei sind erhalten. Die Klosteranlage ist dank der Publikation Palladios in seinem 1570 erschienenen Architekturtraktat, in dem er viele seiner Bauten in Wort und Bild vorstellt, berühmt geworden. Demnach zählt der Bau zu den wenigen Beispielen der Renaissancearchitektur, in denen versucht wird, das antike Wohnhaus mit verschiedenen Innenhöfen (Atrium und Peristyl) nachzubauen. Die Kreuzgänge besitzen jedoch eindeutig die Form, die seit dem Mutterkloster S. Maria della Pace in Rom (1500–04 vom berühmten Architekten Donato Bramante erbaut) in den Klöstern der Lateranskanoniker üblich war: Die traditionellen Säulenarkaden auf einer Brüstung sind durch ebenerdige Pfeilerarkaden mit einer vorgelegten Halbsäulen- oder Pilasterordnung ersetzt. Dieses für Klosterhöfe völlig unübliche Motiv stammt aus der antiken Theaterarchitektur, etwa dem Kolosseum in Rom. Bemerkenswert in Palladios Hof ist das exakt gearbeitete Ziegelmauerwerk, zu dem die gemeißelten Elemente wie Basen, Kapitelle und Gesimse in weißem Marmor einen reizvollen Kontrast bilden.

Der Grundstock der Gemäldesammlung stammt aus den vielen, Anfang des 19. Jh.s aufgelassenen Kirchen, Klöstern und Scuole, hinzu kamen großzügige Stiftungen des venezianischen Patriziats. Unter den Werken der Frühzeit der venezianischen Malerei ragt das um 1350 geschaffene, große *Polyptychon von S. Chiara* von **Paolo Veneziano** heraus, dem ersten namentlich bekannten Maler Venedigs. Die mehrteilige, durch einen Goldrahmen zusammengefasste Altartafel zeigt in der Mitte die Marienkrönung, flankiert von Szenen aus dem Leben Jesu, darüber Szenen der hl. Klara und des hl. Franziskus. Der Goldgrund und die flächige Darstellung ohne räumliche Tiefe sind noch der byzantinischen Tradition verpflichtet, aber die lebendige Erzählung der Handlung verrät den Einfluss westlicher Malerei, die Giotto in der Toskana begründet hatte. Zu den besonderen Schätzen des Museums gehören die Gemälde der Renaissance, der eigentlichen Blütezeit der venezianischen Malerei, von Gentile und Giovanni Bellini, Cima da Coneglia-

Giovanni Bellini: *Pala di S. Giobbe* (Gallerie dell'Accademia)

no, Vittore Carpaccio, Giorgione, Giovanni Girolamo Savoldo, Tizian, Lorenzo Lotto, Jacopo Palma d. J., Paris Bordone, Jacopo Bassano, Jacopo Tintoretto und Paolo Veronese.

Einige herausragende Beispiele seien hier erwähnt. Die *Pala di S. Giobbe* von **Giovanni Bellini**, um 1480 von der Scuola di S. Giobbe für die gleichnamige Kirche zum Dank für die Erlösung von der Pest in Auftrag gegeben, gilt als eines der bedeutendsten Altarbilder der Zeit. Dargestellt ist die thronende Maria mit Kind, umgeben von den Heiligen Franziskus, Johannes dem Täufer, Hiob (links) sowie Sebastian, Ludwig von Toulouse und Dominikus (rechts). Bellini hat die Heiligen nicht mehr wie bei den älteren Altarbildern in einzelnen, durch Rahmen getrennten Bildfeldern aufgereiht, sondern in einem einheitlichen Bildraum symmetrisch um die in der Mitte positionierte Madonna versammelt. Der für diese Komposition seit dem 18. Jh. gebräuchliche Begriff Sacra Conversazione bezeichnet nicht etwa ein ›heiliges Gespräch‹, sondern eine ›heilige Gemeinschaft‹. Dafür gab es in Florenz und Venedig zwar schon Vorläufer, aber Bellini führte entscheidende Neuerungen ein: die hochrechteckige Form, die bis dahin unerreichte Höhe von über fünf Metern sowie die perspektivisch korrekt gemalte Bildarchitektur, die ehemals die Altararchitektur in der Kirche fortsetzte. Der Betrachter fühlt sich in das Geschehen mit einbezogen, da die Perspektive dieser Bildarchitektur und die lebensgroßen Figuren auf seinen Standort Rücksicht nehmen. Das Thema der Sacra Conversazione wurde fortan in unzähligen venezianischen Altarbildern der Renaissance und des Barock variiert. Die Accademia besitzt auch eine Reihe von Giovanni Bellinis berühmten, kleinformatigen Madonnenbildern in Halbfigur, die für die private Andacht zu Hause bestimmt waren und das religiöse Empfinden des betenden Betrachters anregen sollten (*Madonna Contarini*, 1480–85; *Madonna degli Alberetti*, 1487; *Madonna mit den roten Seraphinen*,

1485–90). Bellini ließ sich für diesen Bildtypus, den er in immer neuen Varianten malte, von byzantinischen Marienikonen inspirieren, bereicherte aber das Vorbild durch den Landschaftshintergrund sowie den gesteigerten seelischen Ausdruck von Maria und Jesuskind. Ihre Traurigkeit spielt auf die zukünftige Passion Christi an. Bei der *Madonna mit Kind und Heiligen*, 1490–95, und der *Sacra Conversazione Giovanelli*, 1500–05, ist das traditionelle Andachtsbild zu einer halbfigurigen Heiligenversammlung nach Art der Sacra Conversazione erweitert. Die *Pietà Donà dalle Rose*, Anfang 16. Jh., ist ein Beispiel für ein sogenanntes Vesperbild, die Beweinung des toten Christus zwischen Kreuzabnahme und Grablegung, die Bellini, angeregt von nordalpinen Vorbildern, in Venedig populär machte. Die *Madonna mit dem Orangenbaum* von 1496–98 ist eines der Hauptwerke von **Cima da Conegliano**, dem zweiten wichtigen Vertreter der venezianischen Frührenaissance. Er verzichtete erstmals auf eine Rahmenarchitektur zugunsten eines reinen Landschaftshintergrunds und ordnete die Figuren asymmetrisch an. Der Orangenbaum wurde als Symbol der Keuschheit gedeutet. Für die *Darbringung im Tempel* ließ sich **Vittore Carpaccio**, der dritte Meister der Zeit, eindeutig von Bellini inspirieren – das Bild befand sich in S. Giobbe auf dem Altar direkt daneben –, aber er betont den erzählerischen Aspekt der Szene stärker.

Das Gewitter von **Giorgione**, um 1510, ist eines der berühmtesten und zugleich rätselhaftesten Werke der Kunstgeschichte. Giorgione revolutionierte die Maltechnik und leitete damit eine neue Epoche der europäischen Malerei ein. Statt mit Temperafarbe auf Holztafeln malte er mit Ölfarbe auf Leinwand, die in einen Rahmen gespannt wurde. Die neue Technik ermöglichte es, die Komposition ohne vorbereitende Zeichnungen während des Malens mit dem Pinsel auf der Leinwand zu entwickeln und das Bild in diesem kreativen Pro-

Giorgione: *Das Gewitter* (Gallerie dell'Accademia)

zess durch Übermalungen immer wieder zu verändern. Giorgione kehrte den bisher üblichen Farbauftrag von dunklen Tönen auf hellem Grund um und arbeitete die Komposition mit schrittweise heller werdenden Farben aus dem dunklen Grund heraus. Die Farben wirken jetzt aus der Schattenzone, nur wenige Partien erscheinen in vollem Licht. Durch einen pastosen, dicken Farbauftrag, der die Pinselstriche sichtbar macht, erhalten die Formen unscharfe Umrisse und werden erst aus einer gewissen Distanz erkennbar. Stimmungen und atmosphärische Nuancen lassen sich einfangen. Mit dieser neuen Malweise kamen bis dahin unbekannte und zum Teil bis heute ungeklärte Bildthemen auf. Im sogenannten *Gewitter* sieht man eine nackte Frau, die ihr Kind stillt, und einen bekleideten Mann. Laut jüngstem Deutungsversuch ist eine Szene aus dem Trojanischen Krieg dargestellt, der Abschied des Paris von seiner Gattin, der Nymphe Oinone, und deren Kind Korythos. Aber die Hauptrolle spielt die Landschaft bzw. die Natur. Vielleicht ging es Giorgione und seinem Auftraggeber auch gar nicht primär um ein Thema im traditionellen Sinn, sondern erstmalig um Schaffung eines Kunstwerks von ästhetischem Wert, das für eine Kunstsammlung bestimmt war. Giorgione war vermutlich auch der Erste, der ein namentlich nicht bekanntes Individuum porträtierte und damit erneut seine Fähigkeiten als Maler zum Bildthema machte. Im *Porträt einer alten Frau* (*La Vecchia*), vor 1510, schaut eine ärmlich bekleidete alte Frau leicht von rechts kommend auf den Betrachter. Der Zettel in ihrer Hand mit der Aufschrift COL TEMPO (»Mit der Zeit«) liefert außerdem einen Schlüssel zur Deutung als Allegorie des Alters.

Lorenzo Lotto, der Zeitgenosse Tizians, ist durch das *Bildnis eines jungen Edelmannes* (um 1525), vertreten, das seine Meisterschaft in der Wiedergabe der menschlichen Seelenregungen zeigt. Der Maler war als Porträtist bei Stadtpatriziern und Kaufleuten mittleren Standes sehr gefragt, die sich gerne wie dieser junge Mann umgeben von Büchern oder Kunstwerken malen ließen. **Jacopo Palma d. Ä.**, einer der höchstbezahlten Maler seiner Zeit, schuf um 1525 als erster eine Sacra Conversazione im Querformat mit sitzenden Heiligenfiguren.

Giovanni Antonio Pordenone, ein in ganz Oberitalien erfolgreicher Maler, ist heute fast vergessen, war aber zeitweilig ein Konkurrent Tizians. Die ursprünglich für eine Kapelle in der Kirche Madonna dell'Orto bestimmte Altartafel *Hl. Lorenzo Giustiniani und Heilige*, 1532–34, zeigt eine asymmetrisch komponierte und dramatisch bewegte Sacra Conversazione, in der sich die Figuren erstmalig durch ihre Gestik direkt an den Betrachter wenden. Das berühmteste Gemälde des in der Werkstatt Tizians ausgebildeten **Paris Bordone** ist *Der Fischer übergibt dem Dogen den Ring des hl. Markus* (um 1535). Es war für die Sala dell'Albergo der Scuola Grande di S. Marco geschaffen und zeigt, eingebettet in eine großartige Bildarchitektur, eine Episode aus der Markuslegende, in die Porträts der Scuola-Mitglieder integriert sind. 1547/48 begann **Jacopo Tintoretto** mit dem ungleich bedeutenderen, vierteiligen Zyklus zur Markuslegende für den Kapitelsaal der Scuola. Das revolutionäre Werk *Wunder des hl. Markus* (*Sklavenwunder*) machte den damals dreißigjährigen Tintoretto mit einem Schlag zu einem berühmten Maler, sehr zum Ärger Tizians. Thema ist die Legende von einem Sklaven, der ohne Erlaubnis seines Herrn zum Grab des hl. Markus nach Venedig pilgert und zur Strafe gefoltert werden soll. Aber alle Marterwerkzeuge versagen dank des Eingreifens des hl. Markus. Tintoretto bricht mit den bis dahin geltenden Kompositionsregeln für ein ›harmonisches‹ Bild und stellt die Figuren in einer nie dagewesenen Erregung, in ungewöhnlichen Perspektiven sowie in einer kontrastreichen Beleuchtung dar. Die Zeitgenossen bewunderten die Lebensechtheit der Szene. Von der um die Aktfigur des Sklaven gescharten, aufgebrachten Menge unbemerkt stürzt der hl. Markus vom Himmel: Die in starker Untersicht gemalte Figur war eine für die venezianische Deckenmalerei wegweisende Erfindung. Erst 1562 setzte Tintoretto die Arbeit am Zyklus mit der *Entführung des Leichnams des hl. Markus aus*

Alexandria fort, einem von starken Kontrasten geprägten Bild. Die nur in Weiß gemalte Architektur erzeugt weite Tiefenräumlichkeit und eine unheimliche Stimmung, während das Hauptgeschehen an den äußersten Bildrand abgedrängt ist. Der Größenunterschied zwischen diesen Figuren und den in raschen Bleiweißstrichen gemalten Figuren der vor dem Gewitter fliehenden Heiden ist enorm. Die beiden anderen Bilder des Zyklus stellen dar: *Errettung eines Sarazenen aus Seenot* und *Traum des hl. Markus.* **Tizians** *Pietà* war für sein eigenes Grabmal in der Frarikirche bestimmt. Das Thema erhält im Unterschied zu bisherigen Darstellungen durch die heftige Bewegung der Magdalena eine ungewöhnliche Dramatik, was als Hinweis auf die damalige Pest gedeutet worden ist. In diesem letzten Werk von 1576 (von Jacopo Palma d. J. vollendet) liefert Tizian nochmals ein eindrucksvolles Zeugnis seines Spätstils, einer Hell-Dunkel-Malerei aus flüchtig aufgetragenen, flimmernden Farbflecken, die die Formen verschwimmen lassen. Das 1573 für das Refektorium des Klosters SS. Giovanni e Paolo geschaffene Kolossalgemälde *Gastmahl im Haus des Zöllners Levi* von **Paolo Veronese** löste einen Skandal aus, da es für unangemessen befunden wurde. Man empfand die fröhlich feiernde, modisch gekleidete Festgesellschaft, die wie auf einer Bühne unter einer monumentalen Bogenarchitektur platziert ist, als zu weltlich für das gestellte Thema des Letzten Abendmahls. Man störte sich an der Darstellung von deutschen Landsknechten, eines Narrenzwergs, eines Mannes mit einem blutigen Taschentuch und des Hundes. Veronese musste sich in einem Prozess vor dem Inquisitionsgericht verantworten. Er rechtfertigte sich in einer berühmt gewordenen Rede mit der Freiheit des Künstlers, nahm die geforderten Übermalungen nicht vor und löste das Problem, indem er dem Bild einfach den neuen Titel gab, unter dem es noch immer bekannt ist. Auch die zweite wichtige Epoche der venezianischen Malerei, das 18. Jh., ist mit Werken der prominenten Maler **Giambattista Tiepolo**, **Giambattista Piazzetta** (*Die Wahrsagerin*, um 1740, eine für den Künstler typische Genreszene), **Giambattista Pittoni**, Antonio Canal gen. **Canaletto**, **Pietro Longhi** und **Rosalba Carriera** vertreten.

Zu den berühmtesten Sehenswürdigkeiten des Museums gehören zwei umfangreiche **Bildzyklen**, die als Besonderheit der venezianischen Malerei gelten: ehemals für Scuole geschaffene Folgen großformatiger Gemälde mit der Geschichte ihres Schutzpatrons bzw. ihrer Reliquien. Die Bruderschaften versuchten, sich nicht nur mit Baulichkeiten, sondern auch mit Gemäldezyklen gegenseitig zu übertreffen. Der Zyklus der *Ursula-Legende* von 1490–1500 für die Scuola di S. Orsola (zerstört) begründete den Ruhm von **Vittore Carpaccio** als Maler detailreich erzählter Geschichten, sogenannter Historien. Die bretonische Prinzessin Ursula soll mit dem Sohn des englischen Königs verheiratet werden, aber sie knüpft die Einwilligung zur Ehe an den Übertritt des Bräutigams zum Christentum sowie an eine gemeinsame Pilgerfahrt nach Rom. Noch vor der Hochzeit erleidet Ursula jedoch in Köln den Märtyrertod. Carpaccio schildert in neun Tafeln folgende Ereignisse: *Ankunft der englischen Gesandten am Hof des bretonischen Königs* (die um die Hand Ursulas anhalten, während sie im Nebenraum rechts ihrem Vater die Heiratsbedingungen diktiert), *Abschied der englischen Gesandten und Rückkehr an den Hof des englischen Königs* (mit Überbringung der Heiratsbedingungen), *Begegnung des Brautpaars und Aufbruch zur Pilgerfahrt*; *Empfang des Brautpaars durch den Papst in Rom* (mit einer Darstellung der Engelsburg), *Traum der hl. Ursula* (ein wegen der Darstellung eines zeitgenössischen venezianischen Schlafgemachs bekanntes Bild; in einem Lichtkegel von rechts tritt ein Engel ein, der der schlafenden Ursula ihr bevorstehendes Martyrium verkündet), *Ankunft der hl. Ursula und der 11 000*

Jungfrauen in Köln, Märtyrertod und Begräbnis der hl. Ursula, Apotheose der hl. Ursula. Die frei erfundenen Episoden der Gesandtenempfänge spielen auf die venezianische Diplomatie und das damit verbundene, prunkvolle Staatszeremoniell an. In der Ermordung der Heiligen durch die Hunnen hat man einen Bezug zur damaligen Bedrohung Venedigs durch die Osmanen gesehen. Die größten Förderer der Scuola waren einige Mitglieder der Familie Loredan, die sich im Kampf gegen die Osmanen verdient gemacht hatten. In allen Szenen kommt der mit den Mitteln der Zentralperspektive meisterhaft komponierten Architektur der Schauplätze eine entscheidende Rolle zu, vielleicht angeregt von den Skizzenbüchern Gentile Bellinis (heute Paris, Louvre). Mit dem Zyklus *Wunder der Kreuzreliquie* von **Gentile Bellini**, **Vittore Carpaccio** und anderen Malern (1494 ff.) wollte die Scuola di S. Giovanni Evangelista alle anderen Bruderschaften ausstechen, übernahm sich aber mit dem großen Ausstattungsprojekt finanziell völlig. Dargestellt sind die Wunder, die ihre kostbare Reliquie, ein 1369 aus Konstantinopel erhaltener Partikel vom Kreuz Christi, in Venedig bewirkt hatte. Allerdings spielten bei den Bildern die eigentlichen Wunder eine weit geringere Rolle als die Selbstdarstellung möglichst vieler Bruderschaftsmitglieder im Porträt sowie die getreue Wiedergabe der Schauplätze. Die von Bellini und Carpaccio hier geschaffenen Stadtporträts Venedigs blieben in der europäischen Malerei lange unerreicht. Das bekannteste Werk, Gentile Bellinis *Prozession auf der Piazza S. Marco* (Abb. S. 44), besitzt geradezu dokumentarischen Wert, denn es zeigt eine topographisch exakte Ansicht des Platzes vor dem Umbau im 16. Jh. sowie die Fassade der Markuskirche mit den Mosaiken aus dem 13. Jh. Auch das Staatszeremoniell der jährlichen Markusprozession ist authentisch überliefert. Besonderes Gewicht ist auf die Bruderschaftsmitglieder gelegt, die im Vordergrund marschieren. Auch Vittore Carpaccios

Wunder an der Rialtobrücke ist ein Spitzenwerk der frühen venezianischen Vedutenmalerei, das eine realistische Vorstellung vom damaligen Aussehen des Canal Grande an der noch hölzernen Brücke gibt.

Der einzige Raum des historischen Baukomplexes von S. Maria della Carità, der sich im Originalzustand mit der Vertäfelung, den Holzbänken, der Decke und zwei bedeutenden Gemälden erhalten hat, ist die **Sala dell'Albergo**, der Sitzungssaal des Bruderschaftsvorstands. Der *Kirchenväteraltar* (*Thronende Madonna mit Kind und den Kirchenvätern*), 1446 von Antonio Vivarini und Giovanni d'Alemagna signiert, ist ein epochales Werk, da es zumindest teilweise mit Ölfarbe auf Leinwand statt wie bisher in Tempera auf Holz gemalt ist und kompositionell eine wichtige Vorstufe für die Sacra Conversazione Bellinis bildet. Der Raum von Mittel- und Seitentafeln (deren originale Schnitzrahmen im 19. Jh. entfernt wurden) ist perspektivisch als Einheit komponiert. Diese Neuerung wurde vermutlich dadurch begünstigt, dass die Seitentafeln keine beweglichen Flügel, sondern fest montiert waren, da Leinwand als Bildträger für Klappaltäre ungeeignet war. Die acht Meter breite Wandfläche gegenüber füllt Tizians *Tempelgang Mariens* von 1534–38 aus, das an die großen Historienzyklen der Scuole von Carpaccio und Gentile Bellini anknüpft. Wie schon bei den Vorbildern wird das religiöse Thema mit einem Gruppenporträt der Scuolamitglieder verbunden. Aber Tizian überwindet die Kleinteiligkeit der älteren Zyklen und rückt sowohl die handelnden Personen als auch die jetzt ungleich mächtigere Architekturkulisse ganz nah an den Betrachter heran. Dadurch verleiht er dem Bild eine monumentale Wirkung. Die Beleuchtung stimmt mit dem tatsächlich vom linken Fenster einfallenden Licht überein.

Seit 2005 wird das Museum kontinuierlich erweitert, zuletzt 2023 um einen Flügel im Kreuzgang Palladios mit venezianischen Gemälden des 16. Jh.s.

Ca' d'Oro – Galleria Giorgio Franchetti (III F4): 1895 kaufte Baron Giorgio Franchetti den Palast, um hier seine private Kunstsammlung unterzubringen, die er zusammen mit dem Gebäude 1916 der Stadt vermachte. Seit 1927 ist das Museum öffentlich zugänglich. Im Inneren gewinnt man, obwohl teilweise im 19. Jh. mit alten Werkstücken recht frei rekonstruiert, einen anschaulichen Eindruck von der Anlage eines mittelalterlichen venezianischen Palastes mit großer Eingangshalle, kleinem Innenhof mit Außentreppe und kapitellförmiger Zisterne (von Bartolomeo Buon, 1427), ferner Loggien im ersten und zweiten Stock, die einen grandiosen Blick über den Canal Grande gestatten. Der Schwerpunkt der Sammlung liegt auf der Malerei und der Skulptur und Plastik der Renaissance. Die wichtigsten Werke sind: *Hl. Sebastian* von Andrea Mantegna; *Verkündigung* und *Tod Mariens* von Vittore Carpaccio; *Venus vor dem Spiegel* von Tizian; das Marmorrelief *Porträt eines Ehepaars* von Tullio Lombardo; die Bronzestatuette *Apoll* von Pier Jacopo Alari genannt Antico; die Bronzereliefs mit der *Kreuzlegende* von Antonio Rizzo, mehrere Medaillen u. a. von Pisanello; *Porträt eines Edelmanns* von Anthonis van Dyck; fünf Porträtbüsten von Alessandro Vittoria sowie die Fragmente der Fresken, die Tizian und Giorgione für die Fassade des Fondaco dei Tedeschi schufen.

Ca' Pesaro – Galleria Internazionale d'Arte Moderna (III E4): Den Kern des 1897 gegründeten Museums bildet die Sammlung der auf der Biennale prämierten Kunstwerke. Zum Bestand dieses wichtigen Museums der Kunst des 20. Jh.s gehören u. a. Werke von Max Klinger, Max Liebermann, Marc Chagall, Paul Klee, Max Ernst und Hans Arp. Im Palast ist außerdem das **Museo d'Arte Orientale**, eine der größten Sammlungen japanischer Kunst des 17.–19. Jh.s, untergebracht.

Ca' Rezzonico – Museo del Settecento Veneziano (II D6): ♦
Hier bietet sich die einzigartige Möglichkeit, die venezianische

Kunst des 18. Jh.s im passenden Rahmen eines Barockpalastes mit gut erhaltener Innenausstattung zu sehen und sich so einen Eindruck vom Leben des Adels in der damaligen Zeit zu verschaffen. Das Innere folgt zwar der traditionellen Anordnung eines Palastes mit Andron und Portego, beeindruckt aber durch seine Dimensionen, erkennbar insbesondere im Treppenhaus und im Ballsaal, die Giorgio Massari im 18. Jh. hinzufügte. Zur ursprünglichen Ausstattung gehören die Deckenfresken von Giovanni Battista Crosato im Ballsaal und in der Sala dei Pastelli sowie von Giambattista Tiepolo in der Sala dell'Allegoria Nuziale und in der Sala del Trono. Zu den Höhepunkten des Museums zählen die Venedig-Veduten von Canaletto, die Pastell- und Miniaturporträts von Rosalba Carriera, die Genreszenen von Pietro Longhi aus dem Leben der venezianischen Unter- und Oberschicht sowie ein Freskenzyklus von Giambattista Tiepolo und seinem Sohn Giandomenico, der aus der Villa der Künstler in Zianigo stammt. Von der Einrichtung eines venezianischen Barockpalastes zeugen die Seidentapeten, Bildteppiche, Lüster, Möbel, Porzellan und Keramik. Die auch hier untergebrachte **Pinacoteca Egidio Martini** enthält ebenfalls vorwiegend Gemälde von venezianischen Künstlern des Barock.

Collezione Peggy Guggenheim (II E8): Die ehemalige Privatsammlung der amerikanischen Millionenerbin Peggy Guggenheim, die 1949 aus New York in das Fragment des Palazzo Venier dei Leoni am Canal Grande zog, gehört zu den bedeutendsten Museen amerikanischer und europäischer Kunst des 20. Jh.s in Italien. Nach ihrem Tod 1979 vermachte sie ihren Besitz der Solomon R. Guggenheim Foundation in New York mit der Auflage, die Sammlung in Venedig zu lassen und der Öffentlichkeit zugänglich zu machen. Alle wichtigen Strömungen der modernen Kunst sind mit Werken u. a. von Giacomo Balla, Georges Braque, Marc Chagall, Salvador Dalí, Marcel Duchamp, Wassily Kandinsky, Paul Klee, Ferdinand Léger, Marino Marini, Joan Mirò, Piet Mondrian, Pablo Picasso, Jackson Pollock, Gino Severini, Kurt Schwitters sowie von ihrem Ehemann Max Ernst vertreten. Peggy Guggenheim wurde gemäß ihrem Wunsch im Garten des Palastes neben den Gräbern ihrer Hunde beerdigt.

Galleria Palazzo Cini (II E 8): Im originalen Ambiente des Wohnsitzes (ehemalige Paläste Foscari und Grimani aus dem 16. Jh.) von Vittorio Cini (1885–1977) ist dessen erlesene Sammlung italienischer Malerei (Schwerpunkt Spätmittelalter und Renaissance) sowie Kunstgewerbe ausgestellt.

Musei di Piazza S. Marco (Westseite Markusplatz; I F6/7): Zu diesem Museumskomplex gehören das **Museo Civico Correr**, das **Museo del Risorgimento** und das **Museo Archeologico Nazionale** sowie die **Sale Monumentali** der **Biblioteca Marciana**. Der Zugang erfolgt über die Ala Napoleonica mit dem pompösen klassizistischen Treppenhaus, das in den Ballsaal und die anschließenden Gemächer mit Thron- und Speisesaal der Residenz des französischen Vizekönigs führt. Das 1920 aus der Privatsammlung des Patriziers Teodoro Correr hervorgegangene Stadtmuseum dokumentiert die Geschichte Venedigs (u. a. Dogengeschichte, Staatszeremonien, Alltagsleben, Schiffsbau) anhand von Stadtansichten, Historienbildern, Prunkgewändern, Münzen, Siegeln, Urkunden und Waffen. Hier ist der berühmte große Stich mit der Ansicht in Vogelschau von Jacopo de' Barbari (zugeschrieben) aus dem Jahr 1500 ausgestellt, die den Zustand Venedigs zur damaligen Zeit erstaunlich genau wiedergibt. Die Gemäldesammlung besitzt mehrere Werke von Giovanni Bellini, u. a. die *Engelpietà*, 1460–65, mit dem halbfigurigen Leichnam Christi, in der die Tradition byzantinischer Ikonen weitergeführt, aber der Ausdruck des Schmerzes gesteigert ist, um den Betrachter zur Einfühlung in das Leiden Christi zu bewegen. Antonello da Messinas *Pietà*, um 1475, ist eine Antwort auf Bellinis Werk desselben Themas. Berühmt ist auch Vittore Carpaccios einst fälschlicherweise als *Zwei Kurtisanen* betiteltes Bild. In der Abteilung Museo del Risorgimento wird die Geschichte Venedigs vom Untergang der Republik 1797 bis zur Gründung des Königsreichs Italien 1866 gezeigt. Das anschließende Archäologische Museum zeigt antike Skulpturen, Münzen und Vasen aus den ehemaligen Privatsammlungen venezianischer Patrizierfamilien, allen voran der Grimani. Das Besondere der Sammlung sind die griechischen Originale, die Venezianer dank ihrer Handelsbeziehungen im östlichen Mittelmeerraum erwarben (im Unterschied zu den meist auf italienischem Boden ausgegrabenen römischen Kopien von griechischen Originalen in Museen anderer italienischer Städte, z. B. Rom). Der Rundgang schließt auch zwei **Innenräume der Biblioteca Marciana** ein. Der mit einer wuchtigen architektonischen Gliederung ausgestattete Eingangsraum stammt, wie die große hier einmündende Treppe, von Jacopo Sansovino. Das 1564 von Tizian geschaffene Deckengemälde zeigt das für eine Bibliothek passende Thema der Weisheit. Der anschließende ehemalige Lesesaal besitzt eine reiche Dekoration, die ebenfalls thematisch auf die Funktion des Raumes abgestimmt ist: an den Wänden ein Zyklus von Philosophenbildnissen, die Tintoretto, Paolo Veronese und Andrea Sansovino malten. Die Deckenbilder schufen sieben verschiedene Maler (u. a. Veronese), die jeweils eine Reihe von drei Feldern ausführten.

Museo di Arte Ebraica (IV D2): Das Jüdische Museum mit den angrenzenden Synagogen informiert anhand von liturgischen Geräten, wertvollen Büchern und Gewändern über das Leben der venezianischen Juden (Feste, Liturgie u. a.).

Museo di Casa Carlo Goldoni (II D6): s. S. 139.

Museo Diocesano d'Arte Sacra (I G6): Zum Museum gehört der romanische **Kreuzgang** des ehemaligen Klosters

S. Apollonia. An den Wänden sind Architekturfragmente aus dem Vorgängerbau der heutigen Markuskirche vermauert. Im Museum werden Bilder und liturgisches Gerät aus säkularisierten venezianischen Kirchen ausgestellt.

Museo Fortuny (II E6): s. S. 92.

Museo dell'Opera – Palazzo Ducale (I G6/7): Hier sind die Originale der Bauskulpturen des Dogenpalastes ausgestellt; s. S. 69, 71.

Museo di Palazzo Grimani (III H5): s. S. 170.

Museo di Palazzo Mocenigo (IV E4): Im ehemaligen Privatpalast des 17. Jh.s, mit Innenausstattung des Rokoko, sind historisches Mobiliar, Stoffe, Kostüme und Parfüms ausgestellt.

Museo di S. Marco (im Obergeschoss der Vorhalle von S. Marco und im ehemaligen Bankettsaal des Dogen; I G6): Zu den wichtigsten Ausstellungsstücken gehören die Originale der *Bronzepferde* von S. Marco und die *Pala feriale*, ein mehrteiliges Gemälde von Paolo Veneziano (1345 im Auftrag des Dogen Andrea Dandolo geschaffen, um die Pala d'Oro im Chor von S. Marco an Wochentagen zu verdecken). Vom Museum aus hat man einen spektakulären Blick ins Innere von S. Marco; ferner ist die Terrasse der Fassade zugänglich, die schon im Mittelalter ein beliebter Aussichtspunkt mit Blick über den Platz war.

Das in der Nähe des Arsenals gelegene **Museo Storico Navale** (V J7) unterrichtet über die Geschichte des Schiffsbaus und des Seewesens (u. a. ein Modell des Bucintoro, der ehemaligen Prachtgaleere des Dogen).

Pinault Collection – Palazzo Grassi und **Dogana da Mar** an der Punta della Dogana (II D6; F8): s. S. 113, 120.

Die **Pinacoteca Manfrediana** des Seminario Patriarcale im ehemaligen Kloster von S. Maria della Salute von Baldassare Longhena (1671; II F8) ist eine Sammlung von Gemälden und Skulpturen des 14.–16. Jh.s, darunter die für die treffende Charakterisierung der Dargestellten berühmten Terrakottabüsten von Alessandro Vittoria sowie eine Büste von Antonio Canova. In der ehemaligen Klosterbibliothek befindet sich ein Deckenfresko von Sebastiano Ricci.

Pinacoteca Querini-Stampalia (I G5/6): Der ehemalige Familienpalast aus dem frühen 16. Jh. beherbergt seit 1868 die private Kunstsammlung und die Bibliothek der Grafen Giovanni Querini-Stampalia. Der Reiz des Museums, das nur wenige Gemälde u. a. von Giovanni Bellini, Giambattista Tiepolo, Pietro Longhi, Bernardo Strozzi sowie ausgezeichnetes Mobiliar umfasst, besteht darin, die Werke im Wohnambiente des 18. Jh.s zu sehen. Seit 2018 befindet sich hier auch die Sammlung der venezianischen Sparkasse mit Werken des 16. bis 20. Jh.s (**Collezione Intesa San Paolo**). Das Erdgeschoss gestaltete 1961–63 Carlo Scarpa um.

Stanze del Vetro (S. Giorgio Maggiore; V H8/9): s. S. 201.

Tesoro di S. Marco (in S. Marco; I G6): Den Grundstock dieses weltberühmten Kirchenschatzes bildeten die Beutestücke, die der Doge Andrea Dandolo 1204 von der Eroberung Konstantinopels mitbrachte. Im Laufe der Jahrhunderte erweiterte sich der Bestand der Schatzkammer noch beträchtlich, aber beim Untergang der Republik 1797 wurden viele Werke geraubt oder eingeschmolzen. Die meisten erhaltenen Objekte sind byzantinische Goldschmiede- und Emailarbeiten wie Reliquiare und Weihrauchfässer, Elfenbeinschnitzereien, Ikonen sowie kostbare, goldgefasste Gefäße aus Edelsteinen.

Murano, Museo del Vetro (Karte VI): Diese Sammlung zeigt die Glasbläserkunst von der Antike bis heute – vor allem Exponate aus der Blütezeit des 16. und 17. Jh.s in Murano.

Anhang

E
F
Scuola Vecchia della Misericordia
Rio della Misericordia
Rio della Sensa
Canale d. Misericordia
Rio dei Servi
Rio Terrà d. Maddalena
S. Maria Maddalena
Scuola Nuova della Misericordia
Rio d. S. Fosca
Brücke über den Rio di S. Felice
C. della Racchetta
Palazzo Vendramin Calergi
Rio di Noale
Strada Nova
Palazzo Giovanelli
Rio di San Felice
Ruga Due Pozzi
R. d. S. Sofia
S. Stae
C. d. Pistor
Sal. S. Stae
Ca' Pesaro (Museo d'Arte Orientale, Museo d'Arte Moderna)
Canal Grande
Rio di Santo Stae
Ca' d'Oro (Galleria Franchetti)
Cam. S. Sofia
C. del Verde
Rio d. Pergola
C. del Botteri
Rio delle due Torri
C. d. Regina
Ca' d'Oro
Peschiera
Campo d. Pescaria
Ca' da Mosto
Campo S. Cassiano
C. dei Botteri
Rio di S. Cassiano
Campo d. Beccarie
Fabbriche Nuove
Campo C. Battisti
R. d. Beccarie
Ruga V. S. Giovanni E.
Ruga d. Orefici
Fabbriche Vecchie
Palazzo dei Camerlenghi
C. llo Albrizzi
S. Giovanni Elemosinario
S. Giacomo di Rialto
Palazzo Donà
Palazzo dei Dieci Savi
Rialtobrücke
Palazzo Soranzo
Rio della Madonnetta
Rio d. Meloni
C. d. Mezzo
Campo S. Polo
Campo S. Silvestro
Fond. del Vin
Rialto
Palazzo Maffetti Tiepolo
Ca' Barzizza
C. larga Mazzini
Via 2. Aprile
Palazzo Donà
San Silvestro
Palazzo Dolfin Manin

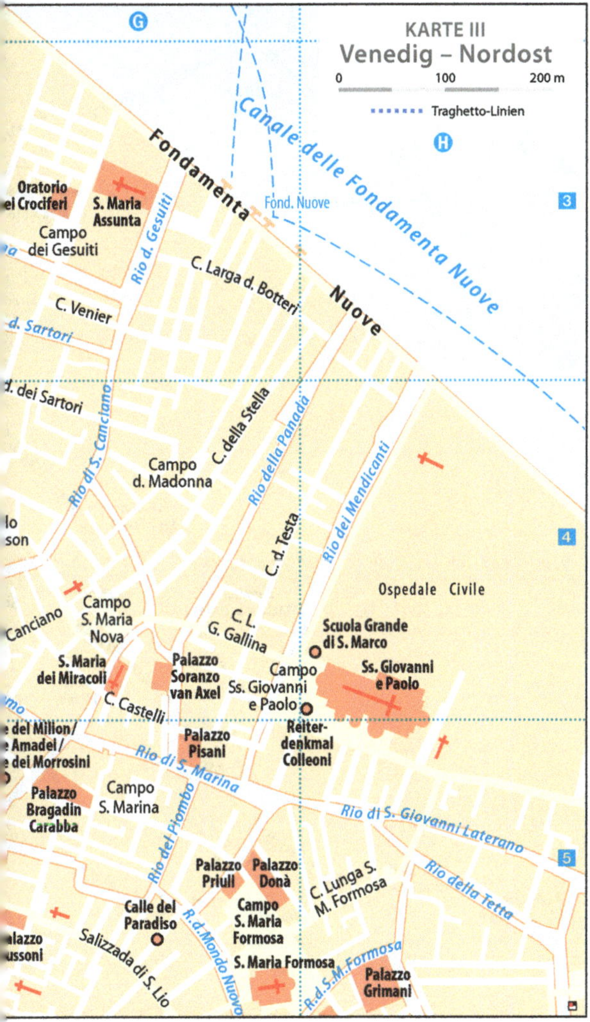

KARTE III
Venedig – Nordost
0
100
200 m
Traghetto-Linien
G
H
3
4
5
Canale delle Fondamenta Nuove
Fondamenta Nuove
Fond. Nuove
Oratorio dei Crociferi
S. Maria Assunta
Campo dei Gesuiti
Rio d. Gesuiti
C. Larga d. Botteri
C. Venier
d. Sartori
d. dei Sartori
Rio di S. Canciano
C. della Stella
Campo d. Madonna
Rio della Panada
C. d. Testa
Rio dei Mendicanti
Ospedale Civile
Campo S. Maria Nova
Canciano
C. L. G. Gallina
Scuola Grande di S. Marco
S. Maria dei Miracoli
Palazzo Soranzo van Axel
Campo Ss. Giovanni e Paolo
Ss. Giovanni e Paolo
C. Castelli
Palazzo Pisani
Reiterdenkmal Colleoni
Rio di S. Marina
Palazzo Bragadin Carabba
Campo S. Marina
Rio del Piombo
Rio di S. Giovanni Laterano
Rio della Tetta
Palazzo Priuli
Palazzo Donà
C. Lunga S. M. Formosa
Calle del Paradiso
Campo S. Maria Formosa
R.d.Mondo Nuovo
Salizzada di S. Lio
S. Maria Formosa
R.d.S.M.Formosa
Palazzo Grimani

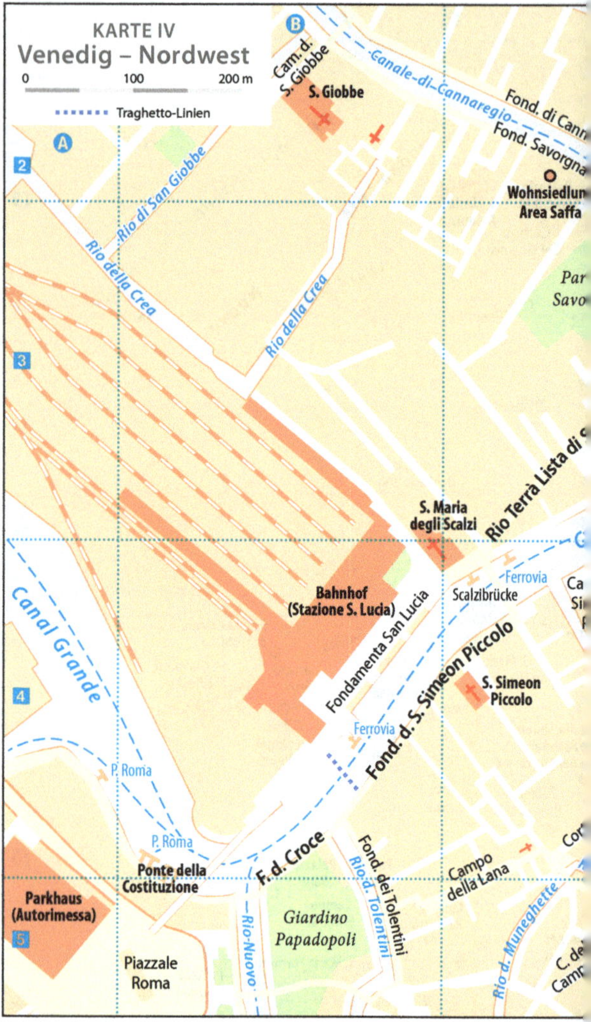
KARTE IV
Venedig – Nordwest
0
100
200 m
Traghetto-Linien
A
B
2
3
4
5
Cam. d. S. Giobbe
S. Giobbe
Canale-di-Cannaregio
Fond. di Cann
Fond. Savorgna
Wohnsiedlun
Area Saffa
Rio di San Giobbe
Rio della Crea
Rio della Crea
Par
Savo
Rio Terrà Lista di
S. Maria degli Scalzi
Bahnhof (Stazione S. Lucia)
Ferrovia
Scalzibrücke
Fondamenta San Lucia
Fond. d. S. Simeon Piccolo
S. Simeon Piccolo
Ferrovia
Canal Grande
P. Roma
P. Roma
Ponte della Costituzione
F. d. Croce
Fond. dei Tolentini
Rio d. Tolentini
Campo della Lana
Rio d. Muneghette
Parkhaus (Autorimessa)
Piazzale Roma
Rio-Nuovo
Giardino Papadopoli

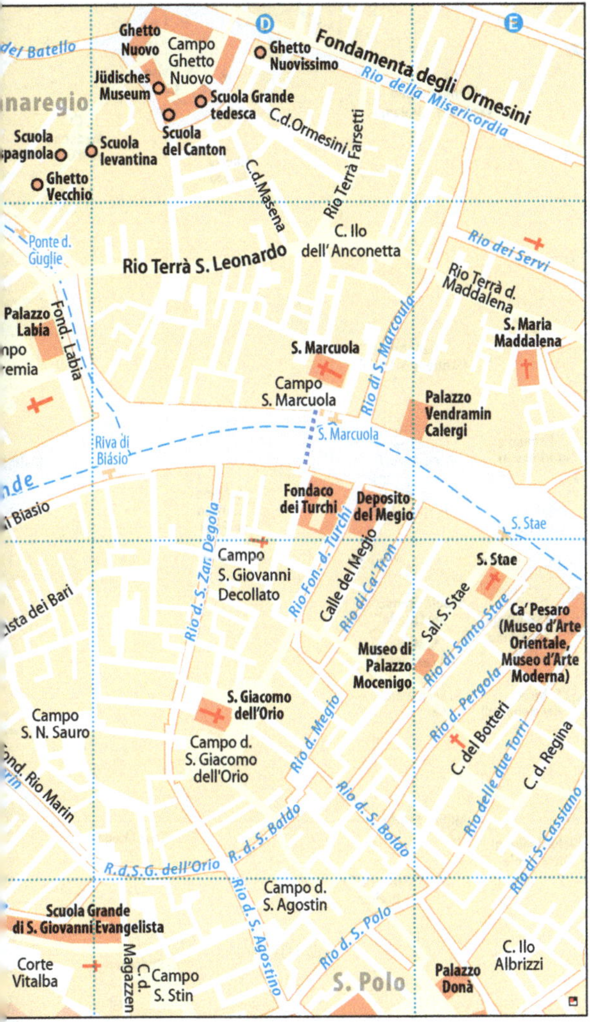

D
E
del Batello
Ghetto Nuovo
Campo Ghetto Nuovo
Ghetto Nuovissimo
Fondamenta degli Ormesini
Rio della Misericordia
Jüdisches Museum
Scuola Grande tedesca
C.d.Ormesini
Rio Terrà Farsetti
naregio
Scuola spagnola
Scuola levantina
Scuola del Canton
Ghetto Vecchio
C.d.Masena
C. llo dell' Anconetta
Rio dei Servi
Ponte d. Guglie
Rio Terrà S. Leonardo
Rio Terrà d. Maddalena
Palazzo Labia
Fond. Labia
S. Maria Maddalena
S. Marcuola
Campo S. Marcuola
Rio di S. Marcuola
Palazzo Vendramin Calergi
Riva di Biásio
S. Marcuola
Fondaco dei Turchi
Deposito del Megio
S. Stae
Campo S. Giovanni Decollato
Rio d. S. Zan Degola
Rio Fon. d. Turchi
Calle del Megio
Rio di Ca' Tron
S. Stae
Sal. S. Stae
Rio di Santo Stae
Ca' Pesaro (Museo d'Arte Orientale, Museo d'Arte Moderna)
Museo di Palazzo Mocenigo
S. Giacomo dell'Orio
Campo d. S. Giacomo dell'Orio
Campo S. N. Sauro
Rio d. Megio
Rio d. Pergola
C. del Botteri
Rio delle due Torri
C. d. Regina
Fond. Rio Marin
Rio d. S. Boldo
R. d. S. Baldo
R.d.S.G. dell'Orio
Rio di S. Cassiano
Campo d. S. Agostin
Rio d. S. Agostino
Rio d. S. Polo
Scuola Grande di S. Giovanni Evangelista
Corte Vitalba
C. d. Magazzen
Campo S. Stin
S. Polo
Palazzo Donà
C. llo Albrizzi

Canale delle Sacche
Canale
Wohnsiedlung Sacca di S. Girolamo
S. Alvise
Rio d. S. Alvise
Rio d. S. Girolamo
Rio della Sensa
Madonna dell'Orto
Miseri
KARTE IV
Canale di Cannaregio
Ghetto Nuovo
Cannaregio
Canal Grande
Bahnhof (Stazione S. Lucia)
Can. di Chiara
S. Polo
Parkhaus (Autorimessa)
Giardino Papadopoli
Rialto
S. Nicolò da Tolentino
S. Maria Gloriosa dei Frari
Tabak-manufaktur
S. Croce
Scuola Grande dei Carmini
Cotonificio Veneziano
S. Maria dei Carmini
S. Ma
S. Nicolò dei Mendicoli
S. Sebastiano
Dorsoduro
KARTE II
Mulino Stucky
Canale d. Lavranieri
Wohnsiedlung Sacca Fisola
Casa Cicogna
Rio d. S. Biagio
Brauerei Dreher
Canale della Giudecca
Rio d. S. Eufemia
Isola della Giudecca
Rio d. Ponte Longo
Il Redentore
La Giud
1
2
3
4
5
6
7
8
9
A
B
C
D
E
F

KARTE V
Venedig
0
100
200 m
S. Michele in Isola
Zentralfriedhof
Isola di S. Michele
KARTE III
Canale delle Fondamenta Nuove
S. Francesco della Vigna
Canale d. Galeazze
Darsena Grande
Can. di Porta Nova
Arsenal
Rio d. S. Daniele
S. Pietro di Castello
Castello
Canale di San Pietro
Isola di S. Pietro
Rio d. Tana
Museo Storico Navale
KARTE I
Canale di San Marco
Rio d. S. Giuseppe
Bacino
S. Giorgio Maggiore
Canale di S. Giorgio
Biennale Giardini Pubblici
Giardini Pubblici
Rio dei Giardini
Isola di S. Giorgio Maggiore
Parco delle Rimembranze
H
I
J
K
L

A57
A4
14
Campalto
Mestre
Porto Marghera
11
Laguna
Lago dei Teneri
IV
II

KARTE VI
Venedig – Übersicht

Nachweis der Karten und Abbildungen

akg-images: S. 59, 87 (Cameraphoto); S. 84 (Maurice Babey); S. 177 (Andrea Jemolo); S. 199 (Mondadori Portfolio / Paolo e Federico Manusardi)
Alamy Stock Photo: S. 145 (© jozef sedmak); S. 209 (© Giulio Ercolani)
Fotolia/rdnzl: S. 31
GL Archive / Alamy: S. 125
Klaus Kühner, HüttenWerke: Karten in den Umschlagklappen, S. 28 f., 232–239
Peter Phipp / Travelshots.com / Alamy: S. 197
© Shutterstock.com: S. 2 f. (Pani Garmyder); S. 8 (JeniFoto); S. 23 (Izabela23); S. 26 (Viacheslav Lopatin); S. 27 (Julia Kuznetsova); S. 88 (serenarossi); S. 164 (k_samurkas); S. 180 (Gur Tatiana); S. 207 (Federica Sequi)
Wikimedia Commons: S. 30 (Tschubby / CC BY-SA 3.0); S. 44 (The Yorck Project / Public Domain); S. 51 (Tony Hisgett / CC BY 2.0); S. 70 (Andrzej Otrebski / CC BY-SA 3.0); S. 107, 203 (Didier Descouens / CC BY-SA 4.0); S. 117; S. 138 (Google Cultural Institute / Public Domain); S. 151 (Matthias Kabel / CC BY-SA 3.0); S. 159, 215, 218 (Motty / CC BY-SA 3.0)
Elisabeth Wünsche-Werdehausen: S. 33, 47, 74 f., 104, 111, 115, 122, 135, 153, 166

Weiterführende Informationen

Literaturhinweise

Baratta, Paolo: Il Giardino e l'Arsenale. Una storia della Biennale. Venedig 2021.

Bätschmann, Oskar: Giovanni Bellini. Meister der venezianischen Malerei. München 2008.

Bergamo Rossi, Toto: Venice and the Doges. Six Hundred Years of Architecture, Monuments, and Sculpture. New York 2023.

Boccato, Alessandro: Chiese di Venezia. Verona 2010.

Boucher, Bruce: Andrea Palladio. The Architect and his Time. New York 1998.

Camarda, Chiara / Sharick, Amanda K. / Trostel, Katharine G. (Hrsg.): The Venice Ghetto. A Memory Space that Travels. Amherst (Mass.) 2022.

Concina, Ennio: Storia dell'architettura di Venezia: dal VII al XX secolo. Milano 1995.

– / Codato, Piero / Pavan, Vittorio: Kirchen in Venedig. München 1996.

Cooper, Tracy E.: Palladio's Venice. New Haven [u. a.] 2005.

Egg, Erich / Hubala, Erich / Tigler, Peter / Timofiewitsch, Wladimir / Wundram, Manfred: Oberitalien Ost. Stuttgart 1965. (Reclams Kunstführer.)

Fenlon, Iain: The ceremonial city: history, memory and myth in Renaissance Venice. New Haven [u. a.] 2007.

– Piazza San Marco. Cambridge (Mass.) 2009.

Ferino-Pagden, Sylvia / Nepi-Scirè, Giovanna: Giorgione. Mythos und Enigma. Katalog der Ausstellungen in Wien und Venedig. Mailand 2004.

Goffen, Rona: Piety and Patronage in Renaissance Venice. Bellini, Titian, and the Franciscans. New Haven [u. a.] 1986.

Goy, Richard J.: Venice. An Architectural Guide. New Haven [u. a.] 2010.

Hopkins, Andrew: Baldassare Longhena and Venetian Baroque Architecture. New Haven [u. a.] 2012.

Howard, Deborah: The Architectural History of Venice. New Haven [u. a.] 2002.
Humphrey, Peter: The Altarpiece in Renaissance Venice. New Haven [u. a.] 1993.
Huse, Norbert: Venedig. Von der Kunst, eine Stadt im Wasser zu bauen. München 2005.
– / Wolters, Wolfgang: Venedig: die Kunst der Renaissance. Architektur, Skulptur, Malerei 1460–1590. München [2]1996.
Karsten, Arne: Kleine Geschichte Venedigs. München 2008.
– Geschichte Venedigs. München 2012.
Kusch, Clemens F. / Gelhaar, Anabel: Architekturführer Venedig. Bauten und Projekte nach 1950. Berlin 2014.
Pavanello, Giuseppe (Hrsg.): La basilica dei Santi Giovanni e Paolo. Pantheon della Serenissima. Venedig 2013.
Pedrocco, Filippo: Il Settecento veneziano: la Pittura. Venedig 2012.
Poeschke, Joachim: Mosaiken in Italien 300–1300. München 2009.
Romanelli, Giandomenico (Hrsg.): Venedig. Kunst und Architektur. 2 Bde. Köln 1997.
– (Hrsg.): Venedig. Die goldenen Jahrhunderte. Potsdam 2009.
Rosand, David: Painting in Renaissance Venice. Titian, Veronese, Tintoretto. New Haven [u. a.] 1982.
Tafuri, Manfredo: Venezia e il Rinascimento. Turin 1985.
Vio, Ettore (Hrsg.): San Marco. Geschichte, Kunst und Kultur. München 2001.
Wolters, Wolfgang: Der Bilderschmuck des Dogenpalastes. Untersuchungen zur Selbstdarstellung der Republik im 16. Jh. Wiesbaden 1983.
– Architektur und Ornament. Venezianischer Bauschmuck der Renaissance. München 2000.
– Der Dogenpalast in Venedig. Ein Rundgang durch Kunst und Geschichte. Berlin/München 2010.
– San Marco in Venedig: ein Rundgang durch Kunst und Geschichte. München 2014.
Wundram, Manfred: Andrea Palladio. Köln [u. a.] 1999.
Zorzi, Alvise: Paläste in Venedig. München 1989.

Internetseiten

Touristeninformation zu Kunst, Kultur, Veranstaltungen, Öffnungszeiten, Natur, Hotels, Restaurants, Bars etc.:
www.turismovenezia.com
www.veneziaunica.it
www.veneziadavivere.com
www.venedig.com

Veranstaltungen:
www.agendavenezia.org

Museen:
www.polomuseale.veneto.beniculturali.it
www.gallerieaccademia.it
www.visitmuve.it

Kunst und Architektur:
www.venediginformationen.eu
www.venedig.jc-r.net

Biennale:
www.labiennale.org

Objektregister

Personenregister

Zur Autorin

Elisabeth Wünsche-Werdehausen studierte Kunstgeschichte, Archäologie und Städtebau in Bonn, Wien, Mailand und Rom. Nach der Promotion war sie Stipendiatin und wissenschaftliche Mitarbeiterin an der Bibliotheca Hertziana in Rom (Max-Planck-Institut für Kunstgeschichte), anschließend am Kunsthistorischen Institut der Ludwig-Maximilians-Universität in München. Zu den Schwerpunkten ihrer zahlreichen Veröffentlichungen gehören die Architektur der Renaissance und des Barock in Norditalien, das Mäzenatentum von Fürsten und Fürstinnen im 17. und 18. Jh. sowie die Kunstbeziehungen zwischen Bayern und Italien. Bei Reclam erschienen von ihr die Städteführer *Bamberg/Bayreuth* (Universal-Bibliothek Nr. 14023), *Berlin* (Universalbibliothek Nr. 14342), *München* (Universal-Bibliothek Nr. 19394), *Nürnberg* (Universal-Bibliothek Nr. 14199) und *Toskana* (Universal-Bibliothek Nr. 19463). Sie lebt heute als freie Sachbuchautorin und -übersetzerin sowie wissenschaftliche Reiseleiterin in München.